天下文化
BELIEVE IN READING

十月的天空

一位 NASA 科學家的逐夢少年歲月

ROCKET BOYS

希坎姆 Homer H. Hickam, Jr.——著
陳可崗——譯

目錄

十月的天空
ROCKET BOYS

再版序文 最有價值的事

自從《十月的天空》出版以來，已將近二十年了。這段期間，我獲得了許多文學榮譽。全美，甚至全世界的許多圖書館，都將本書選入陳列；許多社團的讀書活動，也推薦本書為討論教材，顯示本書備受歡迎，幾乎每一位讀者都受到或多或少的感染。身為本書作者，我因而獲得了種種榮耀，有幾個大學授予我榮譽博士學位；許多機構也頒贈我各式各樣的獎勵。我應邀至世界上許多國家的大都市、小鄉鎮去演講。這一切讓我得以延續寫作生涯，寫下一些不同情節的小說，及我各個階段的回憶錄，亦獲得廣泛的接受。

然而，《十月的天空》仍然是我最受歡迎的作品，它可能永遠都是。本書中有某些情節，已經甚至超越作者，直接撫慰了各處讀者的心靈。我寫本書的原意，是想借助文字敘述，把我帶回成長的小鎮，重溫故鄉生活；當寫作的念頭乍現於腦際時，我那位於西維吉尼亞州煤林鎮的故鄉已消失無蹤；只有幾間老屋稀落的遺留下來，那兒的人大部分已經離去，賴以維生的煤礦已經關閉。我的心，與許多成長於斯的年輕人一樣，被撕成了碎片。煤林鎮曾經居住過一群奇特而堅強的人，但我從未曾嘗試去了解他們，等到我離開後再重新回顧，只見到一片殘破敗落的老家！

要想陳述煤林鎮以及我在那兒的日子是相當艱難的工作，但是，說來有點滑稽，寫作《十月的天空》卻讓我獲得了無價的心靈治療，治癒了那些埋在內心深處，連我自己都不知道的創傷。

我必須深挖家人的緊張關係才能寫作本書，尤其是父母之間對於應該如何過活，歷經長期爭執。萬事起頭難，經過好幾次提筆的失敗之後，我終於發現以一邊談煤林鎮的各種事物，一邊談家人的緊張氣氛，是敘述這個故事最好的方法；這就要從我中學時代的那段歲月開始談起了。那時，我和幾個同學一起，把製作火箭的念頭灌進腦袋中，這樣的念頭，在西維吉尼亞州的煤礦山坳裡是極不尋常的。我一旦想起那個極為誇張的名稱：「大溪飛彈署」，千言萬語就自我心中傾巢而出，層層疊疊，其急切令我驚訝。煤林鎮騷動於字裡行間，從內心深處湧現到眼前，我的故鄉又重新活過來了；我於是再度與兒時遊伴一起製作火箭，許多親友都出來協助我們追求夢想；內心失去故鄉的哀傷，漸漸得到紓解。

數以千計的讀者寫信給我，說他們讀《十月的天空》時，感覺自己也生活在煤林鎮，在那兒成長；這說法給予我莫大的榮耀。他們說他們也很喜歡那群和我一起製作火箭的孩子；喜歡他們的女朋友或是準女朋友；喜歡那些家長，煤林鎮學校的老師，甚至鎮裡的礦工，牧師等等，每一個人都栩栩如生。還有人來信說他們因為本書，人生變成更加美好；這才是一本書的最高榮耀！對我而言，這樣子的讚許，比什麼版稅收入都來得更有價值。

這本書達成的另一個意外收穫，是鼓舞許多年輕人尋求機會，成為航太工業中的一員。雖然書中沒有提及我日後在航太總署（ＮＡＳＡ）的事業生涯，他們還是從製作火箭的少年那兒，感受到對太空嚮往的激動。固然，今天的太空活動，已經不是「大溪飛彈署」的年代，僅是美國與蘇聯之間的競爭；已經有數十個國家，使用有人搭乘的或無人搭乘的太空船，進入太空軌道，甚至深入外太空探險。更有私人企業，如太空X（SpaceX）、藍色起源（Blue Origin）等公司，發展可以安全降落，重複使用的先進火箭。不久以前，我到加州的太空X公司參觀，許多年輕工程師圍上來，紛紛告訴我說，他們選擇航太工業，主要是受到《十月的天空》這部回憶錄的影響；那令我既震驚又高興。誰會料到生活在煤礦山坳裡的幾個小子的故事，會導致這個世界的許多年輕人追逐摘星夢呢？各地的教師也喜愛本書，教數學的和自然科學的教師利用本書來強調，他們教導的課題如何有意義；教文學的教師分析在變化中的時代，如何敘述有多層深意的故事。

《十月的天空》及依據它製作的電影又有另一樁可喜的成就，向來相對沉寂的業餘火箭活動，突然之間成為熱門的國際嗜好；受到本書和電影的影響，世界各地的火箭迷紛紛加入火箭俱樂部。許多人像煤林鎮的少年那樣，熱心於探究推進火箭的祕密，每當我得知有人要進行試射火箭時，總不忘用我母親的話警告他們：「別把自己炸掉了！」

另有一類讀者也偏愛本書，他們與父母，特別是父親，不幸存有心結。書中陳述我身為煤礦監督的父親，全心全力為了煤礦、礦工們，以及小鎮的興盛而努力。當煤林鎮面臨凋敝之際，他的次子卻與朋友企圖另覓較光明的出路，那是對他的挑戰。我與父親之間的衝突是無法避免的，但是衝突最終是否得以化解，則不可預料。直到最後的一個特殊時刻，當這對父子真情流露，造就了本書的驚喜結局。一位讀者寫信給我，他說：「我要告訴父親我愛他，不管他喜不喜歡聽！」我已經接到許多這類信件，都很奇妙，非常有情感，我十分珍惜。

至今，從《十月的天空》衍生出來的作品，有三冊後續集，名稱分別是《煤林鎮之路》、《石頭天空》，以及《我們無懼》；一冊前溯集，叫做《帶領阿伯特的家》；一部根據本書製作的好萊塢電影「十月的天空」；以及一部百老匯戲劇「火箭小子音樂劇」；我深感榮幸。但是，大致說來，最叫我覺得三生有幸的是，我得以訴說一個青澀少年和他的同學、家人、師長共同經歷的故事，他們升起火箭直入天際，也揚起了人們的希望與歡欣。

譯者說明

《十月的天空》是作者希坎姆人生中的一段回憶，陳述他在中學時期，與一群同學製作火箭的經過。起先他將本書命名為《火箭小子》（*Rocket Boys*）；後來，可能為了彰顯回憶錄裡更深的意涵，改名為《十月的天空》（*October Sky*）。十多年前，當譯者取得印製完成的譯著之後，寄了幾冊給親友，其中一位是中學時期的同學，他當時在克里夫蘭大學教學，是該校機械系主任；他閱讀過我的譯著後，透過學校邀請希坎姆來校演講。事後，這位同學告訴我，希坎姆在演講中指出：Rocket Boys與October Sky兩個名詞，具有英文重組字詞（anagram）的特質，即是同一組字母，做出不同的兩種排列時，可組成不同意義的字或詞來；他很高興，他為回憶錄選擇的名稱，竟有那樣的巧合。

第1章 煤林鎮

在我開始製造和試射火箭之前，一直不知道我的家鄉為了它的兒女在自我奮戰，我的父母也為了哥哥與我該如何生活，在不流血的戰鬥中纏鬥。我也不知道如果有女孩子傷了你的心，另一個女孩子卻能夠在當天晚上撫慰你受創的心靈；更不知道一個體系中蘊藏的能量在逐漸收窄的通道被壓縮時，於後面加上一個逐漸擴大的管路，就會放出噴射動力。直到我開始製作火箭時，我才一步一步發現這些真理。

我生長在西維吉尼亞州的煤林鎮，它是一個為了採取深藏於地底下數百萬噸的高能煙煤而建造的小鎮。一九五七年我才十四歲，就開始製作火箭，那時煤林鎮大約有兩千名居民。我的父親名叫荷默·希坎姆，是這個煤礦的監督，我們家就離礦坑入口不到幾百公尺。礦坑入口是一個數百公尺深的豎井，從我臥房的窗口就可看見聳立在豎井上面的黑色鋼塔，以及在礦坑裡走進走出的工作人群。

另外還有一口豎井是用來吊取礦石的，有火車鐵軌連接到這個井口，上面的建築物我們稱之為堆棧。裡面是拉吊礦石的機器，以及分選和堆積煤塊的場所。每一個工作日，景氣好時就算在星期六，我都可看到煤車滑滾到堆棧下裝載大量的煤塊，再由冒著濃煙的火車頭奮力牽走。火車頭那蒸汽唧筒的重擊聲整天如雷鳴般在窄巷裡迴盪，沉重的列車在加速時逐漸增強和鋼軌間的摩擦，整個小鎮也跟著震動。敞露的煤車上飛揚著雲般的煤塵，四處肆虐，或從窗沿滲透，或從門縫鑽進，家家戶戶鋪滿了黑灰。我的整個童年裡，每天早晨揭被起床時，都飛起一陣閃亮的黑灰，每天晚上脫鞋就寢時，襪子上已沾滿黑色煤屑。

我們的住家和煤林鎮上所有的住家一樣，都屬於公司的宿舍。公司從員工的月薪裡扣除小額的房租，有些宿舍是一個或兩個臥房的單層小屋，有些是兩層的複式樓房。樓房是建於一九二〇年代的榮景時期，用來供應單身礦工的食宿，其後在大蕭條時期隔成了個別家庭的宿舍。煤林鎮上所有的房子每年由公司刷一次白漆，可是不久就遭煤灰染成灰色。通常每個家庭會在春天裡用水管和棕刷把房子外表清洗一遍。

煤林鎮的每戶住家都有一片籬笆圍著的方塊院子。我母親的院子比人家的大些，她到山裡用袋子裝了植土揹回家來，鋪在院子裡做成一個玫瑰花圃，並時常施肥、澆水，細心修剪每一株玫瑰。在春夏季節裡，她的花圃會盛開出鮮紅色的大花朵，以及粉紅和淡黃的嫩芽來酬傭她，只見那些花朵在濃密綠樹林和晦暗煤礦堆棧的襯托下，更顯繽紛絢麗。

我家宿舍就在十六號州公路向東轉的轉角上。門前有公司鋪設的柏油路朝西邊通往小鎮的中央，這條稱為「大街」的馬路一直通往山谷，其中有些路段相當狹窄，只要稍具臂力的男孩就能把石頭從路的這邊扔到對邊。我在上中學之前有三年的時間，清晨騎上腳踏車，肩掛白色大帆布袋，往山谷中去派送《藍野每日電訊報》，途經煤林學校和一排排分布在小河兩岸和面河山坡上的房子。沿大街往下走一公里半，有一個很大的山坳，是由兩條小河相交形成的。此處有公司的辦事處、公司的教堂、一家叫做「俱樂部」的公司旅館，和一棟郵局大樓，大樓內還有公司的醫生、牙醫和百貨商店（人們稱它為大店）。在俯瞰下方的山丘上有一棟塔樓狀的大廈，裡面住著公司的總監督，他是俄亥俄州的老闆派來的，負責看管其財產。大街繼續向西通往山裡，那兒又有成片的礦工宿舍，其中一個區稱為「中央鎮」，另一個區為「青蛙坡」。大街往北則是成叉狀通往兩處山坳，一個叫「泥潭坳」，一個叫「蛇潭坳」，平坦的路面到此為止，再來就是崎嶇不平的山路。

泥潭坳的入口處有一座小小的木造教堂，由小理查牧師主持。因為他的樣子很像那位唱靈歌的歌星理查，所以得到「小理查」的渾名。泥潭坳上的人家沒有訂閱我的報紙，不過我有多餘的報紙時，總會送一份給小教堂。多年下來，理查牧師和我成了朋友，他有時會站在教堂的台階上匆忙為我講《聖經》裡的故事，我跨在腳踏車上聽著，超喜歡他那響亮的聲音。我特別讚賞他敘述但以理在獅坑中的那一段，他會圓睜雙眼，表演但以理的捕獲者往下看時，看到但以理摟著大獅子的頭踱圈子，那種驚訝的樣子。這怪模怪樣引得我開心大笑。牧師不管我的吱吱笑聲，得意的下結論：「但以理相信上帝，所以非常勇敢，你呢？孩子，你相信上帝嗎？」

關於這點我承認不太確定，但是牧師說沒關係，他說：「上帝會照顧愚笨和醉酒的人，我想祂也必定會照顧你。」一邊說一邊露出金牙張口大笑。在以後的歲月裡，我在多次遇到困難時，總會想起小理查牧師和他信仰上帝的幽默感，以及他對我「老是出點差錯」的包容。這縱然沒有令我如但以理般勇敢，但至少讓我企盼上帝必定會助我低空掠過。

公司的教堂是鎮上白人聚會的場所，它座落在小圓丘的草坪上。一九五〇年代的早期，主持這教堂的是公司聘雇的蘭尼爾牧師，他是衛理公會的信徒。公司牧師的教派自然成為我們的教派。在成為衛理公會門徒之前，我們曾經屬於浸信會，有一段時間我們又是基督聖靈降臨會的信眾。那位基督聖靈降臨會的牧師可把這兒的婦女嚇壞了，他在講壇上扔擲火把和硫磺，又警告死亡的來臨。所以他的合約到期就換上蘭尼爾牧師。

我很自豪能住在煤林小鎮。據西維吉尼亞州的州史記載，在我們的先人來此挖煤之前，沒有人在麥道威爾郡的丘陵和山谷定居。一直到十九世紀初，也僅有柴拉基族印第安人偶爾來此打獵，他們覺得這裡太過崎嶇而沒有興趣留下。我八歲時在我家後面山上老橡樹的殘枝裡，發現一枚石製箭頭埋在其中。母親說想必很久以前，有一頭小鹿幸運躲過了這一箭，這發現讓我靈機一動，虛構了叫做「煤嶺族」的印第安人，並且說服玩伴洛伊、奧德爾和雪曼相信，確實曾有過煤嶺族。我們一起用草莓醬塗在臉上，把雞毛插在頭髮上，這個小野蠻族組織了攻擊隊，連續幾天在煤林鎮到處掠殺，我們包圍了俱樂部，用樺樹枝做的弓和隱形的箭，專挑單身礦工放工回來時攻擊他們。有些人逗我們玩，會故意倒在俱樂部前平整的草坪上，假裝痛苦扭曲的樣子。

有關煤林鎮的歷史和我父母親早年的生活，我多半是在廚房的飯桌旁聽來的，碗盤清乾淨後，媽媽會給自己泡茶，給爸爸牛奶，如果他們沒有爭吵，就會聊聊鎮上跟鎮上的人，比如礦裡發生了什麼事情、婦女會上次開會時討論了什麼議題等等，有時候會講些想當年之類的小故事。哥哥通常覺得無聊而要求離開，但是我總是留在那兒聽得津津有味。

卡特先生是煤林鎮的創設人，一八八七年他騎著毛騾來到這裡，看到的只是一片荒野。但在他挖掘了一陣子之後，就發現了這是世界上最豐富的煙煤層。卡特先生向居住在外州的地主買下整個礦區的土地，開始從這個煤礦建立他的財富。他建造一些礦工宿舍、學校教室、教堂、雜貨商店、麵包店和水庫等。又雇用一位醫生、一位牙醫，免費為礦工和他們的家人看病。幾年之後，他的煤礦公司興旺起來，就為人行道鋪上水泥，馬路蓋上柏油，小鎮圈起籬笆以防牛群衝進鎮上街道。卡特先生給予礦工一個合宜的生活環境，相對的，他要求礦工報以認真的工作。畢竟煤林鎮是工作高於一切的地方，那是一種艱苦、骯髒、易受傷害，甚至時常導致死亡的工作。

卡特先生的兒子在第一次世界大戰結束後，帶回他在陸軍部隊裡的指揮官賴德，賴德先生是史丹福大學的畢業生，也是了不起的工程師和社交能手，鎮上的人都尊稱他為隊長。隊長高大體面，站起來將近一百八十公分，他把煤林鎮當成實現他理想的場所，認為可以由公司帶給鎮民和平、財富和寧靜。從卡特先生雇用他負責全礦營運的那刻開始，隊長就引進最新的採礦技術，首先設置抽換礦坑空氣的井管。這方法奏效後，他繼之以電動馬達取代騾馬來拖採礦石，後來更全面停止以手挖掘，改用叫做連續採礦機的龐大機器，把煤塊自煤層挖起。隊長又擴大卡特先生的建築計畫，給每一個礦工提供設備完善的宿舍，戶內有供水排水系統，起居室有溫暖早晨牌的火爐，家用的煤窖也由公司填滿。

雖然諸事並非完善，而且公司與礦工間也常常會關係緊張，大多是為了薪給的問題。但是以當時而言，煤林鎮避掉了西維吉尼亞州南部其他鄉鎮承受的暴力事件、貧窮和痛苦；我記得曾經坐在黑暗的樓梯上，聽到起居室中爺爺對父親談起「血腥明戈鎮」事件。明戈鎮離我們不遠，爺爺在那兒做礦工的時候，隸屬於工會的礦工與公司的「偵探」打了起來，雙方用機關槍、手槍、來福槍激戰，結果死了數十人且傷了數百人。爺爺為了躲避暴亂把全家搬到肯塔基州的哈蘭郡，不久那兒又發生戰鬥，爺爺再搬到麥道威爾郡來，在加利礦場工作。加利礦場算是比較好的地方，但仍然免不了要鬧罷工、關礦場，以及時有頭破血流的事件。

一九三四年，我父親二十二歲時，到卡特先生的公司申請做普通礦工，因為聽說在煤林鎮打工可掙到比較好的生活。隊長一看見這個來自加利礦場的瘦削又飢餓的年輕人，十分有好感立刻收容他，大概父親身上有某種天生的聰穎氣質。兩年後，隊長提拔父親為小組領班，教導父親如何帶人，如何操作機器，如何抽換礦坑空氣，和逐漸灌輸他「以全鎮為重」的觀念來處理各種事情。

父親成為領班後，請爺爺辭去加利礦場的工作，搬到煤林鎮來，此地沒有工會打擾採礦。他也寫了信給一位當初加利中學的女同學拉芬德，她於高中畢業後獨自去佛羅里達州謀生，父親請她回西維吉尼亞州來嫁給他，可是她拒絕了。故事講到這裡就由母親接續下去：不久她收到隊長寫來的信，說父親是多麼愛她和需要她，請她別固執逗留在棕櫚樹下，應該回到煤林鎮嫁給這個好青年。她同意先來看看。後來有一晚在威爾市的戲院看電影的時候，父親再向度求婚，她說，如果他口袋裡有棕騾牌口嚼菸草的包裝紙，她就答應嫁給他。他果然有，於是母親就嫁給了父親。我相信她常常為此決定感到遺憾，卻無意去改變它。

爺爺在煤林鎮礦場工作到一九四三年，不幸遭一輛失控的煤車撞倒，自股骨處碾斷了雙腿，從此坐在椅子上度過餘生。母親說爺爺出事後傷口痛得厲害，於是把威爾市郡圖書館內的書幾乎統統讀過，藉著閱讀來忘卻傷痛。母親陪父親去看爺爺的時候，爺爺痛得連話都說不出，父親看了也難過了幾天。最後醫生開了些止痛藥給爺爺，爺爺不斷服用止痛藥才獲得平靜，母親說爺爺吃了止痛藥後就不再看書了。

小時候我很少見到父親，他非常賣力的為公司和隊長工作，成天都留在坑裡，回家來就睡覺，醒來就進礦場。一九五〇年他三十八歲那年罹患了結腸癌，當時他值兩個班，帶領一個小組在礦坑底處進攻一塊巨大的岩石，因為隊長堅信在厚實的沙岩背後，有尚未被發現的龐大煤層。對父親當時而言，沒有任何事比打穿那塊石頭來證明隊長的正確判斷更為重要。他一直忽視癌的流血症狀，拖了幾個月後，終於昏倒在礦坑裡，由屬下的礦工抬出坑來，醫生診察後認為很難救活。父親在切除一段腸子後，不到一個月又回到礦坑裡工作，叫每個人都大吃一驚。再過一個月，他帶領的小組終於在汗水淋漓和石灰瀰漫中打穿那塊巨石，進入那從沒人見過的最鬆軟、最烏黑、最純粹的煤層。當時沒有任何的慶祝，只是簡單的互相道賀。父親如往常般回家，把全身洗刷乾淨，倒床沉睡了兩天，起來又照常下礦坑工作。

我們的家庭也有些全家相聚的時刻。我很小的時候，星期六晚上是保留給全家活動的，也就是到麥道威爾郡政府所在的威爾市去玩。那是在煤林鎮十一公里外、位於塔佛河畔的熱鬧商業市鎮，市裡的斜坡街道上擠滿了一群群來購物的礦工和他們的家人。婦女手上牽著、懷裡抱著小孩逐家商店的逛，男人往往還穿著進礦坑的工作服和頭盔跟在後面，一邊和同伴聊聊礦裡的經驗或是高中美式足球賽之類的事情。哥哥吉姆和我趁父母親買東西時，溜去玻加公主戲院，和幾百個礦工的孩子聚在一起看牛仔電影和冒險影集。看完一套影集和兩部影片後，又被拖著在威爾市繞來繞去，買完東西時我已是筋疲力盡。在回家途中我幾乎都會在車子的後座睡得很熟，到家時由父親抱起送上床。有時我並沒有睡著，卻也假裝熟睡，只是希望父親抱我。

煤林鎮的每日大事是礦場的換班。每班開始前，上班的礦工從家裡整潔的出來走往堆棧，下班的礦工全身煤灰與汗水從堆棧出來，形成反向的行列。每星期一至星期五，可以看見這兩個行列在路口相遇，街上擠滿數百名礦工，頭戴工作盔，身著工作服，那樣子頗像新聞片中，士兵蹣跚走向前線的景象。

我和煤林鎮上每個人都一樣，按照著換班的節奏生活。早晨當日班的礦工上班時，我就被外面沉重的腳步聲與午餐瓶罐的噹啷聲吵醒。下午等父親看著夜班礦工下了豎井後，我們才吃晚飯。晚上則由午夜班的機械工，在堆棧旁的機器房鎚打鋼鐵的鏗鏘聲和焊接電弧的吱吱聲伴我入眠。

環繞煤林鎮周圍的山丘和森林中，分布了許多洞穴、危巖、天然氣井、防火瞭望台，和廢礦坑等等，供我們一起長大的男孩子和女孩子去發現和再發現。我們常不理母親的禁令在軌道附近玩耍。有時會有人出主意將一分錢銅幣放在鐵軌上讓煤車碾過，壓成扁平的大徽章，我們持續掏出銅幣來碾壓，直到身邊微薄的零用錢掏光為止。然後我們跑去公司的雜貨店用這些壓扁的銅板買糖果，店員在店裡多年，見過這玩笑無數次，通常無異議接過破銅板。幾十年下來，他們必定蒐集了一大堆這種銅板，藏在雜貨店的辦公室裡。

空的煤車通常經過煤林學校的天橋下，滑往堆棧。站在天橋上把空汽水瓶扔進空車所發出的噪音，是我們最愛聽的。當滿載的煤車停在天橋下面時，一些大膽的男孩子甚至縱身跳進及腰的鬆軟煤屑中。我也曾經跳過一回，不料列車突然開動，幾乎把我帶往俄亥俄州。我掙扎著從煤堆裡爬出，跨過車緣，沿梯而下，再奮力向外一跳，打了幾個滾，結果我的手、腳、膝蓋，都被軌道旁堆置的煤塊擦得皮破血流。母親見了我絲毫不予憐憫，用硬毛刷子和硫磺肥皂擦洗我身上的煤屑。整個星期我的皮膚像被火燒一樣灼痛。

有時我不去玩，花幾個鐘頭看書。我喜歡閱讀，大概是受了煤林學校「六大人」的特殊教育影響。六大人是小學部一年級到六年級那六位老師的尊稱。多年來這六位老師教導了一代又一代的煤林鎮孩子。煤林學校的校長萊侃先生對初中部嚴密掌控，對小學部則聽由六大人作主。我的閱讀興趣似乎十分受老師看重。二年級時我就熟讀《湯姆歷險記》、《湯姆叔叔的小屋》，並能詳細討論。老師卻故弄玄虛把《頑童流浪記》保留到三年級時才讓我看，好像書中藏有生命的大祕密似的。當我終於被准許讀這本書後，才明白這個故事不單純是乘皮筏在河中冒險漂流而已，它包含美國所有的光榮和恥辱，是一個永恆的故事。

小學部的走廊邊有許多書櫃，上面擺著成套的《史威夫特》、《伯西攣生兒》、《哈地兄弟》和《南西朱露》等系列的冒險故事，每個學生都可借閱，我讀得津津有味，細細體會書中的冒險經歷。到四年級的時候，我開始去樓上初中部圖書館借閱「黑種馬」系列小說。我也在那兒接觸到凡爾納[1]，深深愛上他的作品。他的書中不僅都是些偉大的冒險故事，並且充滿了不平凡的科學家和工程師，他們認為獵取新知是人類最偉大的職責。我看光了圖書館裡凡爾納的著作後，就開始等候新到的現代科幻小說，凡是海萊因、艾西莫夫、范沃特、克拉克、布萊貝利[2]這些作家的書，我總是第一個借閱的學生。我喜歡他們所有的小說，除非故事流於虛幻。我不喜歡未卜先知、穿牆入壁、特異功能的英雄，我欣賞的是勇敢無懼，比敵人更具實際知識的人物。當六大人檢查我的借書紀錄，發現我過於偏重冒險和科技小說時，就開出合宜的書單，要我看史坦貝克、福克納、費茲傑羅[3]等文學家的著作。在小學階段，我似乎只看兩類書，一類是為我自己看的，一類是為我的老師看的。

我童年讀了許多書，獲得了知識和快樂，可是這些書卻沒有令我想到走出煤林鎮的圈子。我認識的每一個煤林鎮長大的男孩，幾乎不是參加軍隊，就是進入礦場。我對未來毫無主見，唯一可以確知的是母親不願看見我也進入礦坑。有一回父親把薪水袋扔給母親時，我聽到她說：「荷默，不管你賺多少，這份薪水不夠家用的。」父親回答說：「我可讓妳有房子住啊！」她看了薪水袋一眼，把它放進圍裙的口袋裡，幽幽的說：「如果你停止進礦坑幹活，我就是跟你住在樹下也甘願。」後來卡特先生把公司賣掉，新公司改名為「歐嘉煤礦公司」，母親戲稱它為「歐嘉小姐」。如果有人問父親在哪裡，她會說：「在歐嘉小姐那裡。」聽起來像是他有一個情婦。

母親娘家的人不像她那樣嫌惡煤礦。她的四個兄弟：羅伯、肯恩、查理、喬伊，統統都是礦工。在父親這邊，雖然爺爺受過可怕的傷，父親的另外兩位兄弟也是礦工。克倫在煤林鎮後山的凱列塔煤礦挖煤，艾默則在郡裡各煤礦到處打工。父親的妹妹班妮嫁給煤林鎮的礦工，一家人就住在小河下游的對岸，靠近大機器廠那裡。母親對於自己全家和父親全家都是礦工的事實，並不認為有什麼特殊之處，她有自己的看法，或許是她獨立的天性使然，或許她有看透事情真相的能力，而不像別人那樣，只希望事如人意。

每天早晨，母親開始對煤灰例行作戰前，會拿一杯咖啡坐在廚房的餐桌旁，對著一面畫著海岸風景的牆壁。自從父親負責這個礦場，我們就搬進這棟原來隊長住的宿舍，母親也開始在這面牆壁上畫這未完成的壁畫。到了一九五七年的秋天，她才畫好沙灘和一些貝殼、大部分的天空、兩隻海鷗，和一棵正在成長的棕櫚樹，她似乎在為自己描繪一個夢境。從餐桌旁的坐位，她可透過在壁畫上的窗口，望見院子中的玫瑰，和由公司木匠為她做的餵鳥架，這架子的位置是由她指定的，角度剛好擋住後面的煤礦。

雖然我從小孩時就知道，母親和煤林鎮上幾乎所有的人都不同。大約是三歲的時候，我們去勇士礦坳爺爺的小房子探望他。爺爺把我放在他的大腿上，可是我怕極了，因為爺爺沒有膝蓋，他雙腿上蓋著一張發皺的毯子，我在他的粗手臂中掙扎，母親看到了緊張的衝過來。記得我在爺爺懷中用力扭動時，爺爺含混不清的對母親說：「這孩子就像他爸爸。」接著又大聲向在另一個房間的父親說：「荷默，這孩子就像你一樣！」

母親急忙把我從爺爺手上抱開，我緊摟著母親的脖子，被這莫名的恐懼嚇得心怦怦亂跳。母親抱我到前面的涼台，撫著我的頭髮，輕輕說：「你不像爸爸。」她用低得只有她和我聽得見的聲音哼著：「不，你不像爸爸。」父親推開紗門跑出涼台要和母親爭論，母親轉身走開，我看見父親原來剛毅的藍色目光，轉化成柔和的墨色。我把臉埋在母親胸前，她抱著我輕輕搖，嘴裡不停哼著她的小歌：「不，你不像爸爸。不，你不像爸爸。」在我成長的歲月裡，母親以各種不同方式唱這首小歌。可是直到我在高中開始製作火箭時，才領悟到這首歌的意義。

譯注

1 凡爾納（Jules Verne, 1829-1905），法國小說家，現代科幻小說之父，《地心歷險記》、《環遊世界八十天》作者。

2 海萊因（Robert Heinlein, 1907-1988），美國多產作家，公認是最具文學氣息的科幻作家；艾西莫夫（Issac Asimov, 1920-1992），美國科幻小說作家，作品眾多，包括基地系列、機器人系列、帝國系列；范沃特（Alfred Elton van Vogt, 1912-2000），加拿大科幻小說家；克拉克（Arthur Clarke, 1917-2008），英國科幻小說家，最著名的作品是與庫柏力合著的《二〇〇一：太空漫遊》（1968）；布萊貝利（Ray Bradbury, 1920-2012），美國科幻小說家，作品包括《華氏四五一度》（1953）、《黑暗狂歡節》（1947）。

3 史坦貝克（John Steinbeck, 1902-1968），美國作家，一九六二年諾貝爾文學獎得主；福克納（William Faulkner, 1897-1962），美國小說家，二十世紀文學界最重要的人物之一；費茲傑羅（F.Scott Fitzgerald, 1896-1940），以《大亨小傳》（1925）著稱。

第2章　旅伴號人造衛星

父親在隊長退休後接任他空下的職務，那時我才十一歲，隊長原先的宿舍就成為我家的宿舍。一棟大如倉庫的木頭房子，那是煤林鎮上最靠近堆棧的一棟。能搬進這棟房子我非常高興，因為這是我生平第一次不必和哥哥共居一室。哥哥向來不喜歡我，更不願意跟我睡一個房間。從我能記事開始，哥哥總是把父母間的不和歸罪於我，這個指控也許有點事實根據；母親說在我出生之前，父親希望是個女兒，以致我的誕生讓父親很失望，而且他毫不隱瞞的表現出來，母親很不高興，故意讓我承襲父親的名字「小荷默．希坎姆」。我覺得這件事很難說就造成父母親日後的許多爭執，我只知道他們的不滿使我背負了這個沉重的名字。幸好母親很快就改叫我「仙尼」（Sunny），因為她說我常常快樂得如陽光普照。於是大家都跟著叫我仙尼，到了上小學時候，學校老師把我名字的拼音改為「桑尼」（Sonny），認為那比較像男生的名字。

一九五七年的秋天，我已經在煤林學校讀了九年書，開始要越過山到大溪鎮上本區的高中去念高一。我很喜歡上高中，只是每天清早要趕搭六點半的校車有點吃不消。區裡有許多小鎮的學生都上這所高中，我結交了很多新朋友，可是我朋友圈的核心仍然是煤林學校時的玩伴：洛伊、雪曼和奧德爾。

我想我在西維吉尼亞州生活的那段時期可以截然分成兩個階段：一九五七年十月五日以前

屬於第一階段，那一天以後是第二階段。那一天是星期六，母親一早就把我叫醒，要我到樓下來收聽無線電廣播。我躲在暖被窩裡埋怨說：「幹嘛這麼早？」煤林鎮是在高山區裡，即使早秋時分，有時也會潮濕寒冷。那天我寧願躲在被窩裡再多睡一兩小時。

母親用急迫的音調說：「趕快起來聽！」我從被底下偷覷她一眼，看見她不高興的蹙起眉頭，心想還是乖乖聽話趕快起來吧！

我隨便披上衣服就到樓下廚房裡，廚房的餐桌已有沖好的熱巧克力和塗上牛油的吐司等著我。我們早晨只能收聽到威爾市呼號為WELC的電台。通常在早晨的時段裡，WELC只播放我們高中學生的點唱節目，一首又一首播個不停。哥哥在學校裡高我一年，是美式足球校隊的明星，通常每天都有傾慕他的女孩子點幾首曲子送給他。不過，今天沒有搖滾樂，我只聽到一種單調的「嗶——嗶——嗶」聲，接著廣播員說這聲音是由名叫「旅伴號」的東西發射出來的。那東西是在太空軌道上飛行的蘇聯產品。母親把盯著收音機的目光轉到我身上：「桑尼，那是什麼東西？」

我當然知道那是什麼東西，多年來我看過許多科幻小說和父親訂閱的雜誌，我馬上回答，「媽，那是人造衛星。」我向母親解釋：「我們準備今年發射一個到太空去，但真不敢相信蘇聯居然領先我們。」

母親從咖啡杯邊緣抬眼望著我說：「那是幹什麼用的？」

「那是像月亮一樣繞著地球轉的東西，它的軌道距離地球比較近，上面裝置了一些科學儀器，可以用來測量太空中的溫度之類的事情，至少我們美國打算這樣做。」

「它會在美國上空飛過嗎？」

「我想會吧！」可是我並不十分清楚。

母親搖搖頭說：「如果它會，可要把你爸爸氣死。」

我知道父親真會被氣死。他是西維吉尼亞州最頑固的共和黨員了，他憎恨蘇聯共產黨，不過並不如某些美國政客那麼激烈。在父親看來，羅斯福總統是反基督大將，杜魯門總統是反基督副將，美國礦工聯盟的頭子劉易士[1]是魔鬼的化身。我曾經在家裡聽見父親對肯恩舅舅說，那些人具有人類的全部缺點。肯恩舅舅和外公一樣是大民主黨員，他說外公情願投票給我家的狗丹弟，也不會投票給共和黨員。父親說他也一樣，絕對不會投票給民主黨員，情願把票投給丹弟。因此，丹弟是我家最受歡迎的政客。

那個星期六，電台整天不斷報告旅伴號人造衛星的消息，每次報告新聞的時候，播報員好像愈來愈擔憂和緊張，他們說人造衛星可能裝上攝影機在美國上空蒐集情報。有位新聞評論員質疑旅伴號是否裝載了原子彈。教堂裡，蘭尼爾牧師並沒有在講道中提起蘇聯和旅伴號人造衛星，教堂外的石階上，人們也淨談我們學校的美式足球校隊。在我們鎮上，旅伴號這類事情總要多花點時間才能引起大家的注意。

星期一早晨，無線電廣播裡幾乎每句話都和旅伴號人造衛星有關。播音員韋蘭尼重複播出「嗶——嗶——嗶」的聲音，他直接與整個麥道威爾郡的學生討論：我們該如何用功讀書才能趕上蘇聯人，似乎如果他繼續像平常一樣播放搖滾樂，我們會更加落後蘇聯的孩子。我聽著這些廣播，不禁幻想著蘇聯的高中生把旅伴號人造衛星抬起，安裝在長長的巨大火箭頂端。對於他們的優異才能我是既羨且妒。「你只剩下五分鐘，不快點就趕不上校車了。」母親一句話，把我從神馳蘇聯中拉了回來。

我急忙灌下熱巧克力，衝上樓梯，正好與下樓來的哥哥相遇。果不其然，他已經把頭上每根金髮都梳好，額前的髮捲也用雙氧水處理過，那是他占用家裡唯一的浴室、花了一小時對鏡梳妝的結果。他穿上縫著榮譽標幟、綠白相配的美式足球校隊夾克，裡面是黑底粉紅花紋的新襯衫，下身為窄腿卡其褲，腰後配有銅環，腳登閃亮的扣帶皮鞋和粉紅色襪子。哥哥是學校裡最講究服飾的男生，有一回母親接到威爾市一家男裝店寄來哥哥的購物賬單，她說哥哥一定是洛克斐勒家族中某個弟兄的孩子，來這兒渡假時被誤留下來的。我卻恰恰相反，上身穿方格子法蘭絨襯衫，下身的棉布長褲已經穿了一個星期，腳上的舊皮鞋在前一天還被我穿去屋後的小溪旁玩。哥哥和我在樓梯間照面時什麼也沒說，也沒有什麼可說。若干年之後，我告訴人家我是獨子，哥哥也告訴人家他沒有兄弟。

哥哥和我並不是互不理睬就算了，從我有生命的第一天開始，哥哥和我就大吵大罵。雖然我個子比較小，可是我比較靈活，多年來我和他打過無數次架，知道他的一些動作，我知道如果我貼緊他身邊，他就不能全力揮拳，就打不死我。一九五七年那個秋天，哥哥和我有兩個月的不友善休戰期，因為我們上次幹的那一架連我們自己都嚇死了；起先哥哥發現後院裡我的腳踏車倒壓在他的腳踏車上，可能是我車子的腳架沒有撐好，他大發脾氣將我的車子扔到屋後的小河。那天母親去威爾市購物未回，父親在礦場加班，我正懶洋洋趴在床上看小說。哥哥氣沖沖用力推開我的房門，告訴我他剛剛做了什麼事和為了什麼原因，還怒聲叫罵：「如果你的東西再碰到我的東西，我就要揍你個七零八落！」

「大胖子，我們現在就幹一架怎麼樣？」說著我就躍起撲向他，我們倒在二樓的走廊，我緊貼著他猛揍他的腹部，痛得他直叫哎喲。纏打一陣之後，我們滾下樓梯，碰到樓梯口時，我幸運的給了他耳朵一拐子。這下可不得了，他大吼一聲，把我從地上抓起來，扔到飯廳裡，我爬起來，順手抄起母親心愛的櫻桃木椅子猛打他，椅腳都被我打斷了。我又逃進廚房，拿起爐子上的金屬鍋子砸他的腦袋，再逃到廚房後門邊。但是他像打美式足球般擒抱我，把紗門撞飛掉，接著滾進後院草地上扭打，最後他把我壓倒又跳到我的背上，我感覺到「卡啦」一聲像是肋骨斷裂的聲音，胸部痛得讓我放聲大叫，可是我沒有求饒，因為我根本無法呼吸。他的大腿壓住我的臉，我用盡全身力氣咬他的大腿，才使他離開我的身體。哥哥頭上冒起一個大包，大腿上也有一條可觀的咬痕，我們兩人都把對方整得很慘，心裡都知道這次可是太過分了。

母親回來時，看見我們兩人的腳踏車乾淨整齊的停靠在一起。哥哥和我都乖乖坐在客廳，哥哥一面看《威爾市日報》的體育版，一面用手輕輕撫摸前額。我坐在旁邊看電視，輕輕呼吸，以避免吸重了會痛得叫出聲來，事後我的肋骨痛了一個多月。我們把餐廳那張椅子用膠水黏好椅腳放回原處，並一直留意，在膠水乾固之前不讓任何人坐上去。我們又把紗門的損壞歸罪於家裡那兩頭狗，至於那把凹下去的鍋子，母親好像沒有注意到，或許她看到了也故意裝不知道。

那天早晨，也就是旅伴號人造衛星升空後第一個上課日子，我披上哥哥傳下來的舊棉布夾克，下樓梯時順手把掛在扶手的書包帶上，再接過母親準備好的午餐紙袋，衝出大門跑向已經停在陶德家前面的校車。校車司機傑克馬丁是不等人的。他嘴上咬著不點燃的雪茄菸，很精明的看著我從關閉中的車門縫間擠上車來。他說：「桑尼小子，再慢一點你可要走路上學了。」他說這話絕對不是開玩笑。傑克以獨裁的方式駕駛校車，無論車行到哪裡，任何搗蛋鬼稍微破壞他的規則，就會立即被踢下車去。傑克看我坐下才開車。我的同學兼前煤嶺族戰友奧德爾坐前排，正在傑克的背後呼呼大睡，他個子小且容易激動，頭髮顏色很淡像紡絲般呈半透明。雪曼坐在他後面也在睡覺，雪曼是個肌肉結實的小伙子，有一張智慧型的方臉，左腿因患小兒痲痺症而萎縮。在我們共同成長的許多年裡，他從來不曾抱怨過自己的殘疾，我也從來沒有在意過。他跟得上就和大夥兒一起玩，跟不上就不參加，絕不做任何要求。

又高又瘦的洛伊在下一站上車，慢慢擠到我的後頭。從我記得事情以來，洛伊和我一向就是好朋友，有時他來找我，有時我去找他，一起跑到山上玩，我們扮牛仔、外星人、海盜，或其他能想像出來的人物。洛伊在我的朋友當中是很特殊的一個，他有一部屬於自己的汽車，那是因為他的父親死於礦災，獲得保險公司的賠償。他的母親不想離開煤林鎮，向煤礦公司請求保留宿舍，結果他們意外的獲准了，也許是因為洛伊的哥哥也在本礦工作的關係。洛伊是英俊的小伙子，他自己也知道。他在烏黑的頭髮抹上許多髮油，梳成我們稱為「鴨屁股」的大蓬頭，就像年輕的貓王那個樣子。洛伊自認很能吸引女孩子，我們亦公認如此。他幾乎每個週末都和女孩子約會，當然擁有汽車是一大幫助。

我很高興擁有洛伊、雪曼、奧德爾這些朋友。我剛進小學一年級時，很快就發現全鎮的小男孩都在這兒。我身為礦場監督的兒子，父親的身分也印烙在我身上。鎮上的許多家庭中，都有身為工會會員的父親，他們時常在晚飯的餐桌上咒罵他們的敵人——荷默·希坎姆。孩子們聽到了就會在外面尋求報復，他們不敢找我哥哥，他在同齡孩子中比較高大強壯，脾氣又是出名的暴躁。於是我便成為他們欺負的目標，常常在學校後面或在大店附近被他們逮到修理。雖然我常常淌著血回家，卻從不告訴母親是誰幹的，父親更是不知道這些事情，煤林鎮的男孩子是不告狀的。

校車回過頭來經過礦場再走上大路出鎮。經過堆棧的時候，傑克按一下喇叭，我們這些沒有睡覺的孩子會向礦工招招手。校車跑了約一公里半再停下來，接上幾位從「六洞口」來的學生（「六洞口」的名字是因為那個地方有第六個礦坑抽氣管的洞口，那兒附近有一些礦工宿舍），那是最後一批上校車的學生，之後校車就開始爬第一座山。從煤林鎮到大溪高中要走過三十公里的崎嶇山路，在沒有雪的日子裡，傑克要花四十五分鐘才能走完這段路。

車子上煤林山的陡峭坡面要走過一個又一個的迴轉，我們三人坐一排，大部分都在睡覺，每一趟迴轉都使我們倒在彼此身上。到了山頂後，下坡的路更是險峻的往復轉折，一直下到狹長的谷底，從這裡開始是全區最長最直、約有一公里半的柏油路。這段路的中間一半處，有一個用鐵刺網圍起來的抽氣風扇，是我們礦坑最大的風扇之一。這段直路被戲稱為「小賽車場」，星期六晚上有車的年輕人會跑去那裡賽車，大風扇前的空地則是最好的停車場和談情說愛的地方。我沒有汽車，也沒有女朋友，這些事情都是聽來的。

小賽車場這段路的盡頭有一個急轉彎，轉過彎來就是凱列塔鎮了。凱列塔煤礦也是由煤林煤礦的公司擁有。前一年凱列塔礦坑和煤林礦坑相互打通，本來兩個礦坑的礦脈由巨大的砂岩板隔離，我父親以作戰的精神把這塊岩石打穿，可是打通之後，兩礦坑合併起來卻產生許多抽氣、通風的問題，我父親把兩個礦坑都接管下來。有一次喬伊舅舅來我們家的時候，我聽見母親說，關於這件事情，凱列塔鎮上許多人講了些很難聽的話，批評父親自命不凡。看來許多人因為父親不如前隊長具備大學學位而無法接受父親，奇怪的是這些不滿的人自己也不是大學畢業的。母親跟喬伊舅舅說，在她看來，凱列塔鎮的人不過是群鄉巴佬，根本不屑一顧。

校車駛過凱列塔鎮之後，來到叫做普利美的叉路口。那兒有一棟斑剝破舊的磚屋，我們叫它義大利麵店。我從來沒有去過那裡，洛伊是哪兒都去過的，他說那裡有妓女，她們又醜又會讓人「中獎」。我不知道中什麼「獎」，聽起來不會是我想要的獎。洛伊說他去過那裡一次，想要換銅板，她們卻換了四個保險套給他。那些保險套還在，他曾經拿給我看過，他放一個在皮夾裡，看起來很舊了。

瓦爾山沒有煤林鎮外那座山那麼陡，但是山上的路卻更狹窄，有兩處彎道幾乎是雙重迴折。傑克在這裡把車子慢下來，一邊按著喇叭，一邊叫我們放心，我們坐在外側的同學可以直望下面的深淵，看不見車旁的路面，連路肩也沒有。坐在內側的同學則眼看大岩石的鋸齒在幾公分之外擦過。走完這些險彎後，就可以直衝下山來到瓦爾鎮了。瓦爾鎮有過它的好日子，大街上有幾家老商店，一家銀行，兩家加油站，和一家不起眼的旅館。瓦爾鎮在一九二〇年代是個多姿多采的風化區，有舞廳和賭場。也許這是為什麼母親看見女人抹太多香水時，會說這女人有「瓦爾鎮早晨的氣味」。

大溪高中位於瓦爾鎮郊的大河旁邊，所以取名大溪。它是一幢三層樓的建築物，外表相當老舊，可是前面的美式足球場卻經過細心維護。美式足球場再往前是條火車軌道，我們上課時會常常受煤車的隆隆聲和火車頭的嗚嗚聲打擾，它們好像永無休止的煤車，一列又一列的拖向我們不知道的世界。

通常我們早晨到學校後，還有大約一小時才上課，洛伊、雪曼、奧德爾和我，會利用這段時間聚集在大禮堂裡交換家庭作業，或對走廊間晃來晃去的女生評頭論足。那天早上，我坐下來要跟他們討論代數，有些習題我不太會做，可是他們對代數沒有興趣，要先談談旅伴號人造衛星。「蘇聯鬼子沒有那麼聰明啦！」洛伊說：「他們造不出火箭，一定是偷我們的。」我說我不同意他的看法，蘇聯人已經製造出原子彈和氫彈，又有可以直飛美國的噴射轟炸機，沒道理他們不能造出旅伴號人造衛星這樣的玩意兒。

「不知道當蘇聯人是什麼感覺？」雪曼問，明知大家都毫無概念。他總是想知道住在西維吉尼亞州之外的人怎樣過日子，我則壓根兒沒想過這個問題。我覺得每個地方的人都一樣過日子，紐約和芝加哥那種大都市除外。按照電視播放出來的情形，住在那種地方的人必定非常強悍。

洛伊說：「從前我爸爸講過，蘇聯人在戰爭期間吃自己的嬰兒，德國進攻蘇聯是件好事，他還說我們應該加入德國的陣線去踢蘇聯人的屁股，我們現在就不至於有那麼多麻煩。」

奧德爾眼睛正盯著一個站在走廊邊的三年級啦啦隊員，他陶醉的說：「我懷疑如果我爬過去吻她的腳，她會不會摸摸我的頭？」

「她的男朋友會敲你的頭吧！」雪曼說著，正好看到一個高大的美式足球校隊走過去牽她的手。大溪高中的美式足球校隊隊員多少可以自由選擇女朋友。

我絕望的呼叫：「誰做好代數了？」

他們三個人只是看著我，最後洛伊反而問我：「你的英文習題做完了沒有？」

我做好了，是一些詞句的文法分析。我們交換習題，邊抄邊討論，忙得不亦樂乎。其實那一點兒也不算作弊，那可是我獲得代數成績的唯一方法。要知道，代數老師哈茨菲先生向來不給試題部分分數的，要嘛全對滿分，要嘛全錯零分。可是我愈急就愈出錯，代數如此，其他事情亦是如此。

那天在孟斯老師的生物課裡，旅伴號人造衛星再度成為話題。那時我正在盤算如何把一條浸泡過藥水的小蟲，放在方形的鋼盤裡拉直，這次小解剖我竟然分到和桃樂絲．浦朗克兩人一組，真叫我打心裡覺得高興，我認為這位瓦爾鎮本地生長的桃樂絲是班上最美，也是大溪高中最美的女孩子。她梳紮起長長的馬尾，眼睛閃著如我父親那部一九五七年份別克新車的藍光，那含苞待放的胴體使我覺得快要爆炸。在走廊上遇到她時，只有幾次鼓起勇氣害羞的和她打招呼，從來不曾和她談過話。這次我們應該一起動手解剖小蟲，但我挖空心思也想不出跟她說些什麼才好。

突然校園廣播器的開播雜音響起，打斷了我的胡思亂想，接著校長透納先生開始講話：「我相信你們現在已經知道。」透納先生的聲音聽來十分嚴肅。「蘇聯人向太空發射了一枚人造衛星，許多人呼籲全美國都要做出一些回應；大溪高中的學生會今天做了回應，通過了『對抗旅伴號人造衛星的威脅』決議案。該決議案已經呈交給我，並且立刻得到我的同意。我們要把本學年奉獻於砥礪學術，報告完畢。」

桃樂絲和我都抬頭望著擴音喇叭。講話結束後我們轉移目光，彼此凝視，我不免心中怦怦跳動。她問我：「你害怕嗎？」我喘了一下吸口氣說：「怕蘇聯人嗎？」事實上在那一刻中，桃樂絲比十億蘇聯人更使我害怕。我就是那麼莫名其妙。

她對我淺淺一笑，我的心差點跳出了胸膛。她的香水味穿過甲醛液藥水味到我鼻子來。「不是，傻瓜，我問你怕不怕切我們的小蟲！」

「我們的」小蟲！如果那是「我們的」小蟲，就會有「我們的」心、「我們的」手，和「我們的」嘴唇啦！我向她保證說：「我不怕！」馬上舉起手術刀等候孟斯老師命令。孟斯老師一聲「開始！」我就在小蟲身體縱向劃下長長一刀。桃樂絲一看，掩起了口跌撞著衝出門外，馬尾辮在腦後飄盪。「桑尼，你在幹嘛？」洛伊在我後面那桌笑著說：「要求她跟你約會嗎？」

我從來沒有邀請女孩子出去，對高貴的桃樂絲更是免談了。我回過頭去輕輕問洛伊：「你想她會跟我出去嗎？」洛伊擠一擠眉毛，一臉色瞇瞇的說：「我有車子，有很舒服的後座，你一句話我就做你的司機。」

艾蜜麗是桃樂絲最要好的朋友，她的圓臉上寫滿了問號，好心的跟我說：「桑尼，她有男朋友了，兩個，有一個是大學生。」

洛伊反駁她說：「喔，他們都不是對手，桑尼一動起來，妳不知道他有多厲害，在後座他可是個動作派明星啊！」被洛伊一吹噓，我的臉都紅起來了。我從來沒有在後座或任何地方和女孩子一起，最了不起的一次是在舞會後，把女孩子送到家門口吻別，也僅有那麼一次，是在初中時和泰瑞莎做的。

我回轉身來繼續解剖小蟲，再切一刀，翻開肌肉用釘子釘住，仔細做紀錄，心中嘀咕著，洛伊根本不懂，他怎麼不能跟我一樣看出來，桃樂絲不僅僅是女孩，桃樂絲根本是上帝的傑作，她只能受膜拜，不能被擺弄。我自我陶醉於白日夢中，切了又寫、寫了又切，得意之極。我願意為桃樂絲，我的伴侶，做解剖這條蟲的工作，或做更多的事情。面對著這條浸泡過甲醛液的小蟲屍體，我決定要贏取她的芳心。

洛伊偷偷繞到我桌子這邊來，看到我那陶醉的樣子，大聲叫起來：「老天爺，你在戀愛了！」

艾蜜麗也來我桌子的另一邊，看我一眼然後對著洛伊，「我想你是對的。」她說：「我看這件事滿嚴重的。」

「你看他是不是心要碎了？」洛伊問艾蜜麗，他們像戀愛專家般在研究我的病情。

「毫無疑問。」艾蜜麗回答，又對著我叫：「桑尼，喂，桑尼，今天星期幾？」

我不理他們，腦海內唱著只有一個名字的情歌，我一遍又一遍唱著：「桃樂絲、桃樂絲、桃樂絲……」

大店門前的台階是休班礦工最愛聚集的地方，他們總在那兒嚼菸草和瞎聊。如果有一個話題在大店的台階被提出來討論，那必定是極嚴重的大事，而且通常是煤林鎮外的事情，或與煤礦、美式足球無關的事情。旅伴號人造衛星升空後三天左右也被人談論到了。我去大店買汽水，聽到台階上一個礦工說：「我們應該把那該死的旅伴號人造衛星撈什子打下來。」接著是一陣沉默，那些礦工拚命向紙杯吐菸草汁，低頭好像在思考的樣子。然後另一個礦工說：「我告訴你我們應該打誰，想起來就叫我肝火直冒，查理斯敦（西維吉尼亞首府）那群王八蛋，居然陰謀不讓大溪高中參加全州冠軍決賽。我要扭斷他們的脖子！」這個主張倒是獲得較大聲的支持，接著出現一陣發自內心的吐口水聲。

叫剛才那位礦工「肝火直冒」的事情是關於大溪高中的美式足球隊，他們正在邁向一個沒有敗仗的球季。但是根據西維吉尼亞高中美式足球聯盟的說法，大溪高中的美式足球比賽有太多場是和維吉尼亞州的學校舉行的，所以沒有資格參加西維吉尼亞州的決賽。在煤坑裡的載人礦車上，在公司的各個商店裡，甚至在教堂做禮拜時，人們都沒完沒了的討論和爭辯這件事情。大溪高中繼續在贏得美式足球比賽，查理斯敦那些負責高中美式足球比賽的人繼續說那是白贏。我們完全不可能參加全州決賽，不用花多少腦筋就可以知道，這樣爭執下去會造成某種麻煩，沒想到最後引起麻煩的竟是我父親。

我哥哥是美式足球場上一員悍將，在攻擊隊上擔任前鋒，在防守隊上擔任線衛，進攻時像火車頭似的衝闖，又能做出破壞性的阻擋，防守時使對方陣營的四分衛像受驚的兔子般躲避。我父親因哥哥在美式足球場上的英勇表現極感振奮，並當選為「大溪高中美式足球老爹協會」的會長。有一天晚上我在客廳看電視，父親用礦場專線電話（我們稱為「黑色電話」）花了十幾分鐘向一位領班誇耀哥哥的球技，談完掛上電話後，母親建議他偶爾也可以誇誇我。父親明知我就在客廳，卻故意做出想不通的樣子，大聲問母親說：「要誇些什麼呢？」

老實說，我也不覺得有些什麼可誇的；我對美式足球毫無天分可言，又是深度近視。小學三年級的時候，拉西特醫生帶了視力檢查圖來學校，叫我們全班去檢查視力。我們的母親得到學校通知，都來學校陪同檢查。輪到我去看檢查圖的時候，我已經把圖上的字母默記在心，可是醫生玩了個花樣，臨時換一張圖讓我看，我只見圖上模糊一片。醫生和藹的叫我走上前，直到我看見最上排的字母為止，我一直到鼻子碰到了牆壁才得意大叫：「Ｅ！」我母親輕輕飲泣，別的母親在旁邊安慰她。

我在煤林初中連續三年都參加美式足球隊的選拔，但我根本達不到標準，於是被派為擒抱訓練的人體道具。有一回球隊練習的時候，摩根教練告訴克倫叔叔說：「桑尼的個子太小了，不過跟他的慢動作倒挺相配的。」一場邊的人都被這話逗得哈哈大笑。然而我絕對不會退出，我母親會拉我回去練習的。她有一條守則：如果你開始做一件事，你就必須完成它。

到了大溪高中之後，我們的甘納教練是西維吉尼亞州南部贏得最多比賽的教練，他看我在運動器材中一站就人都不見了，不讓我加入，我只好到大溪高中軍樂隊擔任鼓手。母親說她喜歡我的制服，父親沒有講話，哥哥則按捺不住，在晚飯時說了幾句。他一邊咀嚼兩大匙的洋芋泥，一邊解釋參加軍樂隊的男生一般都缺乏男子氣概。他說：「不打美式足球的男生是懦夫，參加軍樂隊的男生是真正的懦夫！」他繼續嚼了幾下後，吞下了那口洋芋泥又宣稱：「我弟弟是個小妹。」

「那麼我的哥哥是白痴。」我回嘴，而我認為這是非常客觀的事實。

「如果你們兩個在飯桌上不能講些好聽的話，」母親絲毫不帶感情的說：「拜託你們就不要講話！」

哥哥的話十分傷人，可是我仍然閉嘴。我不明白美式足球的好處究竟在哪裡，尤其是為什麼打美式足球的男生就被認為是英雄，他們不過在球場上由裁判看著，遵照一些規則去玩球。他們在肩膀上、屁股上、大腿上、和膝蓋上套著護甲，頭上也戴著護盔。穿上一大堆東西避免受傷，排成一列，然後依照規則玩球，算哪門子英雄？我就是無法了解。

《威爾市日報》和《藍野每日電訊報》整個秋天都登載有關美國科學家和工程師在佛羅里達州卡納維爾角活動的報導。他們拚命工作以求趕上蘇聯，我讀過的科幻小說如今都好像變得真實。我對於整個事情的進展愈來愈感興趣，關於那些人在卡納維爾角活動的文章我盡量找來閱讀，有關他們的電視報導也從不放過。我開始聽說一位傑出的火箭科學家，馮布朗博士[2]，他的名字很有異國風。我看過電視台對他的訪問，他用沉重的德國口音說，如果他今天得到行動命令，三十天之內可以將人造衛星放上太空軌道。報紙上說他必須稍微等一等，讓「前鋒計畫」先實施，前鋒計畫是美國國際地球物理年的衛星計畫，而馮布朗博士是為美國陸軍服務，位階較低，不好搶先第一個發射衛星。

那晚我躺下來睡覺時，腦中想著那一刻馮布朗博士在卡納維爾角會做些什麼事情。我想像他會像米開朗基羅那樣，仰面躺在高高的平台上，拿著螺絲扳手調整火箭的燃料管路。我開始想到如果能跟他工作，協助他製造火箭，發射火箭上太空，那才有意思呢！依照我的想法，具備高度信心的人可以組織起來，進入太空去探險，就像偉大的探險家路易士和克拉克[3]一樣。不管用哪一種方式，我是跟定他了。我知道要讓他接受我，首先要好好裝備自己，獲得某種特殊技術，或對某種事物具備特殊知識。我糊裡糊塗，不知道要什麼技術和什麼知識，只覺得我必須像那些書本裡的英雄一樣勇敢，並且比人家懂得多。我開始看見自己超越出煤林鎮之外。「馮布朗……桃樂絲」，我那小小的情歌裡現在有了兩個名字。

報紙有消息說，旅伴號人造衛星將從西維吉尼亞州的南部天空通過，我決心要親眼看見它。我告訴了母親，結果這消息馬上經過籬笆一家一家傳開來，說是我要觀看旅伴號人造衛星，想要看的人可以在衛星預定出現的時刻，來我家後院一起看。

在煤林鎮，毫不費事就可以集合起一群人。在旅伴號預定出現的那晚上，母親和我去到後院，不久就來了一些女人和小孩。洛伊、雪曼、奧德爾都來了。女人以母親為中心圍成一圈。由於父親在礦場的地位，母親總是最新消息的可靠來源，對於公司的計畫、領班的升調等等，她都有第一手資料。她是那麼美麗，我看著她，心裡不禁浮起一陣驕傲。往後的歲月裡，我回首前塵，深感母親不只是美麗，她是美極了。她的笑容明亮得有如燈光，她的捲髮垂肩，大大的眼睛有如朦朧的碧玉，聲音溫柔甜潤（除了在斥責哥哥和我的時候）。當她短裝打扮，束起頭髮，在前院除草蒔花的時候，來往的礦工沒有一個能順順當當通過我家前門。他們必定停步下來，用手碰碰工作盔，露出煙黃的牙齒笑著招呼：「愛西，您好啊！那些花真是好看，真的。」但我不認為他們真的在欣賞那些花。

天空暗下來了，星星一個跟一個閃爍起來。我坐在後門台階上，每過幾秒就轉身看看廚房裡的掛鐘。我擔心旅伴號人造衛星不會出現，或者出現了卻被我們錯過，四周環繞的高山使我們只能看見一條狹窄的天空，旅伴號人造衛星到底飛得多快，是慢慢晃過還是一閃而過，我毫無概念。我猜想我們必須運氣非常好才會看到它。

父親到外面來找母親，看到她和一群女人在後院裡抬頭望天空，覺得十分奇怪。「愛西，妳們在看什麼呀？」

「荷默，看旅伴號人造衛星呀！」

「在我們西維吉尼亞上面？」他似乎不太相信。

「桑尼看到報上這麼說的。」

「艾森豪總統絕不可能讓這種事情發生的。」他很有信心的強調。

「等著瞧吧！」母親提高說話的聲調，這是她愛用的句子。

「我要去——」

「礦場幹活。」母親跟著父親同聲說出。

父親還想要說些什麼，可是母親揚起眉毛看他，於是他覺得不說算了。父親是健碩的人，差不多有一百八十公分高，可是母親也很高，可以輕易為他量身。他把安全盔往頭上一套，邁開大步走向堆棧，始終沒有抬頭望一下天空。

洛伊在我身旁坐下，立刻就自作主張為我如何獲得至愛的桃樂絲獻謀畫策。「你只要這樣，桑尼，」他用手圈住我的肩膀說：「帶她去看電影，看『科學怪人遇見狼人』之類的片子，然後就像這樣伸手繞到她座位後面，然後當劇情愈來愈恐怖，她正全神貫注於電影時，你的手就從她肩膀滑下去，一直到……」他擰了我的乳頭一把，痛得我跳了起來。他彎腰捧腹大笑，我卻一點也不覺得好玩。

「看，快來看！」奧德爾突然叫了起來，指著天空跳來跳去大叫：「旅伴號人造衛星！」洛伊彈起身來叫著：「我也看見了！」接著雪曼也指著天空高喊。我衝下台階瞇起眼睛向大家看的方向望去，只看到滿天星斗。母親扳著我的頭，將我的鼻子對準天空的一點，說：「在那裡！」

跟著我也看見了一個發亮的小球，在山脊間的狹窄空中，在一群星星的下面，堂堂皇皇的飛翔。我全神貫注觀賞它，不亞於看見上帝駕著金馬車在上面飛過。它那翱翔的姿態讓我感覺到，它似乎擔負著冷酷而危險的任務，彷彿宇宙間沒有任何力量可以阻擋它。我的一生中，每次有重大事件都是在外面的世界發生，唯有旅伴號人造衛星是就在我眼前，就在這兒，在美利堅合眾國西維吉尼亞州麥道威爾郡煤林鎮我家後院中，被我看到了。我簡直不敢相信，它是那麼真實，真實到我覺得可以伸手碰到它。然而，不過一分鐘，它又消失了。

「好可愛的小東西。」母親為後院觀眾的集體反應下了結論，和其他女人又回過頭來談論她們的事情。又過了整整一小時才逐漸散去。可是我依然留下，臉還是朝向天空，張開的嘴老閉不起來，我一輩子從沒見過這麼奇妙的東西。父親回家時我還在後院子裡，他打開後門對我說：「那麼晚了你還在這裡？」

我沒有回答，不願讓旅伴號人造衛星投射在我身上的奇妙感消失。

父親跟著我看了一眼天空。「你還在找旅伴號人造衛星嗎？」

「我看見了。」我終於開口說話，由於我仍然在震撼之中，竟然忘記我跟他講話時，最後總會加上一聲「爸爸」。

父親再看我一會兒，看我還是不願意動，他搖搖頭逕自走進地下室，不久我就聽見淋浴的水聲，和他用硫磺肥皂洗刷身體的聲音。其實他先已經在礦場裡洗過澡才回來的，可是如果他身上有一顆煤渣子，母親都不讓他進門。

很晚了，我躺在床上，仍然不斷想著旅伴號人造衛星，直到昏睡過去，不久又在夜裡醒來，聽到外面礦工的長靴橐橐聲和低語交談聲，他們正走上通往堆棧的小徑。我爬起來跪在床上，看著窗外沿路的行走黑暗身影。他們是大夜班擔任安全檢查和噴灑岩石灰的工人，因為在礦坑裡噴比重較大的岩石灰，可以把散布在空中，有危險爆炸性的煤塵按壓下來。他們檢查坑裡的軌道、木柱、橫樑等等，任務是確保兩班挖煤的礦工在坑裡的安全。他們就著月光，在灰塵飛揚中勤奮工作的畫面，不禁使我把他們幻想成月球上的太空人。那亮著暗燈的堆棧，正像月球上的太空工作站。我讓自己幻遊到月球上，看到第一批月球探險者在山洞和荒原走了一天後，在回工作站的路上緩緩而行。我推想馮布朗博士和他親選的組員必在其中。這些工人跨過鐵軌，看到他們的午餐提桶在堆棧燈光的照射下閃閃發光，使我逐漸回到現實。那些不是月球上的探險者，是前往煤林礦場工作的礦工。我也不是馮布朗博士的太空組員，只是西維吉尼亞州煤林鎮的一個少年。這個再真實不過的現實，突然間不能使我滿足了。

十一月三日蘇聯再度出擊，旅伴二號人造衛星升空成功，這次還攜帶了一條狗，名叫「萊卡」。從報上的照片看來，她的體形頗像我家的柏蒂。我到院子裡把柏蒂叫來，把她抱在懷裡。她雖不是大狗，但還挺重的。母親看見了跑出來問我：「你抱著狗幹嘛？」

「我好奇要用多大的火箭才能帶她到太空軌道上。」

「如果她還在我的玫瑰花叢裡撒尿，」母親威脅著說：「就不需要什麼火箭，我會送她上太空去！」

我父親訂閱《新聞週刊》和《生活》兩份雜誌，每星期它們寄達時，父親會先看，他總是從封面看到封底，然後輪到我看。在十一月份的某一期《生活》週刊中，有幾種型式的火箭內部結構圖，讓我極感興趣。我仔細研究這些圖形，我也記得曾經讀過馮布朗博士年輕時如何自己製造火箭，這鼓舞了我想按圖嘗試。那天吃晚飯的時候，我放下刀叉鄭重宣布：「我要製作火箭。」父親凝視他那杯牛奶不發一言，大概正思考礦坑的抽氣問題，我懷疑他根本沒有聽見我說什麼。哥哥忍著笑，好像他認為那又是小妹做的事情。母親瞪著我看了一陣之後才說：「好啊，可別把自己給炸掉了。」

我召集洛伊、奧德爾、雪曼到我房間來。母親的寵物松鼠小快活倒掛在窗簾上看著我們。小快活可以在屋裡隨意跑，但牠卻最愛往人堆裡湊熱鬧。「我們要製作火箭了。」我正在講話，這小動物一下子蹦到我肩上，蹲在那兒緊貼我的耳朵，我輕輕拍拍牠。那三個男生互相看看，聳聳肩膀。「我們去哪裡發射？」洛伊一下子就想到發射去了。

「就在玫瑰花圃旁邊的籬笆上。」我說。我家房子擠在兩座山之間，後面是一條小河。不過母親的玫瑰花圃背後有一塊小小的草地。

「我們要倒數計時。」奧德爾最愛抬槓，即使沒有人和他抬。「但是我們要用什麼來製作火箭？你如果告訴我你要什麼，我能幫你找來。」奧德爾的父親瑞德是本鎮的清潔隊員，他每個週末跟隨他父親清除鎮上垃圾，鎮上各種各樣的廢物他都見過。

雪曼是務實而且心細的孩子，他質疑我說：「你知道怎麼造火箭嗎？」

我把《生活》週刊的火箭結構圖翻開給他們看，我說：「我們只要把燃料放在長管裡，在管的底端開一個洞就行了。」

「什麼燃料？」

我已經對這個問題做過一番思考，「我有十二個櫻桃炮，是今年國慶日留下來的。本來留起來是等過年用的，現在我可以把火藥倒出來做燃料用。」

雪曼滿意的點點頭，「好，那應該夠了。我們就從十開始倒數。」

「它可以飛多高？」輪到奧德爾質疑了。

「很高！」我胡猜瞎說。

我們圍成小圓圈，相互對看，不用說這是十分重要的時刻，我們都清楚，這是決定煤林鎮幾個男孩子參與太空競賽的一刻。「好吧，咱們做吧！」洛伊才宣示決心，小快活卻一下子跳到他鴨屁股似的大蓬頭上。洛伊跳起來虛打這搗蛋鬼，牠吱吱一叫又跳回窗簾上去。

「小快活，壞松鼠！」我大叫，牠卻閉起牠的小眼睛，快樂得直發抖。

洛伊捲起那本《生活》週刊，才舉起手來要打牠，牠卻一溜煙跳下樓梯，直奔廚房尋求母親的保護。洛伊恨恨的說：「真巴不得獵松鼠季節趕快來臨。」

我自任為火箭設計總監，奧德爾找來一個廢棄的塑膠手電筒當火箭主體，我把電池取出，用釘子在底下打一個洞，剝開櫻花炮把火藥倒進手電筒，再用電工用膠帶纏緊。我自底下的洞把從櫻花炮上拆下來的引線插進火藥裡，最後把整套東西放進斷掉翅膀的模型飛機裡面，拿膠水黏住。那架模型飛機我記得是F一〇〇超級軍刀機。因為雪曼跑不快，而且這個設計是他想出來的，我們就讓他負責倒數計時，那個職務可以讓他站在後面。洛伊帶著火柴，奧德爾負責擦點火柴，我則點燃引線，如此每個人都有事可做。

做好火箭的當晚，我們把火箭架設在玫瑰花圃的籬笆上，看起來有點怪，不過還算有個樣子。這花圃是母親花了六個月的時間，不斷提醒、催促父親，後來父親總算派了礦場的木匠師傅麥道夫先生架設起來，所以也算是母親奮鬥的標誌，她頗引以為豪。那天晚上清冷而無雲，我們認為正適合用眼睛追蹤呼嘯著衝進黑暗的火箭。我們耐心等待有煤車隆隆經過的時候，我上前點燃引信，然後飛跑著跳進玫瑰花圃背後的草地。奧德爾用手掩住嘴巴，壓制住他興奮的笑聲。

火花順著引信前進，雪曼從十開始倒數，我們興奮的期待著，直到雪曼數到零高呼：「發射！」櫻花炮的火藥立刻爆炸起來。

我家附近正巧有一位目擊者，有一位礦工在斜對面的加油站等車，剛好看見了整個經過，後來他對「籬笆播音員」形容此事，以下是他的報導：先是有一團巨大的火焰從希坎姆家的後院冒出，隨同霹靂一聲，有如上帝拍巴掌般響亮，接著一道弧形的煙火衝上黑暗的天空，不斷轉動和噴射出美麗的火花。依照那位目擊著的說法，當時的景象十分壯觀。我想他形容得可能一點都不差，只是那射入黑暗、寒冷、清澈的星空中的美麗又壯觀的東西，是我母親花圃的籬笆。

譯注

1 劉易士（John Llewellyn Lewis, 1880-1969），美國勞工領袖。為產業組織聯合會會長（1935-40），亦是美國最具權威人士之一。一九二〇至一九六〇年期間為美國礦工聯盟（UMWA）會長，劉易士可說是美國史上最重要的勞工領袖之一。

2 馮布朗（Wernher von Braun, 1912-1977），德國火箭設計師，研製出V-2火箭，戰後移居美國，繼續展開火箭、導彈研製工作，一九五八年一月主持發射了美國第一顆人造衛星探險家一號。

3 路易士（Meriwether Lewis, 1771-1809），美國探險家，曾率領美國第一支官方探險隊前往太平洋；克拉克（William Clark, 1770-1838），美國探險家，因參加路易士探險隊而聞名。

第3章 我的母親

破碎的木片從我耳邊呼嘯而過，大塊的木頭盤旋直上天空，火花嗶嗶剝剝向四方擴散又紛紛墜下，隆隆的巨響在山坳間迴盪，山谷中的狗齊聲狂吠，各家的燈也一一打開，人們跑到戶外來相互探詢議論。後來我聽說許多人以為是礦坑爆炸，又以為是蘇聯人發動攻擊。不過在當時，我除了感覺一團橘黃色的火光迎面而來之外，腦子裡一片空白。當我回復意識，重新看見東西之時，火光已經寂滅。我開始環視四周，我們每個男孩都手掩耳朵坐在草地上，看來沒有人受到嚴重的傷害，我鬆了一口氣。洛伊的鴨屁股髮型需要重新梳過，奧德爾的眼睛張大得有如堆棧上築巢的貓頭鷹，雪曼的眼鏡戴到臉頰上來了。母親在後門前向黑暗裡張望，「桑尼，是你嗎？」接著又大叫：「噢，老天爺！」我想她大概看見仍在燃燒中的籬笆。

父親手上拿著報紙，跑出來站在她的身邊，「愛西，什麼事？」

父親一出現，我的朋友立即跳起來跑掉，我猜他在礦場裡是出名的暴躁，他們都不願意被他逮到。我當時心想，也許我該跟他們一起逃走，躲進樹林裡去住上一兩年，但我還是被逮住了。逃走只是把不可避免的事延後而已。母親說：「桑尼，你過來！」我搖搖晃晃走到後門前，一面揉著耳朵把嗡嗡的響聲揉掉，一面想著父母中哪一個會跳下來把我打死。

「愛西，妳知道這兒到底發生什麼事嗎？」父親問道。

母親已經完全掌握情況，老天爺真該保佑她。她說：「荷默，桑尼不是問過我們，他可不可以製作火箭嗎？」說完還奇怪父親對擺明的事居然看不出來。

父親對她的回答還是茫然不解。「桑尼要造火箭？他連腳踏車鏈條掉下來都不知道怎麼裝回去。」

「等著瞧吧！」母親不再理會父親，轉身對我說：「桑尼，他們幾個孩子沒事吧？」

「愛西，我不管其他的孩子，」父親說：「但請你管管這孩子，別讓他在煤林鎮到處給我丟臉。」

母親尖聲大笑：「噢，一點也不錯，你是不能丟臉的，對吧，臉一丟就沒人幫你挖煤了。」

父親盯著母親看，「早就沒人挖煤了，已經二十年不用人挖煤了，我們使用機器。」

「那不是很了不起嗎！」

我聽得出母親和父親又要開始他們之間的典型爭執。父親向母親發表他的標準說詞，指出這煤礦如何供應了她和孩子的生活，母親也如常的頂回去，說這煤礦只是個巨大骯髒的死亡陷阱，最後父親搖搖頭走回屋裡。

接著，隔鄰的夏麗芝太太輕輕招呼母親，母親走過去，兩人隔著籬笆低聲談話。我聽不見她們談些什麼，但我猜得出來。我又看見下一家的陶德太太在她家的籬笆耐心等候，夏麗芝太太從母親那兒聽來新聞之後，就會穿過自己的院子把消息傳給陶德太太，如此沿著籬笆傳遞，我知道不到一小時，全煤林鎮都會知道我那半吊子火箭的事，以及我如何把一群男孩子湊在一起做那種蠢事，每個人都會把我當笑話。母親跟夏麗芝太太分手後，又回過來站在我身邊，看看她那被毀滅了的籬笆，深深嘆了一口氣。現在只有我們兩個人，她可以毫無顧慮發射她的連珠炮。「我不是說過別把你自己炸掉嗎？」她的聲音溫柔得使我大吃一驚。

就在那時，我聽見「黑色電話」鈴響了。父親經過客廳窗口跑去接電話。我希望不是什麼人打電話來責備這爆炸聲。母親看了看窗子，又看了看路上的堆棧。我知道當母親心中盤算這事的時候，我最好安靜等候。等了一陣之後，母親指了一下後門口說：「過來這裡坐，讓我們好好談談。」

「媽，我知道我做錯了。」我搶先把她要講的話講出來。

「小荷默啊，那不僅是錯，那是愚蠢，該死！」

我心想這回捅的漏子可真大了，母親是刑罰專家，她有許多創意，不知道這次要怎樣懲罰我。有一回，上完主日學校，我如常的迫不及待跑去玩，穿著上教堂的新皮鞋就跟洛伊到小溪去捉蝦子。後來母親看到我那雙泥濘不堪的白朗牌皮鞋，很生氣的說：「桑尼，如果你的腦袋再空一點的話，我發誓會看到你的頭像氣球一樣飄起來。」為了懲罰我，她裁定下個星期日我只穿襪子上教堂。這個消息很快就傳遍全鎮，每個人都知道星期日我會出什麼洋相。我沒有讓大家失望，果然僅穿襪子穿過教堂的走道，每個人都用手肘碰碰鄰座忍俊不已。然而更精采的是我挑選了一雙破襪子，讓我的大腳趾突出外面。母親抑制不住笑起來，甚至牧師也扳不起臉孔。

母親站在我面前，兩臂在胸前交叉，抬高她的面頰。父親說拉芬德家的人一有麻煩的時候，就像她現在那個樣子。「桑尼，你想你能夠製作一枚真的火箭嗎？」她突如其來的問我這個問題，讓我失去了一向的矜持。「不，媽媽。」我老實回答說：「我不知道怎麼做。」

她翻翻白眼不悅的說：「我曉得你現在不會做，我是問如果你下功夫，能做得到嗎？」

我試著從她的話裡找出圈套，我深信那裡必定有個陷阱等我跳進去，只是看我能否發覺而已，可是她在等我回答。「那麼，我想我能——」

母親阻止我繼續說下去，她知道我又準備瞎扯了。「桑尼，」她嘆口氣說：「我知道你是個好孩子，我愛你。可是，你知道嗎？你現在只是在霧裡瞎摸。你一輩子都在弄這樣那樣的遊戲，帶領著洛伊、雪曼、奧德爾像無頭蒼蠅般亂撞，我想你已經到了認真做一點事的時候了。」

當煤林鎮的母親告訴他的孩子，需要「認真做一點事」時，通常是要孩子做他不願做的事。於是我有點擔心，恐怕她會提些很糟糕的事情。她說：「前天晚上，我向你爸爸提起你的事，我坦白告訴他，我不知道你長大了要做什麼。他叫我不必擔憂，他會在煤礦的礦坑上面給你找一份工作。桑尼，你知道這是什麼意思嗎？那是要你幫爸爸做些書記的工作。坐在打字機前敲打表格，或者記錄每天裝載多少噸煤之類的帳目。這就是你爸爸認為你能做的事。」

我突然脫口而出一個問題，聽見自己這麼說也吃了一驚，不過我想這是我長時間以來懷疑卻得不到答案，想問又不敢問的問題。我問母親：「為什麼爸爸不喜歡我？」

母親瞪著我，好像我打了她一個耳光。她沉默了一陣子，顯然是在琢磨如何回答我的問題。終於她說：「爸爸不是不喜歡你，他只是花太多心思在礦場上，變成沒有時間照顧你了。」

如果她以為這樣說會讓我好受一點，那是完全錯了。我知道父親時時刻刻為哥哥設想，總跟人家說他是多麼了不起的美式足球員，說他到大學之後將會轟動整個美式足球界。

母親在我身邊坐下來，伸手摟著我的肩膀。她這不常有的親熱動作使我稍微有點顫抖，她已經好久沒有擁抱我了，我們家裡好像不太做這類的動作。母親說：「桑尼，你必須要先走出這個煤林鎮。吉姆是會離開這裡的，因為美式足球會幫他走出去，我希望他將來做醫生或牙醫這類工作，他藉美式足球走出煤林鎮，出去之後可以做他想做的事。」

她緊摟著我貼在她身邊，突然我想把頭枕在她的肩上，但是我怕那樣會太過分了。她繼續說：「事情對你就沒那麼簡單了。你和我要一起想辦法來改變爸爸對你的成見，讓他清楚了解你也應該上大學讀書。我一直儲蓄而存了一點錢，大概足夠供你念大學。但是如果我現在就告訴爸爸我的打算，必定會受到他的反對，說那是浪費。他腦子裡只認為你應該留在這裡，在他的礦場做個小差事。」

「我當然也想上大學嘛！」我正要說下去，她又切斷我的話，說：「是啊，當然要念大學呀！」她把手從我肩膀收回，失去她的手我突然感到一股寒意。「煤林鎮是死定了。」她鄭重宣布：「比木頭還要僵硬！」

「媽，您說什麼呀？」這句話叫我摸不著頭緒。

她站直了身體，眼中似乎閃著淚光。以她的個性，她不是愛哭的人，所以立刻自我控制了。「桑尼，到你高中畢業的時候，這個煤礦恐怕已經不在了。你留點意吧，好嗎？看看你們大溪高中的同學，那些家住伯爾溫鎮、巴特利鎮、庫坎伯鎮的學生，他們的父親已經失業了，那兒周圍的鄉鎮也跟著蕭條，甚至會消失。有人說經濟不好，有人說不再用煤，我不知道到底為什麼，反正我總覺得只是時間問題，早晚煤林鎮也會走上同樣的路。你必須想盡辦法離開這個地方，馬上就開始進行。」

我不知道該說些什麼，只是對著母親看。她又嘆一口氣說：「你必須證明給爸爸看，你比他想的更聰明，更能幹，然後你才能走出去，我相信你能夠製作火箭，而他不相信，我要你證明我是對的，他是錯的，這是太過分的要求嗎？」

我還沒來得及回答，她就深深嘆一口氣，望一眼她那燒殘的籬笆，重步從我身邊走進屋子裡去了。我輕輕把腳從丹弟的頭下挪開，不打擾牠的睡眠，走下門階獨自站在漆黑的後院裡，古老的群山隱隱壓來。我努力思考，捕捉母親每句話的意義。

我進屋的時候，父親還在黑色電話線上。他使用礦場專線電話時，幾乎講每句話都是在下命令。「把第四號接上線去，你給我馬上接！」「第四號」無疑是安裝在地面上的巨型抽風機之一，它把新鮮空氣打進礦坑裡。我不知道電話線另一端的人是誰，他顯然沒有按照父親的指示去做。「我現在就過來，我到達的時候，要看到機器已經動起來。」他掛下話筒，打開壁櫥拿起帽子和外套，不看我一眼就從我面前衝出去，好像我並不存在。

我上樓去，發現母親在樓梯口等我，她還沒有跟我談完呢，「我今晚跟你講的話，你覺得是不是有點道理？」

我想我的樣子看來傻傻的。「這個……」才張開口。

「噢，老天爺，桑尼，」她又生氣又難過，用手指點點我的鼻子說：「你可要給我爭氣啊！」每說一個字就點一下我的鼻子，「讓爸爸看看你有多能幹，做個火箭給他看！」然後她極具深意的看我一眼，就回到她的臥房去了。

父親回來時已過了半夜，我才剛把母親說的事情想了一遍然後昏沉睡去，聽見他悄悄走上樓梯的聲音，又醒來重新再想一遍。我小心的把小花貓阿菊從臂彎裡抱起，輕輕放在床腳下，爬起床推開窗子往外看，堆棧隱隱約約像隻巨型黑蜘蛛。照母親的講法，父親認為我只是做辦事員的料子。堆棧旁的抽氣機冒出一股蒸汽，我隨著汽雲往上看，霧珠向四周擴散，金黃色的大月亮高懸天空，水汽在它周圍形成迷濛的光圈。在山間狹窄的天河中，有幾顆小星星流到了河的末端。我望著在遠處閃爍的點點星光，這些星星看起來好像都一個樣子。我對太空中的物體一無所知，對火箭更是完全陌生，我猛然醒悟我確如父親所說的愚蠢無能。母親叫我製造火箭，給父親看看我的能耐。我也曾經想過要多學習，練就一身功夫去幫馮布朗做事。看來母親這個「愛西．希坎姆獎學金」正好派上用場，不過可得要父親點頭才行。

接著我又想起母親說過煤林鎮快要死了。這是她長篇大論中最難懂的一句話，在我的四周，煤林鎮不停演奏著工業交響曲：煤車的隆隆聲，火車頭的汽笛聲，礦工進出礦坑經過時的嘈雜聲，這些聲響從來不曾停止過，又怎麼可能會曲終人散？

黑色電話又打斷我的思潮，鈴聲響起時父親的頭大概剛剛碰到枕頭。我聽見他含糊的回答電話，接著是一連串的咒罵聲，不到幾秒鐘又聽到開門聲。他像被人追趕似的匆忙奔下樓梯，下了樓梯就不停咳嗽，一種帶痰、痛苦、用力的咳嗽。近來他常常埋怨花粉過敏，但是在秋天裡，你不可能在空氣裡找到一粒花粉，但他還是咳嗽。半夜裡常被他的咳聲吵醒。過了幾分鐘，我看著他從我窗口下面走過，低著頭拿手帕掩著口，走了幾步又停下來用力的咳，全身激烈抖動。他直起身來又匆匆前行，一列滿載的煤車在他走近時恰好移開，像是因為他來而讓路似的。等他迅捷跳過鐵軌消失在小路上方，煤車又移回來擋住了他的身影。母親的臥房就在我的隔壁，我聽見她把窗簾輕輕放下，想必她也一直注視著他。

第4章 美式足球老爹

接下來的那個星期，我用火箭炸毀母親的籬笆成了全煤林鎮的主要話題。礦場的麥道夫先生來察看那道籬笆，告訴人家說籬笆只燒剩一堆木片了，而麥道夫太太在店裡跟一位朋友說：「我覺得愛西最好讓我家老爺幫她做一道鐵籬笆。」馬上後院子那些女人就把這句名言重複轉述，逐個籬笆的傳，再從山谷的一頭傳到另一頭。傳進堆棧，搭乘坑道車，沿著主線到坑道尾的廢泥堆。反正各處的礦工都在談論那次大爆炸。

「你們這些小妹妹都是愚蠢的白痴。」有一天早上，那又魁梧又醜相的美式足球後衛巴克特蘭在校車後座大聲叫嚷，別的美式足球隊員跟著起哄，齊聲叫著：「愚蠢的白痴小妹妹！」

巴克等大家稍微停頓後，繼續嚷著：「你們這些小妹妹擤個鼻涕還得靠媽媽哩！」洛伊、雪曼、奧德爾都低著頭乾生氣，我可不吃這一套。巴克太容易對付了，他無知且脆弱。我頂回去說：「至少我們知道我們媽媽在哪裡！」巴克的母親幾年前和一個賣吸塵器的推銷員私奔了。但是這種挖人隱私的卑鄙話，我一說出口就立刻後悔，但已經太晚了。巴克大怒站了起來，卻因傑克猛然踩煞車而踉蹌向前衝，傑克一言不發把車子停在路肩，然後轉過身來指著我下令：「出去！」又指著巴克說：「你也出去！」

巴克囁嚅著：「我？為什麼要我出去？我又沒做什麼。是桑尼引起的，他總是惹麻煩，你不是不知道。」

傑克在他的校車裡絕不讓任何人嚕嗦，即使是高大的美式足球隊員也一樣，他咆哮著說：「小子，別讓我把你踢出去！」

巴克只好乖乖下車，絕望的站在路旁泥地上，我也隨著下車和他站在一起。傑克關上車門開走了。校車還沒有繞過下個彎道，巴克就過來要揍我，我丟下書包，閃過他的擒抱，跑上斜坡躲在樹林裡。他追在我後面叫：「我要宰了你這個四眼田雞！」

我從濃密的樹林裡向他高聲挑戰：「你去搬救兵吧！」過一會兒有一輛車子經過，巴克伸出大拇指招呼，車子停下來把他接走了。我從斜坡下來到了路邊，同樣搭到順風車，剛剛趕上第一節課。一整天我都盡量躲開巴克，那可不容易，因為他的貯物櫃就和我的並立。洛伊他們在午餐的時候才來找我，問我：「我們不造第二個火箭了吧！」

我一直氣他們在車上不吭聲支持我，就沒好氣的說：「好吧，我自己一個人做。」我講得那麼自信，連自己都嚇一跳。可是這一來倒把我自己套住了，無論如何非得做不可。

「你要怎麼辦就怎麼辦！」洛伊喃喃的說，和奧德爾、雪曼一起走開了。我把自己搞得更慘了。我需要他們的協助，因為我必須要造火箭，而我卻一點頭緒都沒有。

當天晚上，我正受困於代數習題的時候，哥哥伸頭進我房間說：「我只是要告訴你，有個愚蠢的弟弟是多麼棒啊。」

我冷冷回答他：「滾，沒你的事。」

我拿鉛筆丟他，他頭一縮，關上門走了。我心中泛起陣陣妒意。誰會在乎哥哥想些什麼，他根本不必去想，他的事情都由父親幫他打點妥當了，他要什麼父親就給他什麼。他總是說我是小妹妹，可是我至少不穿粉紅襯衣，不在頭上弄髮捲呀！

我的第一個火箭讓我在校車裡難堪、在學校裡難堪，現在連在自己的臥房裡也受人奚落，可是更壞的還在後頭呢！事情發生在那個星期六，我去大店買汽水，被卜奇纏上了。卜奇的故事在煤林鎮是家喻戶曉的。約在十二年前，他父親在我父親擔任領班的小組工作，後來被落石砸死了。那時卜奇還在小學六年級讀書，他只好休學去煤礦打工，全家才能在煤林鎮住下來。他總是逢人就說是我父親害死了他父親，迫使他小學都沒有念完就要做工，可是他得不到多少人的同情，到底那是他父親自己的錯，不該到尚未支撐好坑頂的地方去小便，況且卜奇休學的時候，已經在六年級念了五年了，鎮上沒有人認為他能升上初一的。從我能記事以來，家裡就老是提到卜奇的名字，父親告訴母親，卜奇又做了什麼蠢事，又躲在廢泥堆那兒偷懶被逮到等等。母親告訴父親應該把卜奇開除，一了百了，可是父親為了某種原因不聽母親的話。也許他對卜奇的父親感到有點內疚，這我不清楚，不過他容忍卜奇比容忍別的怠惰者和抱怨者要多些。

我一向躲開卜奇，可是這回我沒注意到他也在大店前面的人群裡聊天，「好哇，你們看是誰來了，荷默的火箭小子。」他滿口穢言的說：「我們都聽說你那玩意兒炸掉了，叫你爸爸幫你再做一個嘛！」

坐在台階上的人都轉過頭來看我，他們每人手上都拿個吐菸草汁的紙杯，有一位住在俱樂部名叫湯姆的單身礦工問我：「你要再做一個火箭嗎？」湯姆人很友善，我回答他說：「先生，是的，我想我會再做一個。」

「好，好小子！」台階上的群眾齊聲叫好。

「狗屎，他只會製造炸彈。」卜奇說。

「那也好，那倒是個了不起的炸彈。」湯姆笑著說。

卜奇站起身從人堆裡擠出來，他想把我弄成嘲笑的對象，可是沒有成功，他把安全盔套回頭上，彎下身來跟我講話，滿嘴酒味。「你們姓希坎姆的別自以為了不起，其實你們並不比我強，也不比鎮上哪個人強。」

「桑尼並沒有說他了不起，」湯姆說：「卜奇，你幹嘛不回去睡覺？再不走你又要闖禍了。」

卜奇轉過身去，穿著硬頭皮靴的腳站都站不穩，他的臉充滿稜角，鷹鉤鼻長在滿是硬鬚的三角臉上。儘管看公司的牙醫海爾醫生十分方便，他的牙齒仍然又黃又缺，他的聲音像沒調好的小提琴吱吱怪響。「我告訴你，我們需要罷工，不然那混蛋荷默會把我們累死。」

「卜怪，我不相信你會做工做得累死。」湯姆說著笑了起來，台階上的礦工也爆出哄然笑聲。

「你們統統都去死吧！」卜奇喃喃的說。他大概想裝出堅強的樣子，但聽起來卻是可憐兮兮的。我不禁覺得有點同情他。他恨恨的看我一眼說：「你的爸爸害死我的爸爸，我一輩子也忘不了。」

湯姆站起來拖開卜奇，扳轉他的身體，指著馬路的對面說：「卜怪，你還是回家吧！」

卜奇步履蹣跚的走開，我才安下心來。接著聊天結束，所有人都站起來走了。我等台階上的人走光之後，跑出來跳上腳踏車急急忙忙騎回家。靠近煤林學校時，我在一列去堆棧上班的礦工旁快速經過，他們笑容滿面的喊我：「火箭小子」。我完全被套牢了，我告訴許多人我要再做一個火箭，現在我不得不做了，可是怎麼做呢？讓火箭飛起來的該死祕訣是什麼呢？

美式足球季節的最後一場正規賽打完了，大溪高中打敗達茲威爾高中。那又是州界另一邊維吉尼亞州的學校。哥哥把對方的兩個四分衛撞翻，他們被用擔架抬到場邊去。他又攔截了一個空中傳球，抱球跑回對方底線得分。贏了這場比賽後，我們的美式足球隊整季全勝。接著全州高中體育聯盟正式宣布他們早說過的決定：蓋納教練麾下的男孩子沒有資格參與全州冠軍賽。雖然這項決定並非意外，但在我們學區裡還是引起軒然大波。美式足球老爹們被隊員和球迷圍起來要求有所行動。最後一場球賽過後，整整一個星期，哥哥每天晚飯時都問父親怎麼辦，父親總是說他正在研究。有一天父親說他決定去威爾市找律師幫忙解決。

母親放下刀叉，不敢置信的盯著父親說：「荷默，我認為這不是聰明的辦法。」

父親不看母親，吃了一匙豆子，又咬了一口麵包。「愛西，我知道該怎麼辦。」

母親深深皺起眉頭說：「你不知道該怎麼辦，查理斯敦那些大人物不要我們去比賽，他們就有權不准我們去，沒有任何律師能改變裁定，你這樣做是自找麻煩。」

「媽，爸爸一定要有行動。」哥哥央求著說：「我們有權參加比賽的。」

「我知道你們有權，吉姆。」母親溫柔的說：「但是，常常我們即使有權也沒有用。每個人都如此，你也不例外，我知道你不會懂，可是這就是人生。」

哥哥臉色發青，把椅子往後一推，冷冷的說：「對不起，我吃完了。」

父親把右手抬高到眼睛前面，像是遮擋母親如炬的眼光，「吉姆，你放心好了，」他再度向哥哥保證：「我會處理這件事。」

「荷默——」母親發出警告聲調。

「愛西——」父親的聲調則含有別管我的味道。

該輪到我說話了，那些打美式足球的男生，連哥哥在內，都是些頭腦簡單的傢伙，我好心好意的說：「你們可以搬去查理斯敦，就可以在那兒參加比賽了。」

哥哥轉身向我，手上握緊拳頭，恨恨的說：「桑尼，你死定了！」

「吉姆，進你的房間去！」母親下著命令。等哥哥走開後，她先警告的盯我一眼，再轉頭去跟父親說：「荷默，你就別管這件事了。」

父親轉轉他的頭，脖子上發生骨頭摩擦的聲音，整天在礦坑裡低著頭，大概讓他的脖子發硬。他說：「愛西，妳才別管這件事呢！」

「我只是要求你好好想一想。」

「美式足球老爹協會那些人——」

「美式足球老爹協會那些人不會思考，他們的腦子統統加起來還裝不滿我的咖啡杯呢！你得幫他們想。」

「我們已經決定了，愛西，我們要去威爾市。」

母親熟記《聖經》裡每一句話，她常常能引用合適的話來對付父親。「若是瞎子領瞎子，兩個人都要掉在坑裡。」她引用《聖經》的話使她占了上風，因為她讓上帝站在她那邊。

很明顯，父親一下子被搞糊塗了，他說：「謝謝妳的讚許，拉芬德牧師。」然後，黑色電話鈴聲又起，這常常是結束家庭辯論的好方法。父親向電話的那方大叫一陣後就跑了出去，一邊走一邊穿衣戴帽。毫無疑問他非常感激這電話的及時打擾。那晚他過了半夜才回家。有時候我懷疑他可能坐在辦公室裡無所事事，對著時鐘等母親睡覺了才回來。

一星期之後，母親擔心的事情發生了。美式足球老爹協會提出他們引以為傲的訴訟，因為距離冠軍決賽只有一個星期了，他們要求法院盡快審理。三天之後，在藍野市的州法官看了訴狀之後，就以程序原因把訴狀扔了回來，他批示說，在他的法庭裡從來沒有私人團體控告政府機構的前例。冠軍決賽如期在查理斯敦舉行，美式足球季節至此正式結束。哥哥氣得整天躲在房間裡，只有吃飯、看電視，和用家裡電話跟女朋友聊天才出來。

「我們還要上訴的，我們要到那法官的上面去告。」

「可是比賽都已經結束啦！」

父親回答說：「那可是原則的問題。」

「什麼原則？不過是高中美式足球比賽而已。」

「愛西，這是男人的事。」

「荷默，也許那是男人的事，可是這個女人告訴你，這樣做你會弄得很慘的。」

「等著瞧吧！」父親借用母親的話說。

那年冬天來得較晚，秋天卻美極了。一直到十一月，樹上仍掛滿火紅的葉子，天空始終是美麗的藍色並略帶一點點蒼白，就像知更鳥的蛋一樣。感恩節前夕，第一個來自加拿大的冷鋒終於降臨，樹葉紛紛落下，只剩下灰暗的樹枝和樹幹，冬季風暴的黑雲湧至，盤桓在四周的山上，接著所有的東西都變成灰色、褐色和黑色。

煤林鎮每個季節有不同的活動，冬季的活動最多姿多采。冬季一開始，公司雜貨店的經理鄧茲勒先生的太太就籌劃她的鋼琴演奏會，那是一年一次的社交活動。公司的運煤卡車輪流到每家的煤窖送煤。煤林鎮婦女會為了參加威爾市退伍軍人節遊行而準備了一輛花車。在一九五七年的遊行裡，哥哥和幾個美式足球校隊的男生，穿著海軍陸戰隊制服，裝扮成硫磺島上插國旗的歷史鏡頭。他們的花車經過時，威爾市街上許多退伍軍人不禁落下淚來。大溪高中的軍樂隊就跟在威爾市的花車後面，我很驕傲的在樂隊裡打小鼓，我們一共五個小鼓手排成一列。父親在人行道上和母親站在一起，煤林鎮花車通過時，他又拍手又歡呼，眼睛離不開哥哥。我們軍樂隊來到之前，他就轉頭去和後面的人講話，我經過他面前也不回過頭來看我。在咚咚的鼓聲中，我聽見母親高呼：「桑尼，好孩子！」

煤林鎮的工會領袖名叫約翰．杜邦納，是我父母親在加利高中的同班同學，二次大戰期間，煤林鎮的許多礦工，包括我父親在內，為了戰爭煤炭的供需而免除兵役，杜邦納先生大概也可以留下不去當兵，可是他志願參加陸軍，他在諾曼第登陸作戰的時候，我父親也正好在這個礦坑裡開發到新礦脈，是極豐富的「高」煤礦。因為它的煤層厚到在挖採後，坑道可以讓人直立那麼高，所以得此名稱。戰爭結束後，煤林山礦場獲利豐厚，引起了全國注意，於是美國礦工聯盟開始盯上卡特先生的煤礦公司。五十多年煤林鎮的勞資和諧氣氛到此中斷。卡特先生抗拒工會來這裡組織，於是工會唆使本地礦工罷工。卡特先生不屈服，他把礦場關閉，不准任何人進入採礦。那時在堆棧附近曾經發生對罵和推擠的事情，謠傳山坳那邊發生過槍戰。後來杜魯門總統派遣海軍來鎮壓，並且接管煤礦。經過六個月由軍方管理煤礦之後，卡特先生被迫和工會簽定協議，不久他就氣憤的把煤礦賣掉了。隊長和我父親則留了下來。

此後十年間，本鎮工會和礦場管理階層間勉強維持和平，偶爾發生過幾次罷工也很快就平息下來。礦場的經營甚至更加賺錢。到了隊長退休的時候，在他的堅決推薦之下，我父親接任了礦場監督的職務，可是他只有高中畢業的學歷，鎮上很多人認為他不夠資格當監督，連工會的幹部和買下煤礦的鋼鐵公司都有人這樣想。父親勤奮工作，用盡智慧和能力來證明那些人是錯的。

到了一九五七年間，大多數老的工會領袖在隊長之後相繼退休，新的繼承者則亟欲向會員表現他們的幹練，杜邦納先生就是新人之一，他很快升任「美國礦工聯盟」煤林分會的領導。煤林礦場由杜邦納先生和我父親分任對立雙方的領導，衝突注定是免不了的，可是等到大家醒悟過來時已經太晚了。

正如母親早先所預測的，在初冬的某一天，父親在堆棧外面宣布被裁工人的名單。全美國正發生不景氣，鋼鐵訂單劇減，煤林礦場生產的煤超過鋼廠的需求，於是公司要「砍掉」二十五名員工。這些人不單是失去了工作，同時還失去住家，失去公司雜貨店的賒賬權，失去煤林鎮的居民身分。被裁的員工必須在兩星期之內搬出宿舍。其中有些人會偷偷到蛇潭坳再過去的樹林邊緣搭蓬暫住，希望不久會重新受雇用。

裁員之後，工會的本地分會威脅發動罷工，又提不出什麼可行的方法替代裁員。一天傍晚，杜邦納先生來到我家門口，母親跑出來應門，她叫道：「怎麼啦，約翰，進來嘛！」顯然她樂於見到他。

「愛西，」杜邦納先生脫下黑色安全盔，冷冷的向母親打招呼，並沒有進來。「荷默在家嗎？」

父親在廚房裡，大概正在吃蘋果，醫生把他的癌症患部割除後，吩咐他盡量多吃蘋果，於是他常常吃蘋果。父親聽見聲音了來到前門。「你要跟我談嗎，杜邦納？去我的辦公室談。」他用極不友善的聲音說話，是我從來不曾聽過的。

「你是怎麼回事，荷默？」母親插口進來說：「請進來，約翰。」

這位工會先生站著不動，「沒關係，愛西。荷默，請你到外面來好嗎？我去工會開會之前得先跟你談談。」

父親皺皺眉頭，還是走出門，並隨手把大門關上，我聽不見他跟杜邦納先生談話的聲音，所以站起來到樓梯口想看看他們在幹什麼。母親阻止我窺望，我只好又回到客廳，小心挑個可以看到外面的位置，注意看他們的情形。父親和杜邦納在外面談了一陣之後，打開大門走進來，卻繼續對著門外說話：「杜邦納，公司給了你一件好差事，一棟宿舍，維持了不錯的生活，而你卻一心一意要把公司整垮。」

「這次裁員你沒有按照合約去做，」杜邦納繼續陳述他的道理。「荷默，你自己心裡有數。」父親的手放在門把上，他說：「公司做了必須做的事情。」

「我永遠無法了解他們怎麼把你轉變成擁公司派的。」杜邦納先生尖酸又刻薄的說。

「總比工會裡進來一群劉易士共產黨好些。」父親毫不讓步頂回去。

杜邦納先生搖一搖頭，說：「荷默，你的問題是不知道誰是你的真朋友。等到公司發生麻煩了，它就會把你當成死耗子丟掉。」

父親又走出門外說：「杜邦納，你的問題是始終受不了我接替隊長的職位——」他還要再講下去，一陣咳嗽使他說不出話來。

「那就是囉，荷默。」杜邦納先生趁機數落父親。「咳吧，把你的肺咳出來吧！你是個礦場監督又怎麼樣，還不是照樣染上普通礦工的疾病？」

「住口，你們兩個都住口！」母親叱罵著。

「愛西，妳不要管。」父親喘著氣說，然後又大大吸一口氣。

「妳看看他。」杜邦納先生看了母親一眼，又向著父親說：「你以為公司會在乎你的肺嗎？或在乎任何人的肺嗎？見鬼吧！這就是偉大的隊長用他那連續採礦機賜給我們的恩惠。」

父親搖搖頭，還在用力吸氣。「你不要把隊長扯進來，」他喘息著說：「他是了不起的人，我只不過是花粉過敏而已。你看我的爸爸，你的爸爸，他們在礦場工作了一輩子，從來就沒有什麼肺病問題。」

「我們的爸爸用鑿斧挖煤，荷默。」杜邦納又回復平靜的說：「連續採礦機會把部分煤碾成粉，煤塵都飛到空氣裡了。等我把這次裁員的事搞好了，再來要找你談的就是這個問題了，我們要設法保護礦工，不讓他們吸進太多煤塵。」

「請你走吧，謝謝！」父親噎著氣說。

「約翰，你最好離開吧！」母親溫柔的說，挽著父親的手臂，可是父親把她鬆開。

杜邦納先生戴上安全帽，跟母親說：「愛西，妳是好人，我總以為妳該有更好的際遇。」他轉過身走出前院，向馬路對面的加油站走去。

父親搖擺著身軀進屋倒在他的安樂椅裡。他伸手去拿報紙，手一直在抖，他說：「愛西，妳是個好女人。」

「我曉得，荷默。」聲音很溫柔。

「妳有機會選擇的。」

「我已經選擇過了。」她看著我，大概才發現我也在客廳裡，對我大叫起來：「到你房間做功課去。」

我點點頭就一步兩級的跑上樓。外面許多汽車發出隆隆聲駛入加油站。我到窗口看看外面，看到杜邦納先生坐進其中一部汽車裡，就全部開往鎮裡去了，我猜他們將開往工會的會議廳吧！

感恩節之前，拉西特醫生交代我父親去做X光檢查，父親拒絕不肯去，醫生去告訴范戴克先生，范戴克先生是礦場的總監督，是鎮上唯一能叫父親做事的人。他有一頭銀髮，顯得十分高貴。他是鋼鐵公司派來看守財產的人。父親從裡到外都是擁公司派，完全服從范戴克先生的命令，他去威爾市的史蒂芬診所做檢查。他回家時我正在樓上臥房看書，我聽見他對母親說：「有一個黑點，大約有一毛錢硬幣那麼大。」

「啊，荷默，老天爺！」我聽見母親壓低了聲音，著急的說：「要怎麼辦呢？」

「什麼都不辦，」他若無其事的說：「妳為什麼這樣看我？別擔心。我告訴妳是因為妳反正會知道的，在這個鎮要保守祕密的唯一辦法，是拆掉所有後院的籬笆。」

父親進客廳坐下來看《威爾市日報》。母親抬頭看到看我，圈起手臂，滿臉不高興的走進廚房，不一會兒就聽她把大鍋小鍋碰得噹噹響。我回到床上，眼前一片空白，心中覺得有點恐慌。在煤林鎮住了那麼多年，我知道礦工的肺部發現黑點就得停止工作。常見那些礦工在白天坐在大店或郵局前面的台階上，他們不講話，盡咳出些黑痰。礦場大概有規定，如果礦工因肺病停止工作，只要付得出房租，就可以在煤林鎮無限期住下去。我做夢都想不到父親也會染上這種煤礦工人的共同疾病。他太強韌了，不像是會讓這種疾病上身的人。我要找人問問看這種病有多危險，也許可以去問洛伊，他的哥哥就在礦面工作，那兒是挖煤產生最多煤塵的地點。對了，去問洛伊，他一定知道。

一九五七年十二月，美國首次嘗試使用前鋒號火箭載送人造衛星上太空軌道，我在電視上看見發射經過。前鋒號自發射台躍起九十公分左右就失去衝力，接著就爆炸了。報紙上說，全國因而震驚與失望。有些報紙的社論和電視的評論說，西方文明恐怕不久就要宣告終結，因為蘇聯人已經占得了科技優勢。如果我沒有為自己的火箭問題傷透腦筋，也許對於前鋒號的成敗會給予較多的關懷。無論如何，前鋒號還能跳起將近一百公分的高度，我連這點都辦不到。有許多聰明能幹的人為前鋒號計畫工作，遲早能把問題解決。我呢，恰恰相反，孤單一個人！於是我下定決心，必須找昆庭談談，儘管我對他這個人不見得喜歡。

第5章 昆庭

昆庭是我們班上的怪人，他常常用冒牌的英國腔講些堂皇的話，他攜帶一只老舊破損的手提箱，塞滿了書本和天知道是什麼的玩意兒。上體育課的時候，大家做柔軟體操或打手球，他總是以各種理由請准不必參加，不是說扭到腳踝，就是說頭痛，總之，老師就會讓他坐在看台看自己的書。當大家早晨聚在大禮堂，或中午在餐廳聊天瞎扯的時候，他仍是單獨坐在一旁看書。據我所知他沒有朋友。雖然每個人，包括我自己，都愛拿他開玩笑，我卻深信他是某方面的天才。他對幾乎任何課題都能侃侃而談，直到老師不得不叫他停止。我不知道他有哪一科考試不是得一百分的。

我想如果有什麼人知道怎麼造火箭，那必定是昆庭了。第二天早晨上課之前，我到大禮堂故意坐在昆庭旁邊，他吃了一驚，移開面前的書狐疑的說：「我是不給任何人抄作業的。」

「我不要抄你的作業，放心。」我回答。不過如果他願意的話，抄抄他的代數習題倒也無妨。「你知道怎麼製作火箭嗎？」

他的臉上浮起得意的樣子。以天才而言，昆庭長得還算不錯。他有一張長臉，挺直的鼻子，清澈的藍眼睛，暗褐色的頭髮像用了五兩髮油般黏在一起。「我正奇怪，等了那麼久你還沒有來找我問這個問題呢。我聽說你的火箭了，老兄，炸掉了吧，是不是？你怎麼以為你會製作火箭呢？你連代數都不會。」

「我的代數已經有點進步了。」我喃喃的說。真奇怪，怎麼連昆庭都知道我的底細。

「我的妹妹都已經會做代數了，」他好意勸勉我：「是我教她的，那真的不難。」

可是我覺得他在糗我，變得略帶激動的說：「你知道怎麼造火箭？知道多少？」

「我什麼都知道。」他回答說。

他說得太簡單了。「好，說給我聽聽看。」我不太相信他的話。

他聳聳瘦削的肩膀。「說給你聽對我有什麼好處？」

「你要什麼好處？」

「和你一起造下一個火箭。」

真令人意外。「如果你這麼了不起，什麼都會做，為什麼不自己去造火箭？」

昆庭用雙手撐著下巴。「我一直都想自己製作火箭。可是我無法去做。老實告訴你原因吧，製作火箭需要團隊合作，需要材料，我看出來你很有領導才能，而我很不幸沒有這些東西。」他盯著我看，目光如炬，像一束輻射線直射進我的眼裡。他繼續說：「你又是煤林礦場監督的兒子，你大概能夠取得所需要的材料。」他那輻射槍般的眼睛讓我不敢直視，但是我還是勇敢的看著他說：「你絕對不止這個打算。」

「哼，哈！」他怪笑一聲，「你還是那麼滑頭，再告訴你吧，如果我學會造火箭，就有很好的機會去卡納維爾角做事。」

「可是你先要去念大學。」我提醒他。

「我當然會去念大學，」他毫不猶豫的說：「但是，先在腦袋裡裝一些製作火箭的實際經驗也不錯呀！」接著他伸出手，「怎麼樣，我們合作吧！」

自從我的火箭生涯開始以來，這是我的最大收穫了，不過我還有點猶疑，我雖然在大溪高中名譽不佳，但總比昆庭要好些。我不敢伸手去握，他卻雙手抓住我的手直搖，我急忙把手抽回，向四周看看有沒有人注意到。我知道如果有一個美式足球員看見我和昆庭握手，整個美式足球隊都會嘲笑我。

「好了，好了，你到底知道些什麼嘛？」我急著想知道多些。

「老滑頭，別緊張。」他說：「你聽我講了就會很清楚。」他往後靠在椅背上，深深吸一口氣，開始侃侃而談，不假思索就像唸書一樣：「中國人以發明火箭出名，十三世紀以來，在歐洲和中東就流傳一種叫中國箭的東西。後來，英國人在拿破崙戰爭及一八一二年戰爭，都在軍艦上安裝了火箭。美國國歌中有一句『火箭的紅色尾焰』這句歌詞就是因此而來。最近蘇聯的邱可夫斯基[1]、美國的戈達德[2]，當然還有馮布朗，這些人都在火箭領域中增添了新的知識。邱可夫斯基是理論家，戈達德善於工程原理的應用，而……」

我打斷他的話，「我不要知道這些東西，我只要知道怎麼樣讓火箭飛。」

昆庭抬高頭說：「那是很基本的道理呀。牛頓第三定律：任何作用力，都相隨有一個力量相等而方向相反的反作用力。」

我記得上自然科學或別的課都提到過牛頓，但我不知道他的定律那麼有用。「你怎麼知道的？」

「從書本念到的呀！」

「在哪本書裡念到的？」

昆庭皺起眉頭，奇怪我的無知，「我想是物理教科書吧。」他有點不耐煩的說：「記不起來是哪一本了。我每星期六都搭順風車去威爾市的郡圖書館，我隨意挑一個書架，把書架上的書一本一本拿來看，直到整個書架上的書都看完，就換另一個書架。」

看來我有必要問一些比較專門的問題才行。「火箭用什麼樣的燃料？」

「從前中國人用黑火藥。」

「什麼是黑火藥？」

他仔細端詳我，確定我不是在開玩笑。「黑火藥的主要成分是硝酸鉀，又叫做硝石，曉得吧？還有木炭和硫磺。」

硝石？昆庭嘆口氣繼續詳細解釋此化學物品的性質。那是一種氧化劑，把它和別的化學物品混合燃燒，就會產生大量氣體，可以用來使火箭升上天。「它也可以把你那個弄死掉。」說著指指我的下面。

「你這是什麼意思？」

「那化學藥品會讓人無法那個，你曉得。」

「什麼？」

昆庭脹紅了臉，「你曉得。」他把一個手指頭伸直，「那個！」

「真的呀？」

「是呀，書上是這麼說的呀！」

我想不要扯遠了，回到火箭上吧。「去哪裡可以買到黑色火藥？」

「據我所知你買不到的。」他說：「你要自己去調，硝石、硫磺和木炭。我們要這三樣東西，你能找到嗎？」

我不太有把握，但我不想讓他知道。「我馬上去弄來。」

昆庭開心的笑了，突然間像老朋友似的跟我熱乎起來。他打開手提箱，讓我看裡面的書，大部分是一般科學書籍，但其中有一本叫做《北回歸線》[3]，他神祕兮兮指著它說：「你要知道關於女孩子的事嗎？可以看看這本書。」

「我已經知道了。」

他敲敲那本書說：「噢，不，你不知道。」

鈴聲響了，我們都站了起來。我第一次注意到昆庭穿了件褪色且肘部已磨破的舊衣服、一條有補丁的棉布褲子，和斑駁的半筒靴。昆庭不住煤林鎮，他的家在巴特利鎮，是母親叫我留意的那種孩子，巴特利那邊的煤礦常常罷工和裁員。過去幾年裡，巴特利有許多家庭陷入貧窮和愁困，昆庭的爸爸大概已經失業了。在一九五七年的時代，西維吉尼亞南部的窮人家還不至於捱餓，政府總是有麵包、奶酪等來救濟他們，不過也僅限於這些食品而已。

洛伊在走廊上捉住我問：「你跟那個昆庭白痴說些什麼？我看見你好像握著他的手。」

我還在惱怒洛伊，所以根本不想回答他，可是又覺得告訴他真相倒可以更加氣氣他，就說：「他跟我，我們要製作火箭。」

剛巧一群同學從我們身旁走過，桃樂絲也在裡面。「嗨，桑尼，洛伊。」她像天使般叫我們名字，我張開口可是迸不出一個字。

洛伊搖搖頭，把身體靠在貯物櫃上。「老天爺，你要完全放棄交女朋友的機會呀？桃樂絲看到你跟昆庭混在一起，馬上就會對你沒興趣。」

我看著她的背影，禁不住盯著那扭來扭去的小屁股，我的呼吸幾乎停止。我說：「反正，桃樂絲根本不在乎我。」

洛伊絲毫不掩飾，出神的一直看著桃樂絲走到走廊的那一頭。「呼！」他吹了一聲口哨，才回過神來看看我。「至少你的眼光還不錯，桑尼，趕快邀她出去嘛！下星期和我一起來個雙侶約會，我把車子開去凱列塔風扇那裡。」

「她不會答應的。」

洛伊又搖搖頭，好像我已經無可救藥。「好吧，你不去邀她，我去邀她。」

「你不可以邀她。」我高聲抗議。

他向我擠擠眉毛，狡猾的笑笑，一副好色鬼的樣子。「哈哈，我為什麼不可以，我當然可以。」

洛伊這下可把我逼死了，如果他邀桃樂絲而她答應，想到他會對她毛手毛腳我就受不了。如果她讓他做了，或者他自稱和她做了，那我這輩子就差不多全毀了。我已經沒有別的路可走，只好馬上追上桃樂絲，她正跟艾蜜麗走到生物教室門口。桃樂絲看見我跑過來，跟我說：「對不起，上次我看到那條蟲就很不舒服。」

「桃樂絲，」我說著，心都要跳到喉嚨上來了。「這星期六我請妳去跳舞好嗎？和洛伊一起去，不，坐他的車子去，不——」

她眨眨她那雙藍色大眼睛。「對不起，我另外有事。」

「噢！」血液向我臉上衝。

「但是你可以星期日下午來我家，」她音調有如唱歌，「我想和你一起溫習生物。」

去她家！「我會去！」我發誓。「我要帶些什麼？我是說——」

「就帶你自己吧，呆瓜！」她上下打量我，然後好像很滿意的下結論：「到時一定會很好玩的。」

艾蜜麗在一旁看著，說：「桃樂絲，你可要仁慈點。」

上課的時候，我一直禁不住偷偷注意桃樂絲，她在位子上畫青蛙的大腸。她有個可愛的習慣，在聚精會神的時候，會把粉紅色的舌尖伸到豐滿可愛的嘴唇外。她穿了一件白色的無袖上衣，頸上結一條藍色絲巾，看起來格外純真，然而她那擠得滿滿的上衣，害我產生非分的綺思。她捕捉到我的眼光，報以一個端莊的微笑，我滿臉通紅，真不明白怎麼會有這麼多的完美集中到一個人身上。接著又有一絲淡淡的悲哀進入心中，如果桃樂絲星期六晚上另外有事，我想她不可能跟她媽媽在家裡烤小餅吧！

在西維吉尼亞南部的許多鄉鎮裡，存在一種公司商店的制度。這些由煤礦公司設置的商店系統通常提供較寬鬆的信用，但商品的售價比較高，如果礦工在公司商店欠賬太多，他的工資就會改為商品券，而領不到現金。商品券只能在公司商店內使用，不能在外面流通，這是公司內部的制度。一九五〇年代後期，一首由田納西州歌手恩尼福特主唱的流行歌曲「十六噸重」，曲中闡述的就是礦工把靈魂都質押給公司商店。所以這是不合理的制度，當年許多西維吉尼亞的礦工情況大致如此。

賴德隊長把在煤林鎮廢除公司商店制度的惡劣部分，做為他社會改革工作之一。他請來一位大學畢業生擔任經理，即密西西比州來的紳士鄧茲勒先生。他將商品維持在合理的價格，確保礦工不受剝削，必要時隊長親自監管信用的授予，他嚴格審查賬目，不許礦工賒欠太多，商品券只是偶爾使用。他還在煤林鎮設立許多小分店，以方便礦工家庭。在鄧茲勒先生的經營之下，大店成為本鎮的社交地點，為鎮民凝聚向心力。

大店裡什麼東西都有：硬頭靴、工具皮帶、安全盔、套身衣，和礦工愛用的圓筒型食物罐；各種服裝、食物雜貨、雨傘；冰箱、嬰兒車、收音機、電視機、鋼琴、吉他、電唱機，以及唱片部門等；它也設有小藥房，可以買到常用的家庭藥品以及弄到醫生開的處方，還有汽水販賣機，裡頭賣的是汽水、糖果和濃得把湯匙放入可直立不倒的奶昔。店裡也賣汽車零件、木料；鐵鏟、尖嘴斧、鐵耙、菜種、肥料等，以供應某些在山邊耕種菜園的礦工。

大店的存貨大致上可以供應鎮上任何人的不同需要，可是它有火箭燃料嗎？我帶著我的雪茄菸盒儲蓄箱，裡面存有我從前送報賺來的現鈔和商品券，去找大店藥房的店員俊尼爾，問他有沒有這種東西。俊尼爾是個聰明伶俐、有天使般面孔的小胖子，鎮上的人都喜歡他，有時他於下午時分為大店送貨，總會被請進屋裡坐坐。他雖然是黑人，大多數的家庭主婦都喜歡他，請他喝茶吃點心。有人說俊尼爾上過大學，這點比我父親還神氣。俊尼爾聽我講我要買的東西，覺得有點奇怪，側頭想了一下。「硝石？」他的聲音尖尖有點刺耳。「是你父母親叫你來買的嗎？」

「是我自己要的，我要做實驗。我還要硫磺和木炭。」我坦白告訴他。

俊尼爾抬一抬他那銀邊眼鏡，好像腦子轉了又轉，然後去後面拿出一罐硫磺、一罐硝石，和一袋四公斤半裝的家用木炭。「聽著，火箭小子，」他警告說：「這些東西可以把你炸到中國去，你懂我的意思嗎？」

我含糊的說：「俊尼爾先生，我懂。」就用商品券付了賬，把這些寶貝用腳踏車載回家。途經一群前往上班的礦工，杜邦納先生招呼我停車。「聽說你要繼續製作火箭？」他問我。

「是的，先生。我想將來要到卡納維爾角替馮布朗博士工作。」

他聽我這麼說似乎很高興。「這很好，你太能幹了，不該留在這裡的。」

「杜邦納先生，你也是很能幹呀！」近來好些人要我離開這小鎮，我想探究一下原因。「如果這裡不好，為什麼在戰爭之後你又回來西維吉尼亞呢？」

他笑了起來，他有一種聖誕老人呵呵的深沉笑聲，聽起來滿不錯的。「桑尼，你講對了。」他又開始往前走，我推著腳踏車陪著他。「我想，我的血液成分裡含有這兒的老舊山脈、煤礦、鄉親。我從海外歸國，就急不及待回到麥道威爾郡來。我屬於這塊土地。」

這就是啦，母親的後院訓話中，最讓我困惑的一點被他一擊而中，「你們怎麼知道我就不屬於這塊土地呢？」我好奇的問他。

他停下來，揚起眉看著我，好像我說了句最奇怪的話。我猜我的無知使煤林鎮上每一個人不斷的詫異。「是呀，當然你屬於這裡。」他回答說：「每一個此地生長的人都屬於這裡，不可能屬於別的地方。」

空煤車發出吱吱的巨大摩擦聲，大概一公里外有個火車頭將整列車推往堆棧，我要大聲叫聲音才聽得見。「那麼我就不懂為什麼我應該離開這裡。」

他再次停下來，而其他礦工則急忙擠過去，換班的時間快到了。「你不知道嗎？」他也叫著講話。「幾年之內，這兒所有的東西都會消失，消失得像從來不曾存在一樣。」煤車開始滾動，吱吱的摩擦聲降低成隆隆聲，杜邦納先生也跟著降低聲音說：「即使工會也無法將煤放回地底下。」

我知道我不應該問他關於我父親的事，我曾經目睹他們爭執，可是我還是忍不住要問：「我爸爸知道嗎？」

杜邦納先生做個怪樣子。「他當然知道，卻故意裝成若無其事。」

「為什麼？」

「這個你就應該去問他囉。」杜邦納先生說，臉色轉成石頭般僵硬。「桑尼，祝你造火箭成功。」他走進人群中很快就不見了。一長條擺動的黑圓頂中加上了一個黑圓頂，逐個從小徑進入堆棧裡。我回頭下望山谷中的房屋，女人在屋前提著水桶拿著拖把，和煤塵進行永無終止的對抗。煤車繼續前進，黑色的蒸汽車頭終於出現，噴出團團白煙，氣喘噓噓走過。司機向我揮揮手，我也瘋狂回以招手。那麼多的活動在這兒同時進行，我無法想像這一切居然會終結。也許父親和我有相同的盲點。

在地下室的洗衣機旁，有一個很大的工作檯，邊上有個大水槽，我就把這個地方當成工作室。我才把剛買來的化學物品放在工作檯上，樓梯上的門就打開了。母親出聲叫喚：「桑尼，是你嗎？」我應著母親說是我。「記住我說的，別把自己炸掉了！」煤林鎮新聞傳播的速度比一個男孩子騎腳踏車還要快。

昆庭在星期六搭順風車來我家，我把他介紹給母親，他以影星艾洛弗林的姿態淺淺彎腰行禮，相信是從電影上看來的，可是母親覺得棒極了，像個害羞的女孩子用手掩口而笑。母親很難得烤小餅的，但不久我就聞到廚房溢出香味。她端兩盤小餅和兩杯牛奶下地下室來，遞給昆庭滿滿的一盤小餅，約有我那盤兩倍之多。昆庭細細吃了一口後對母親說：「好吃極了，這無疑是我有生以來所嚐過最美味的小餅。」母親樂開了，問我們她還能幫些什麼忙。「沒什麼了，媽。」我匆忙的說，希望她離開，我們好開始。

她似乎想多盤桓一下，「如果你們要什麼就叫我。」

「好了，我會的，媽，待會兒見。」

母親上去之後，昆庭繼續花了不少時間解決他那盤小餅，我很不耐煩的等他吃完。他終於喝完了最後一口牛奶，用袖子擦擦嘴巴，拿起那一罐硝石，打開來看看，「看起來挺純的。」他說。我不相信他看得出來。

我們開始進行工作，丹弟和柏蒂坐在煤爐那邊的角落裡，悄悄注視著我們。首先我們隨意調配了幾堆自以為是的黑色火藥，打開燃煤熱水器的爐門，把每堆黑色火藥輪流取一小湯匙丟進爐火中試驗，這些配藥燃燒時的嘶嘶聲相當微弱，但還是把兩隻狗嚇得直想出去，我打開地下室的門讓牠們出去。「你看怎麼樣？」我問昆庭。他聳聳肩膀，我們都不知道火箭的燃料燒起來應該是什麼樣子。

我們決定把兩種調得最像樣的配藥放進火箭似的管子裡來試驗。後門那兒有一些父親自礦場帶回來的二點五公分口徑鋁管，原來是想為母親做新的餵鳥架，但鋁管已經擺了很久，看來他永遠不會做了。我用鋼鋸截取兩支三十公分長的管子，昆庭把這小段管子叫做「箭筒」。我們從管子的一端開口插入一段掃把木桿，從另一端灌入配藥，用鉗子把開口夾緊，做成如《生活》週刊中稱為「噴嘴」的形狀。這樣子的做工當然非常粗糙，但是那僅是為了試驗而已。我們又用硬紙板剪成三角形的尾翼，用模型膠水黏在箭筒尾端。我們知道硬紙板會燒掉，但至少可用為火箭坐穩的支架。「我們要看看這些配藥在壓力下怎樣作用。」昆庭說：「無論會發生什麼樣的結果，我們可用這個為基礎加以改良。」

我已經逐漸適應昆庭做事的方法，他的意思是說我們必須從某個地方開始，不管成功或失敗。然後我們從錯誤中汲取知識，再做新的嘗試。從報紙刊載卡納維爾角那些火箭一再爆炸的消息看來，馮布朗博士那些火箭科學家也是用這種方法來進行他們的工作呀！沒有昆庭，在上帝和家人面前失敗我會覺得很丟臉。但和他在一起，一切都變成「科學」了，失敗不過是在知識庫加上一筆而已。「知識庫」也是昆庭的用字，我很喜歡建立知識庫這種想法。

尾翼乾固後，我決定到我家後面的小河去試驗這個新創作。我以為在那兒炸掉什麼東西也不會有任何人在意。走出門就意外的看到洛伊，他自稱正巧在附近玩，我想他根本就在那兒閒逛，等昆庭和我出來。

第一個火箭只冒出一股又髒又臭的黃色濃煙就倒下來了，尾翼上的膠已經熔化掉，「不得了，」洛伊掩住鼻子哇哇叫，昆庭則安靜的把結果寫在筆記本上，那是他的「知識庫」。

第二個火箭卻爆掉了，一大塊破片噹一聲打到我們藏身於後的廢汽車上，一團濃煙籠罩我們。父親走出後門叫我：「桑尼過來，馬上過來！」我們服從的隨著濃煙到達他身邊，他皺起鼻子說：「我不是跟你說過不要再造火箭了嗎？」

我還來不及回答，母親跑出來說：「荷默，電話。」她用手揮開黃煙並對我們微笑。

父親進去接聽電話，又跑到後門外，他不理會昆庭和洛伊，眼睛光是看著我。「我剛掛上電話，鈴聲又響了，人家都在埋怨這些臭味和黃煙，我要你馬上停止，知道嗎？」

母親接口把他的意思修改一些：「不要在房子後面弄，親愛的，你們找個比較好的地方去弄。」

父親轉身向著母親說：「愛西，他們必須停止，以免把煤林鎮燒掉。」

她繼續笑瞇瞇向我們說：「好的，我會讓他們答應的。孩子，你們不會把這個可愛美麗的小鎮燒掉吧！」

「一定不會的，夫人！」我們齊聲叫道。

「你看！」

父親瞪了母親一眼，搖搖頭進去了，母親也跟著進去，留下我們在外頭對著這又焦又臭的破鋁管發呆，不知道怎麼回事。昆庭做完紀錄後，抬起頭來說：「第一個的試藥太弱，第二個的試藥太強，好了，現在我們知道狀況了，這太好了。」

星期日下午我搭順風車去瓦爾鎮，桃樂絲的家在鐵路過去、俯瞰市區的山上，她母親把我看成最想見的朋友一樣，臉上堆滿了笑容歡迎我進去，我從她臉上看見桃樂絲的面貌。她是個高大健壯的女人，不如她女兒細緻。桃樂絲的父親從廚房出來隨便握握我的手，他是個瘦長半禿的人，擁有鎮上一家加油站，習慣於讓浦朗克太太一個人講話。桃樂絲的父親走進廚房，把她和我留在客廳對著生物教科書，結果我們並沒有溫習功課，她想要知道我的火箭故事。「我真高興認識一個能做那麼有趣好玩事情的人。」

我受這句話壯了膽，把想去卡納維爾角參加馮布朗工作的雄心告訴她，現在我要盡可能的學習。「噢，桑尼，我知道你有一天會成為大人物的，你去佛羅里達之後，會寫信告訴我一切的事情嗎？」

我努力尋找勇氣想告訴她我不預備給她寫信，我要她去那兒和我在一起，可是我找不到這個勇氣。她說：「我要當老師兼母親，是最好的老師兼最好的母親，我很喜歡小孩。」

我們繼續聊天，談關於朋友和我們父母親的事，我把母親的一些有趣小故事告訴她，也告訴她家裡的松鼠小快活，以及廚房牆壁上母親的風景畫。當我談起父親的時候，只能說他負責那兒的礦場，拚命工作，對了，還有他代表大溪高中美式足球隊打官司。「做吉姆的弟弟有什麼感覺？」我並未提到哥哥，她卻這樣問起。我實在沒有想過這個特別的問題。「我想還好吧。」這可能是最好的答覆。

「他的美式足球打得那麼好！」

我聳聳肩說：「是吧！」

她說：「我覺得你比較有意思。」

這使我得意起來，這應該是要求和她約會的好時機了。「桃樂絲，洛伊有部車子，我在想也許妳和我——」

「桑尼，你知道嗎？」她把我的話打斷。「我從來沒去過西維吉尼亞以外的地方。好可憐喲，你呢？」

她的問題讓我的要求胎死腹中。我告訴她去過南卡羅來納州的蜜桃灘幾次，我母親很喜歡那個地方。還有小學三年級的時候，我父親開車帶我們全家去加拿大玩，一直開到魁北克省。

她似乎很羨慕的問：「告訴我魁北克是什麼樣子。」

我記得那裡每樣東西都乾乾淨淨，那兒講法語也令人印象深刻，我告訴她：「法語真是滿好聽的。」

桃樂絲鄭重宣布：「有一天我要去那兒聽聽。」

在回家的路上，我發現到桃樂絲故意打斷我的邀約，我決定再做一次嘗試。次日早晨，我目掃大禮堂，發現她和幾位女同學圍著一堆美式足球隊員聊天。她穿了一件緊身的粉紅色毛衣，一條黑色的泡泡裙，手掩著嘴巴在笑一個男生講的笑話。我好不容易擠到她身邊，姿勢尷尬的站著。她正在和那個男生互相戲弄。「那麼，就星期六晚上？」他問，而她高興的點頭。然後她擠出去，看到我，興奮的叫：「喔，嗨，桑尼！」就和她未來男友一起往走廊走去。我呆呆站在那裡，一顆心沉到腳底。

譯注

1 邱可夫斯基（Konstantin Eduardovich Tsiolkovsky, 1857-1935），蘇聯航太科學家，發明家，現代航太學的奠基者，對星際飛行及應用液體燃料、多級火箭等理論和技術研究做出開創性的貢獻。

2 戈達德（Robert Hutchings Goddard, 1882-1945），美國火箭發動機發明家，現代火箭技術先驅，發射世界第一枚液體燃料火箭（1926）及一枚第一次超過聲速的液體燃料火箭（1935），並製成火箭飛行器變軌裝置及多級火箭等。

3 美國作家米勒（Henry Miller, 1891-1980），著有頗富爭議性的自傳小說《北回歸線》（*Tropic of Cancer*）與《南回歸線》（*Tropic of Capricorn*）。其著作因有猥褻之嫌，曾遭禁止出版。

第6章　白考夫斯基

一九五八年一月三十一日，陸軍彈道飛彈署在馮布朗博士領導之下，預定發射「木星C型」火箭，載送探險家一號人造衛星進入太空軌道。那是一次夜間發射，我整晚守在電視機前等候好消息。晚上十一點的熱門「今夜」節目中間，插播一則短聞報告發射成功，不久將有發射的記錄影片播出云云。於是我決定躺在電視機前的地毯上守夜，盯著電視機上「請等待」的畫面。父親、母親、哥哥都早已睡覺了。

大約午夜時分（那天是星期五，次日放假），砰砰的敲門聲嚇了我一跳。原來是洛伊、雪曼和奧德爾。他們一在地毯和沙發上躺下來，就胡亂扯些女孩子的事情。奧德爾和雪曼很快就進入夢鄉。我正想問洛伊有關父親肺黑點的事情，此時趁機向他提出。他縮在沙發裡憂心的看看我。

「我會去問問比利。」他說，比利是他哥哥。

「別告訴比利為什麼。我爸爸不想任何人知道。」

洛伊詫異的看我一眼。「桑尼，我早就知道了，我猜煤林鎮上每個人都知道了。」

我把頭靠在地毯上，一下子就睡著了，夜裡醒過來看到電視機畫面變成白花花一片。我又半睡半醒到天亮，一睜眼發現畫面恢復正常，一位播報員正宣布準備開始，我把其他人統統喚醒，接著，電視上毫無預警就播出發射「木星C型」的影片。馮布朗的火箭在一團巨大的火焰和濃煙中緩緩脫離發射台，然後堅定的向上衝進黑暗的夜空。我們見這情景激動得大笑大叫，奧德爾站起來打了一個滾，頭頂沙發，兩腳朝天，像騎腳踏車似的向空中亂蹬。我沒有他那麼瘋狂，但充滿了驕傲和愛國的情緒。父親下樓來放流氓和阿菊這兩隻貓出去，看到我們這些男孩子聚在電視機面前，掃視我們並問：「成功了嗎？」

這是他第一次表示對太空感到興趣。「是的，先生！」我們齊聲大叫。

「爸爸，我們也要上太空去。」我說，準備好好向他說明。

「小傢伙，」他很快就接著說：「看你的樣子，你已經上了太空了。」我把這句話聽做是稱讚而得意洋洋，他揚起眉毛再看我一眼。

母親穿著晨褸出來，她惺忪看看我和那幾個男孩。

「成功了嗎？」她也這麼問。

「是的，媽媽！」

「我想那太了不起了，你看呢，荷默？」

父親已經走進廚房，他的聲音變得遙遠：「了不起！」

母親看看我們幾個，問說：「要不要吃早餐，吃鬆餅好嗎？」

「好的，媽媽！」

當天稍後，我帶他們三人到我房間，我說：「你們聽著，我打算做——」

洛伊往後躺到床上，打斷我的話說：「每次你一打算，我們就立刻倒了大楣。」

我不理他，繼續把我的計畫講出來：我要組織一個火箭研究社，名字就叫做「大溪飛彈署」，是模仿馮布朗博士的「陸軍飛彈署」名稱。昆庭和我已經是社員，我們研究有關火箭的知識，開始製作火箭。這不是遊戲，是一件認真的工作，如果有人想加入為社員，我非常歡迎。說完了之後我以為洛伊會站起來走開，他會不參加任何有昆庭在內的活動。沒料到他坐起來摸摸臉，慎重的說：「桑尼，我喜歡這個計畫，聽起來挺好玩的，算我一份。」我想他大概受到「探險家一號」成功的鼓勵，接著雪曼和奧德爾也很快的同意參加了。

「大溪飛彈署」就此成立。我說：「我擔任署長，奧德爾，我任命你為財務組長，負責物料供應；洛伊，你有車子，我任命你為交通組長；雪曼，你擔任設置火箭發射場的發射組長，並且幫助我推動公共關係；昆庭為本社的科學組長，各位有沒有問題？」

「我們的發射場設在哪裡？」雪曼問我。

「這個我還要想想。」我說。

「礦場後面有一個荒廢的棄土場，」雪曼說：「大概可以派上用場。」

棄土是一些含太多沙石的礦渣，堆置棄土的地方長不出植物。我認為雪曼的主意很好，欣然同意的說：「我們去看看那個地方。」

「那我們現在要幹些什麼呢？」奧德爾又問。

「製作火箭呀！」

「怎麼做？」

「我們研究呀！」這等於承認我不會。

這個會只是決定了下次會議是在下個週末的什麼時間，其他什麼也沒有決定。他們回去的時候，我在門口把洛伊叫住，「關於我爸爸那個黑點，你不必去問你哥哥了。」

洛伊點點頭說：「你不想知道那有多嚴重嗎？」

「不用了。」我完全無能為力，知道了又有什麼用。

接著有幾天吃中飯的時候，昆庭和我都在研究怎樣製作火箭。我們僅憑直覺，畫了一張簡陋的草圖並自創理論，昆庭把郡圖書館翻遍了，還是找不到一本有用的書。我們一邊工作，一邊分吃我帶上學的午餐。昆庭告訴我，通常他不吃午餐，因為吃多了不健康。可是我注意到，他的養生之道沒阻礙他吃掉我一半以上的食物。我回家告訴母親，她後來就多做一份三明治給我帶去，她說：「因為你正在發育。」當然騙不到我，三明治上面不必寫上大大的「昆庭」兩個字我也明白。

有一天午餐之後，走回教室時經過校長室門口，門外有一個大溪高中美式足球隊的錦標展示櫃，昆庭停下來把眼鏡拿在手中端詳，他鄭重的說：「有朝一日，桑尼，我們的火箭會贏個獎牌放在這裡。」

「你在開玩笑？」

「絕對不是玩笑，每年春天有郡辦科學展覽會，郡裡的學生可以拿他們的科學作業去參加比賽。如果在郡展覽會贏得前茅，就有資格參加州辦的比賽，再贏了就可以參加全國競賽。大溪高中從來沒有贏過科學競賽。但是我打賭，我們的火箭有希望贏。」

從展示櫃上玻璃反射的影子裡，我們看見巴克和幾個美式足球隊員，身穿綠白相間的榮譽夾克站在我們後面，從影子中他們看起來更顯高大，「你們兩個白痴站在我們的錦標前面搞什麼鬼？」巴克詰問，他又瞟了一眼身旁的展示櫃，「噢，糟糕，你們的髒手都印到櫃子上來了。」「讓我們宰了這些妹子。」一個打前鋒的球員威脅著說，那群巨漢立刻揚起一片贊成的咆哮聲。

我們兩個轉過身來面對他們，「我向你們這些好色鬼保證，」昆庭才說了半句話。「這些好色鬼？」巴克學昆庭的語調，他又說：「你真是個小妹，是不是？」然後把頭靠近我們，臉上冒出一根根硬鬚，嘴巴的左下角有一抹嚼菸草的棕色痕跡，呼吸中有濃濃的菸草味。「我才保證我會踢你們這兩個混球的屁股呢！尤其是你，桑尼，我還欠你一頓好的。」

我哥哥搭著他最新的女朋友走過。他把她留在走廊下方，一個人過來看看發生什麼事。看到是我就說：「不要為難他們，巴克。」巴克知道哥哥可以把他揍成兩半。「我不會傷害你那四眼小妹、白痴弟弟的。」巴克咬牙切齒的撒謊，但是他對昆庭說：「我可要踢你這個小妹的屁股。」

「我才不在乎你踢他們兩個的屁股呢，但是要踢到別的地方去踢！」哥哥不想讓我產生任何幻想，以為他有一點點關心我。他向校長室偏偏頭，「我只是不要你給整個球隊惹出麻煩來。」

就在那刻，透納先生走出辦公室，有一個年輕女人跟在他後面。我認得她就是萊莉小姐，她是康可德大學的四年級學生，奉派來大溪高中擔任科學課程的實習老師。聽說明年她會教我們化學。透納先生是個矮小而野心十足的人，將整個學校置於他的高壓之下。他看一眼錦標展示櫃前的一群人說：「如果兩秒鐘之內還有哪個穿榮譽夾克的學生逗留，我就知道誰不想再打美式足球了。」

我哥哥和巴克那群美式足球員像被天花板吸進去般，立刻無影無蹤。昆庭和我變得毫無遮掩，暴露在透納先生眼前。他打量我們一下，「你們兩個在圖謀不軌嗎？」

昆庭被嚇得老實回答，而且他懂「圖謀不軌」這個成語的意思。「我不過跟桑尼說，」他囁嚅的說：「我想有一天這裡會放上一個大溪飛彈署的獎牌。」

透納先生眉頭深深蹙起。「大溪飛彈署又是個什麼玩意兒呀？」

昆庭有點答不上來，我立即接嘴說：「我們的火箭研究社。」

他仔細看看我。「希坎姆同學是吧？吉姆的弟弟，對嗎？我聽說你把你母親的花圃籬笆炸掉了，對不對？看來你們是研究炸彈，不是火箭。我跟你們講清楚了，我不准許在我的學校搞炸彈研究社，至於獎牌，希坎姆同學，你哥哥和美式足球校隊用不著你幫忙。」

「可是我覺得這兩位同學的構想很好呢，透納先生。」萊莉小姐一邊說，一邊對我們微笑。她的臉上有幾點頑皮的雀斑。「我是這所高中畢業的，」她說：「這裡一向只聽到美式足球，美式足球，淨是美式足球。如果能在這座展示櫃添加一面科學獎牌，不是非常好的事嗎？」

「那就是我的意思呀，萊莉小姐！」昆庭冒失的脫口而出。

「萊莉小姐，我正在教訓這兩個學生。」透納先生說，同時給昆庭一個警告的眼光。上課鐘響了，走廊上的學生都開始走進教室。透納先生又責問我們，「怎麼啦？你們不用上課嗎？」

「我負責協助學生參加郡辦科學展覽會。」萊莉小姐說，但在嘈雜聲中幾乎聽不見。「你們如果有興趣參加，隨時可以找我談談。」

「好的，老師！」昆庭高興得尖叫。

我真想將昆庭一把掐死。我們至今所做的是炸掉一個籬笆和把全鎮燻臭的一些失敗糗事，丟臉都來不及。「我們還不夠資格參加什麼展覽。」我喃喃的說。

萊莉小姐仔細端詳我，我覺得她好像可以把我看透。「桑尼，為什麼不夠資格呢？」

「就是不夠嘛！」我固執的說，不想多做解釋，也不想繼續討論。

「你們去上課，」透納先生揮揮手說：「馬上，快！」

我簡直感激被他趕走，聽話急急跑掉。昆庭拖著那大公事包跑不快，但我跟著其他同學在教室門口排隊進去上歷史課時，他來到我的後面，喘著氣說：「桑尼，你聽我說，」又吸一口氣，「我們要用火箭在科學展覽會上奪標，那對我們去卡納維爾角工作一定有幫助。」

我告訴他，除了我們不知道怎麼製造火箭之外，另外還有更主要的原因。「昆庭，我們去展覽只是去丟臉而已。因為我們的對手是威爾市高中。你要報上和所有的報導都寫滿了我們如何如何比不上人家嗎？馮布朗博士看到了會喜歡嗎？你如果有一點點常識，就該放棄這個念頭。」

「你不是悲觀的人，」昆庭冷靜的說：「你這種態度讓我意想不到，也叫我傷心透頂。」他看我不作聲，再繼續發揮下去。「更叫我驚訝、憤怒、悲哀……」

我不想被他用一大堆名詞轟炸，搖搖頭走進教室，留他一人站在門口，我不願再聽到這件事。

那年我幾乎每星期日下午都搭順風車去瓦爾鎮，到桃樂絲家與她一起做功課，她似乎很喜歡我來陪她，畢竟我愛上了她不是她的錯。有一個星期天，她停下功課隔著桌子看我，「噢，桑尼，我真高興我們是好朋友。」她感情豐富的說。

「我也是，桃樂絲。」我口是心非的回答。其實我不願意我們只是好朋友。

後來一天早上，在大禮堂裡，艾蜜麗看到我哀傷的凝視著桃樂絲，桃樂絲正和她最新的男朋友，一位高三的籃球隊員，手牽著手。我噘著嘴在看，艾蜜麗坐到我前面的椅子，回過頭把手放在椅背上看我。她有點胖，書讀得很好，戴副圓圓的大眼鏡使她的臉像貓頭鷹。大家都以為男生不會喜歡找她，事實上她卻很受男生歡迎。有一點值得一提，她是全校舞跳得最好的女生之一。對我而言，她是永遠的朋友，是我可以傾心相談而不會被恥笑的朋友，我只是本能的覺得如此。她具有超過我們同齡的智慧。她向桃樂絲那邊偏偏頭，問我：「你要對她怎麼辦？」

「什麼都辦不了。」我聳聳肩，繼續做功課以示冷靜。

她仔細端詳我，說：「她喜歡你，桑尼，不過，你只是她的一個特別的小朋友而已。這大概是永遠變不了的。」

她的話像刀子般切傷了我的心，我只好放棄所有的偽裝。「但是為什麼呢？」我像貓兒般哀嗚：「我有什麼不對了？」

「你並沒有什麼不對。」艾蜜麗說：「你是學校裡最親切、最友善的同學，每個人都喜歡你，桑尼，你知道原因嗎？因為你很純真。看看你哥哥，他的服飾漂亮，是美式足球明星，舞又跳得好，老實說，我愛跟他跳舞。任何時候都有許多女孩子跟著他，他是學校裡的大人物，可是他沒有真正的朋友，這是他跟那麼多女孩子約會的原因。他一直在找一個喜歡他本性，而不是因為他是美式足球大明星而喜歡他的人。桃樂絲也是如此，她很高興你是她的小朋友，可是她需要另外尋找她的愛。」

艾蜜麗侃侃而談，我卻逐漸下滑，深深陷進椅子裡。哥哥和桃樂絲相似？我才不信呢！我永遠只能當桃樂絲的朋友而不能更進一步？想到此就如同在礦坑裡不見天日。上課鈴響了，我謝謝艾蜜麗稱讚我的部分，對其他部分不予爭辯，獨自走開了。可是我整天禁不住要想著她這番話，腦子對別的事一片空白。總覺得她講的不可能，相信一定能想出戰略來贏取桃樂絲。就如製作火箭一樣，只要我夠聰明就必定能夠解決。

接著有幾個星期日的時間，昆庭和我不停的進行燃料試驗，把不同配方的黑色火藥放進熱水器煤爐裡燒。我很感激他不再提起科學展覽會的事情。經過一試再試的努力，我們終於找到看來火焰最大、冒煙最多的配方。昆庭對於做推進燃料有一個構想，「我一直在想，這樣的粉狀混合物總有點不對，我覺得應該用易燃的膠來調合火藥，這樣可以做成各種形狀，然後在中心挖成空洞，讓較多的表面同時燃燒，給出較大的衝力。」

衝力聽起來不錯，我跑去大店找俊尼爾，等他把藥房那邊的顧客招呼完了之後，問他知不知道有什麼可燃燒的膠。他仔細盤問我，我坦白招出打算拿來做什麼後，他拿出一罐膠粉給我，到今天我仍然參不透大店為什麼存有那種膠粉，可是它硬是有了。「上在郵票後面的膠水就是這個膠，放一點膠粉在你的試藥裡，混合均勻了，再加一點水去調和它，等它乾了，我想它就會燃燒了。這罐一毛五分錢。」

「謝謝你，俊尼爾。」我說著就算了些零錢給他，我的商品券快用光了，不久就要動用到私藏的現鈔了。

一到家我就把母親的量杯、茶匙、調粉碗、打蛋器搬到地下室。依照昆庭和我試驗出來最好的黑色火藥配方，按成分比例調配好，加入膠粉和水攪成黑黑的漿糊。我在記事簿上寫下做過的每件事情，成為我的「知識庫」。我倒了一點黑漿糊到小盤子裡，放在煤爐下面烤乾，兩天之後它變成了一塊硬糕。母親找不到量杯、茶匙和調粉器具，下來我的工作室找，她一看，嘆口氣就去大店補充一套全新的。母親後來告訴我，她和俊尼爾為此大笑一場。

下一個星期六，昆庭和我把黑火藥餅丟進煤爐裡燒。他看見那熊熊的火焰，大叫：「棒透了，老兄！」近來他看見喜歡的東西都大叫「棒透了」。

我們一直尋找火箭「為何」會飛，及「如何」去飛。雖然我們找不到什麼火箭原理的書，但昆庭終於找到他從前在威爾市圖書館讀過、說明牛頓第三定律（作用力與反作用力）的物理教科書，書中是以充滿氣的氣球為例證，把氣嘴鬆開之後氣球會在房間裡到處亂飛，氣球內的氣體受到擠壓，從氣嘴噴出（作用力）的時候，氣球本體就被推動（反作用力）前進。那麼火箭就如同硬殼子的氣球。我們本能的認為，火箭底部的噴嘴就等於氣球的氣嘴，因此必須比箭筒小很多。至於要多小，噴嘴是怎麼作用的，該怎樣去做噴嘴，一概不知，完全靠猜測去做。有一天午餐時我向昆庭建議：「我們在箭筒的底部銲接一片螺絲用的墊環之類的東西做噴嘴，你覺得怎麼樣？」

昆庭一邊大嚼我母親放在午餐袋給他的餅乾，一邊點頭同意說：「我想這大概有用，但是誰來幫我們銲接呢？」

我認識三位銲接工人，其中兩位在河對岸大店下游一間大機器廠工作，費羅先生是他們的上司，他像我父親一樣是擁公司派，大概不會給我援手。另外那位銲接工兼機器工是在堆棧裡的機具間單獨擔任大夜班，他姓白考夫斯基。白考夫斯基先生的女兒伊莎兒從前和我是同班同學，她後來被診斷出腦性痲痺，轉到外地的特殊學校去了。母親說白考夫斯基夫婦總是問起我，問我書讀得好不好。學校裡有表演節目時，我在台上往下看，總可以看到白考夫斯基夫婦對我微笑，好像我是他們的孩子似的，所以我想請他幫忙應該沒有問題。

那天晚上，當大夜班的礦工已經進坑，小夜班的也散盡之後，我偷偷從後門溜出到往堆棧的小路上。多年以前我們小鬼玩牛仔和印第安人打仗的時候，發現了一個通往礦場的祕密入口。堆棧在夜裡是上鎖的，但在山坡上樹列的內側有一個埋在地下的排水管，從堆棧籬笆底下穿過。旁邊有一道上了鎖的籬笆門，門內小徑直通小機具間。我找到門外的通道之後，在黑暗中摸索到籬笆門，抓緊門上的鎖鏈滑下，站在山溝的斷壁之下，再一手捉住籬笆的環扣，把身體盪到排水管的邊緣，爬進排水管到了籬笆的另一邊。機具間就在十幾公尺之內，它的門燈照耀著籬笆門和小徑。

我從後門上的灰黑玻璃偷窺，白考夫斯基穿著寬鬆的套身裝正在車床工作。他個子瘦小，有兩隻不大的招風耳，頭上的工作盔看起來像是架在耳朵上。我壯起膽開門進去，他看見我點點頭，繼續工作，告一個段落後才問我：「桑尼，你好嗎？」好像我在三更半夜出現在他面前是再正常不過的事情。

白考夫斯基有很重的外國口音，但在這兒並不稀奇。煤林鎮有相當多的新移民，一九二〇年和一九三〇年間，先是義大利人做罷工的代工到我們郡裡來。然後在二次世界大戰期間他們參加了美國礦工聯盟。戰後又來了些匈牙利人、俄國人和波蘭人。我們這裡也有兩家愛爾蘭人和一家英國人、一個墨西哥人，雖然這些家庭的父母說話帶著外國口音，他們的小孩則不會。「六大人」很注重這件事情，把我們每天的功課排滿英語的讀和寫。早期的西維吉尼亞孩子口音不比新移民的孩子好，也有一大堆發音不正的口語，在學校一被聽到，老師就要他們再三重複講正確的字、發正確的音，要我們了解那樣亂講是絕對不可以的。如果煤林學校有個小學生把「圖書館」唸成「吐書罐」，那就會夠他好看的了。

我告訴白考夫斯基先生我正在製作火箭，需要把一個墊環之類的金屬片銲接到管子的底端。他問：「你要我幫忙，是嗎？」

「您願意幫忙嗎？」我屏息凝氣。

他脫下安全帽，用袖子擦擦頭上的汗，頂上已經半禿。「我有些鋁管可以用，但要在上面燒銲比較困難，錫銲容易得多。」

「那就很好了。」我說，只要能把墊環接上去，怎麼銲都無所謂。反正我也不知道什麼是錫銲。

他眼睛盯著我說：「你爸爸沒有吩咐我做的工作，我不可以在機具間裡做，你跟他講過你要來這兒嗎？」

我搖搖頭說：「沒有，先生。」我知道白考夫斯基先生的脾氣，你最好毫不隱瞞、對他絕對誠實。「他不同意我製作火箭，可是媽媽認為可以。我需要有人幫忙，白考夫斯基先生，你是我唯一的希望。」

他表情嚴肅想了一會兒，我覺得我看起來大概很可憐，事實上我的確自己覺得很可憐，終於他很和藹的問我：「你知道怎麼做錫銲嗎？」

「不知道。」

「那麼我來教你，你爸爸對這點應該沒有問題，然後我做我的，你做你的。來，你的管子要多長？」

我也不清楚，就隨便說一英尺（三十公分）。他又問要多粗，我又不知道要多粗，就講一英寸（二．五四公分），他取了一根一英寸口徑的鋁管，切了一英尺長的一段，看起來非常小。他另外取一根口徑一又四分之一英寸（約三公分）的鋁管，那看起來比較好些，再把長度增加到十四英寸（約三十五公分），看起來大致可以了。接著就給我很快上了一課錫銲方法，看他做好像很簡單的樣子。你只要拿一把熱的烙鐵，碰碰一捲軟金屬的銲料使其熔化，讓這銀白色的銲汁流入預定的接縫就好了。可是自己做起來非常難，銲汁凝固了，卻是流進管裡面凝固，墊環擺得也不正，折騰了一個小時之後，白考夫斯基先生過來看我做得怎麼樣。「第一次做這樣子就很不錯了。」他安慰我說：「等會兒我休息的時候幫你弄好，你明天晚上再來，我會做好等你。」

我已經睏得要昏倒了，所以不必他堅持就立刻同意。第二天晚上，我沿著祕密通道走到籬笆旁，就看見我的火箭在門外一個小紙盒裡等我，在管子底端有個擺得端正的墊環，周圍完美的一圈銲料；管子頂端銲接了一個金屬蓋子，蓋子上面還有一個木製的子彈形鼻錐，用膠水黏得牢牢的。那是我見過最漂亮的火箭。我用電工膠帶把硬紙板做的尾翼貼在箭體的尾部，然後借母親的指甲油在箭體側邊寫上名字，我把它命名為海雀一號，取自那偉大但已經滅絕，又不會飛的北極海鳥。正巧在那天之前，昆庭莫名其妙老提起已絕滅的鳥類，使我得到這個靈感。不過，使用這個名字還有另一重用意，我要社員認識清楚，即使這枚火箭不會飛，只會在發射台上冒氣，但是我們仍然在「知識庫」上增加了一筆。

我把用黑色火藥和郵票膠水混合起來的漿糊灌進海雀一號裡，自噴嘴插入一枝鉛筆，再將整枚火箭放在爐底烘乾。那是按照昆庭的意見，鉛筆在火藥中間造成一個長洞，可以增加表面積。

星期六昆庭來到我家，等其他幾個社員到齊了，就一同檢視海雀一號。「我喜歡這個名字，」昆庭說：「也許天上諸神會覺得我們對遭受厄運者表達相當的敬意，因而助我們一臂之力。」

「我相信我們是有點進步。」昆庭對著我繼續說，把其他的人當做不存在，他用手指輕輕撫摸火箭的底部，仔細觀察銲好的墊環，聞一聞已乾固的黑色火藥混劑，然後又說：「我們不能光是以這種錯了再試的方式進行，這枚火箭可能會飛，如果不會，下一枚也許會，但是我們學到些什麼呢？難道是像國慶日看煙火一樣看這枚火箭衝上天空？這不是我們的目的，我們的目的是要知道它為什麼會飛。」

「昆庭，這就是你的任務啦。」我生氣的脫口而出，我以為我已經做到他要求的事情，他卻在這裡挑剔。「你什麼時候才能找到書嘛？」

他搖搖頭說：「我不知道還有哪裡可以找，也許這些都是祕密，還不能寫出來。」

雪曼帶我們到水塔山上那座荒廢的棄土場。那裡比礦場高出至少一百八十公尺，從樹梢上可以看見堆棧的頂部。奧德爾把火箭底座架好，我們大家都在場地周圍的大石頭後面藏好，奧德爾從洛伊手上拿過火柴，嘴巴唸唸有詞：「要點燃引信火箭才會飛。」看雪曼在石頭後面坐好之後，奧德爾就點燃引信，跑到我身旁倒下，我們相對笑了起來。

引信在火箭體裡嘶嘶作響，突然海雀一號自一團火花中跳了起來，向空中躍起一百八十公分後就噗的一聲，在濃濃的灰煙中下墜，重重砸到地上，把鼻錐撞斷了。它躺在地上一直燃燒到火藥燒光為止。昆庭第一個跑上去，雙手著地跪下來細看火箭的底部。「銲料熔化掉了。」他抬起頭來向大家宣布時，被硫磺的惡臭燻得直皺鼻子。「它飛起來了，可是銲料熔掉了。」鋁管冷卻之後，我把它撿起來，它很臭，可是它飛起來過，離地有一百八十公分之高。它飛起來了。

「棒透了！」昆庭又說。

星期日的半夜裡，我帶著海雀一號鑽過籬笆底下去找白考夫斯基先生，他仔細看一遍說：「看來火箭太熱，錫銲承受不住高溫，終歸還是要用燒銲。」他把頭上的安全帽往上一推，這是他思考時的姿勢。「鋁材是難以燒銲的，鋼材比較好些。」

他到材料架上挑了一根鋼管，用鋼鋸截取三十五公分長的一段，把它交給我，我接過來掂了一下，猶疑的說：「好像有點重。」

「是呀，不過鋼管是十分牢靠的，桑尼。」他說：「同樣堅固的一根鋁管需要很厚的管壁，鋼材的管壁可以薄多了。我建議你用鋼管。關於墊環，我一直在想，使用現成的材料不好，不如把實心的鋼柱切一片，中間鑽個孔，然後燒銲到鋼管上。」

我全盤接納他的建議，但是我問：「你要教我切鋼柱、鑽孔和燒銲嗎？」

白考夫斯基先生看看手錶，說：「這一次我替你做比較快些，以後再找時間教你。」我的良心有點不安，不過也只是那麼一點點而已。「我不想給你惹麻煩。」我說。

他聳聳肩說：「你爸爸找不到比我更好的機械工了，尤其是願意做大夜班的人。不過我想你還是應該告訴你爸爸，他會為你做的事感到很驕傲的。」

「等我們的火箭飛起來了，真的飛起來了，我就會告訴他。」我有些敷衍的回答。

他高興的說：「好極了，下一個我想一定會飛了。星期三回來，到時我會把它做好。」

我決定進一步試探一下：「白考夫斯基先生，你能做兩個給我嗎？」

結果他做了三個給我。到星期六，海雀二號、三號、四號都已經造好，他做得和他描述的一樣。我們再到礦場後面的棄土場去試飛。「要點燃引信火箭才會飛！」奧德爾又唸唸有詞。他向大家解釋，上回因為他唸過，才使火箭飛起來，以後每次他都要這樣唸一下，才能保持好運。

雪曼要去點引信，但是我怕他跑得不夠快，來不及躲。「你們不必擔心。」他說得非常慎重，我只好答應。在我認識的人當中，雪曼是最不像腳不方便的人，他點燃引信之後跑回大石頭後面。海雀二號立在地上一會兒，尾翼先有火焰噴出，再吐出濃煙和冒射火花，它不斷抖動，然後騰空躍起三公尺，做個急轉彎後，蛇行飛進我們背後的樹林裡，碰到一棵橡樹後反彈，衝到地上扭轉過來，射向我和昆庭藏身的大石頭上，噹一聲又往上衝起六公尺高，它咳了一聲，像隻死鳥一樣跌回地上。我緊盯整個過程。昆庭比較聰明，把頭埋在廢土堆裡，雙手護著頭。我碰碰他的肩膀，他抬起頭來看我，鼻尖落下煤屑，我蹲下來對他說：「好了，它掉下來了。」奧德爾跑向海雀二號，像印第安人在獵物旁跳舞那樣亂蹦，高呼著：「它飛了，它飛了！」

「我差點被它撞死了。」洛伊從山溝裡爬出來，聲音沙啞的大叫，走到奧德爾身旁耐心等他停止轉圈圈，踢了那發燙的火箭一腳。「可是它真的飛了，不是嗎？」

我們高興的相互握手慶祝，雪曼也歡呼著：「是我點的引信！」

昆庭撣了撣身上的煤灰，他的鼻子上仍有一塊黑印。「下次我們需要較好的導航系統。」他說。

我們其他的人根本不管。火箭已經會飛了，暫時不必想太多，先看看下一個火箭會怎麼樣。這次由洛伊點火。他跌了一跤，罵了髒話，剛剛趕到藏身之處火箭就發射了。海雀三號在空中繞了一圈之後，碰到一棵楓樹，在我們附近跌落，再從地上彈跳起來，最後砰的一聲衝進上方的山坡，有一半埋進軟土裡。

洛伊很興奮的架設海雀四號，他說：「我們來這裡就是為了發射火箭，所似我們繼續發射火箭。」也不再說什麼就點燃引信。在毫無預警之下，大家都嚇了一跳，急忙趕在引信燒到火藥之前，躲到大石頭後面。颼的一聲，海雀四號很平順的升空，然後順著山勢向下飛，我才剛剛歡叫一聲，卻馬上倒吸一口冷氣，因為我看見火箭正對著礦場衝去。一種瞬間的幻覺讓我看見海雀四號衝進豎井裡，就像火炬掉進大汽油桶中。我一看見火箭的尾煙轉向，指向堆棧的左邊，就確定我們惹上麻煩了。我感到胃很沉重，把五臟六腑都壓到腳尖去了。我真想踢自己一頓，為什麼選在距離礦場這麼近的地方發射？我是大溪飛彈署的署長，該負起全部責任。我怎麼會那麼笨！大概是我根本想不到我們的火箭會飛，才會同意在這麼靠近礦場的地方來發射。

我們沒必要一起去找回火箭，商量了一下之後，決定由昆庭陪我去礦場，畢竟這個突然成為奧德爾口中「該死的東西」是由昆庭和我設計的。其他人不要經過礦場，繞圈子回去等我們兩人。我硬著頭皮去面對即將來臨的風暴，心裡還是暗自希望，萬一，僅是萬一，海雀四號掉到沒有什麼人的地方，我們去撿回來時也沒人看見。我一言不發像個清曉出擊的印第安人，自山上一路滑下，穿過堆棧後面已經敞開的後門。我父親的辦公室就在那裡。我還沒看到他，他就先看見我們了。礦工有一種特別的叫人方式，當你在礦坑裡要招呼人注意時，就叫一聲「嗚嗚！」，在地面上有時也這樣叫人。我聽見父親「嗚嗚！」一聲叫我，抬頭看見他和兩個穿西裝結領帶的人站在辦公室門前，那兩個人一定是從俄亥俄州的鋼鐵廠來的。煤林鎮的居民只有上教堂或去俱樂部的舞會才穿西裝結領帶，平常只有這些鋼鐵廠的來客才這樣穿著。我一眼看見海雀四號孤獨的躺在鐵路軌道旁的煤塵裡，父親辦公室的磚牆上有一大片缺口，不必天才也能猜到剛才發生了什麼事：大溪飛彈署向煤礦公司發動了火箭攻擊。

「我不是叫你不要再做了嗎？」他對我咆哮著說：「這東西很可能把人打死！」

聽他這麼說，我知道火箭至少沒有打到人而稍覺安心，父親走出去撿起那枚火箭。「我看這像是公司的材料，你從哪裡弄來的？」

我怕死了，不敢回答。我不是怕挨揍，或受到什麼樣的重罰。我一生中只被父親揍過一次，那是大約七歲的時候，我帶了我的狗小不點在堆棧另一邊的豎井附近玩。我爬進圍起豎井的木屋裡，想看看那個深深的黑洞。小不點也進了木屋向我直奔而來，牠大概沒注意到那個黑洞，等注意到時已經太遲，牠還沒來得及跳過來，就掉進一百九十五公尺深的洞裡。那天晚上，父親帶著小不點的屍體回家，不管我正在哭，就把我翻轉在他腿上，重重的打了屁股三下。然後幫我把小不點埋葬在鐵軌的對面，我請他脫下安全盔由我來禱告：「親愛的主啊，」我嗚咽著說：「請也讓我死吧，因為我害死了小不點。」

「這個禱告太差了。」父親氣呼呼的說：「重來一遍，說些為小不點的靈魂祈求之類的話。」

「好！」我盡責的說：「親愛的主啊，請讓小不點在天上快樂，也請不要讓我死，雖然我該死。」

「真要命，他們在教堂教你些什麼？」父親只是偶爾去煤林鎮社區教堂做禮拜。他把他的大手掌放在我肩膀上，「主啊，他只是個小孩，請保佑他。」

現在，一個俄亥俄州的來客大笑，另一個也跟著大笑，他們的笑聲像驢叫。「荷默，看來你的孩子想要當火箭科學家呢。」

「他不知道他要做什麼。」父親低頭冷冷的看著我說：「但是我知道他是什麼。」他舉起了火箭，「他是小偷。」他觀察了底端的燒銲。「礦場裡幫他做的那個人也是小偷。」

第7章 煤林角

昆庭看到沒他的事，就在礦場的進口處搭上順風車離開煤林鎮。我想另外那幾個男孩都回家躲起來了，希望他們的父母不會聽到我們火箭失誤的事情，不過這恐怕不太可能。父親讓我先回去，他自己一個多小時後也回來。他把我叫到後院子裡等，然後獨自跑到地下室去，抱著裝滿我那些化學物品的紙箱上來。「跟我來，」他吩咐我：「我要你看著。」我跟他走出後院門，看著他把紙箱裡的東西統統倒進小河裡。我同意他有理由生氣，自忖真是笨得可以，居然在那麼靠近礦場的地方發射無法控制的火箭。可是另一方面來說，那些是我的東西，花我自己的錢買來的，這些錢是我在許多寒冷下雪的清晨，爬起床去送報賺來的。「不准再做了！」他把最後一罐硝石倒進河裡，回頭對我說：「這次絕對不是開玩笑的。你可以去蒐集郵票、捉青蛙、養蛐蛐，做什麼都可以，就是不准造火箭。」他把裝著空瓶空罐的箱子還給我。「好，現在告訴我，是誰幫你做那些東西的。」

我沉默不語，他說：「一定是白考夫斯基！」我感覺我的臉不自主扭成極悲慘的樣子。煤林鎮裡還有什麼事情瞞得過父親？「我會好好對付他。」他對我放話保證。

「你要怎麼對付他？」我很焦急的問。

「跟你無關，小傢伙。現在到樓上你的房間去，媽媽回家以後才准出來。」

母親回來時被父親攔在門口。我聽見他們在說話，但不知道他們究竟說些什麼。接著我聽見她上樓梯故意發出重重的腳步聲，隨即出現在我房門口。「告訴我發生了什麼事。」她看來很疲倦的樣子。

我把整樁事情說了一遍，包括白考夫斯基以及每一件瑣事。「我正奇怪你半夜裡溜到哪兒去呢！不要那樣驚詫的看著我，你以為這房子裡發生的事情我會不知道呀？」

「那您要不要幫我忙呢？」

她搖搖頭說：「我不知道怎麼幫你忙了。那個俄亥俄客人告訴了范戴克先生這些事情，你爸爸覺得非常丟臉，我認為他有理由對你這樣。」

「我要怎麼辦呢？」

「我不知道，你這次弄得一塌糊塗。」

「我想我完了。」我說。

「如果你這麼輕易就放棄，那麼你真的是完了。」她聳肩說。

「我擔心白考夫斯基先生。」我說，希望取得同情。

「你應該擔心他，」她冷冷的說：「你利用他，艾克和瑪麗總是特別疼你，你也心裡有數。在你把他牽進去之前，應該先想清楚那會對他有什麼影響。」

我整天都焦急不安，一到換班時間就偷偷跑去找白考夫斯基先生，我看見他還在機具間工作就安下心來。他正在修理連續採礦機上的巨型鋼齒，看到我在門口，就招招手叫我進去。「桑尼你看，」他指著那鋼齒跟我說：「它應該是用來挖煤的，操作員用它來挖石頭，把鋼齒都打斷了，我現在要做新齒。」

我拾起他工作檯上的一根斷齒，用手撥弄著玩。「我爸爸──他跟你說什麼了嗎？」

「你爸爸非常生氣，」他透過銑床的吱吱聲對我講話：「這是我在機具間工作的最後一夜。他指派我進礦坑做別的工作，我將在小夜班操作裝載機。」

悔恨和羞恥在我身體裡翻攪。我的確十分愚蠢，但是父親的做法是卑鄙下流的。「我爸爸是鎮裡最卑鄙的人。」我氣極而罵著。

白考夫斯基先生關掉銑床的開關，走過來捉住我的肩膀，用力的搖我一搖。「你不可以這樣罵你爸爸。他是好人，我沒有得到他的允許就做你的東西，應該受到懲罰。」他放開我，輕輕拍拍我的手臂，對我笑笑：「反正，也許他做了好事，我裝煤可以多賺點錢。」

「我很對不起你，白考夫斯基先生，媽媽說我利用你，我想她說的是真話。」

「你看，我有些東西要給你。」說著走到他的工具櫃，拿出一個硬紙箱來，裡面有四個新的海雀，統統都裝上了木頭鼻錐。「我已經做好這些東西，應該夠你們用一陣子了吧！好了，回去啦，我還有好多工作要做。」

我緊抱著紙箱，像是裡面裝滿金銀珠寶。「我真是怎樣謝謝你都不夠。」

「你要謝謝我嗎？」他對著紙箱努努嘴。「讓它們飛起來，給你爸爸看看你和我一起做的成績。」

我父親已經很清楚交代我，不可以再製作火箭，沒有任何討價還價的餘地。大溪飛彈署現在是非法組織，可是我並沒有感到絕望，也不知道是什麼原因。我想擁抱白考夫斯基先生一下，但是克制了下來。我站起來，站得又高又挺，一副很有男子氣概樣子的說：「是的，長官，你可以信賴我！」

他點點頭，回轉身去工作，我也回去開始工作。

接下來的那個星期一，上第一節課之前，我把同伴都召集到大溪高中的大禮堂開會，不出我所料，火箭襲擊堆棧的事情已經從籬笆通訊社傳達到每個同伴的父母那兒去了。意外的是，他們都沒有受到父母的責備。洛伊的母親笑笑就算了。奧德爾的爸爸認為那非常了不起，我們的火箭居然能飛那麼遠，況且並沒有傷到什麼人。雪曼的父親教訓他做任何事情之前，都應該多想一想，如此而已。我是唯一受斥責的人。我後來回想起來，可能那些家長認為我們嚇唬一下俄亥俄州的來客，是滿有趣的。那些來客實在不受一般煤林鎮居民喜愛。洛伊曾告我，他哥哥在工會聽說，鋼鐵廠那些大人物只關心他們的荷包，根本不關心我們的死活，隨時會把我們賣掉。另一方面，我父親認為他的主要職責之一，是讓俄亥俄的來客高興。好哇，我也要讓我自己高興。「我們必須另外找一個火箭發射場，到煤林鎮外去找。」我向夥伴宣布。

「你的意思是我們還要幹下去？」奧德爾問我。

「我們現在是非法的。」我覺得「非法的」還滿有意思的。「可是我們不會罷休。」

雪曼附和我的意見，他說：「在松樹頭那邊有塊地方，樹木統統都砍光了，那裡不是公司的土地，我們可以去那裡發射。」

「你開什麼玩笑？」洛伊指出來說：「我們要越過兩座山才到得了那裡。」

「你有更好的辦法嗎？」雪曼反駁他說。

「我當然有，我們不要再去弄這些火箭了，我們去找女朋友怎麼樣？」

這可引起奧德爾的興趣來了。「我們怎麼去找？」

「首先我得教你一些訣竅。」

「譬如呢？」

洛伊把眉毛一上一下的聳動。「好比用一隻手解開胸罩呀！」

「松樹頭！就去那裡。」我根本不理會洛伊的無聊，當下做了決定。「這個星期六，大家到我家集合之後出發。昆庭，你怎麼啦？」

「唷，」昆庭應著，從他的神遊中被喚回來。

「我們要有一個較好的方法來試驗火藥的配方，不能光靠丟進煤爐去燒，你是我們的科學家，能想出好辦法來嗎？」我有點埋怨的說。

「當然能。」

「那就去想呀！」

星期六到了，父親仍然去了礦場。大溪飛彈署在我的房間開會，昆庭花了整個星期，想出了一個試驗火藥的方法，很驕傲的先提出報告。他設計了一個配置有套管、彈簧、活塞等的複雜試驗架，聽了讓我非常佩服，那是大概只有馮布朗才能想出來的東西。昆庭把如何裝配、如何使用等等一口氣說完。奧德爾第一個感到不耐煩，他說：「要不要乾脆把火藥裝進汽水瓶裡，看它會爆炸得多厲害，你們覺得怎麼樣？」

緊接著是一致的贊成聲。然後每個人看著我，等我做決定。「汽水瓶！」我決定了。我也不想叫昆庭覺得失望，可是以我們有限的資源實在無法照他的設計來做。我說：「昆庭，無論如何，你這個設計還是很好。」給人鼓勵絕對沒有害處，這我已經學會了。

昆庭抗議說：「桑尼，我們必須採用科學的方法來進行研究。」

「昆庭，我們是呀！」我很冷靜的說：「但是有時候我們必須認清現實，我們不是在卡納維爾角工作。」

昆庭向圍在房間裡的另外幾個男孩尋求奧援。「我們是在研究如何製作火箭，各位先生，這不是尋歡作樂。」

「你說得對極了，昆庭。」洛伊對我眨眨眼。「找女孩子才是尋歡作樂。」他從夾克口袋裡拿出一個胸罩，把它圍繞在椅背上，「好啦，各位，我答應過你們的，現在就好好學習吧！」

昆庭在氣憤中嘆了一聲。我則和雪曼、奧德爾擠成一堆，十分殷切的注視洛伊展示成人的祕密。洛伊排了兩張椅子，自己坐在椅子上，旁邊是圍著胸罩的椅子。他伸手繞到旁邊椅子的背後，不作聲的用手指撥弄了一陣，那胸罩就鬆開掉下來了。「哇！」連同昆庭在內，我們異口同聲叫起來。昆庭撿起胸罩，研究那背後複雜的環扣。「你們看，」他蹙起眉頭思考，「應該有更好的辦法才對。」他伸手從褲管上捉住一隻蝨子。在西維吉尼亞，到處都是蝨子，任何人和動物去過樹林，都會被這小蟲跳上搭順風車。丹弟和柏蒂每次到樹林裡追逐兔子，回來時都帶了一身蝨子，我要花好幾小時幫牠們捉蝨子。昆庭仔細觀察那菜種似的黑色小點，放回褲管又拉出來。

「我想把牠放在顯微鏡下仔細看看。如果能找出牠黏住褲管的原因，也許就可以用在衣帶上。」

「算了吧，昆庭，」洛伊說，一把從昆庭手中抄回胸罩，重新扣在椅背上。「你想太多了。」

我們一個接一個輪流試驗，我在鎮上見到很多在屋外曬衣繩上掛著的胸罩，但從來沒有機會碰過。單手解開鉤子，不是如洛伊示範的那麼簡單，尤其最上面的鉤子最難。洛伊說：「桃樂絲現在會給你一個耳光罵你傻瓜了。」

「別這樣子講桃樂絲。」我生氣的說。

「為什麼？她又不是天使，我聽說她和威爾市的一些男孩子約會。」

這對我來說是新聞。可是威爾市的那些小伙子是公認動作最快的，郡裡其他地方的男孩子遠比不上，如果她和那些小伙子約會，老天爺，我不敢想。「洛伊，不許亂說！」我喝止他，突然間我感到十分悲哀。桃樂絲的每件事不是叫我十分高興，就是令我十分悲哀。

洛伊裝出很無辜的樣子，舉起雙手作投降狀。「好，好，別說我沒告訴過你。」

整個下午我們一直練習單手解胸罩，直到覺得那像科學一樣公式化，洛伊把具備這項手藝可能會帶來什麼好事，做了非常生動的描述。終於大家散會回家，洛伊把胸罩再藏回夾克的口袋裡。母親叫住昆庭，留他下來吃晚飯，他向她淺淺一鞠躬，然後極禮貌的說：「我非常高興，希坎姆夫人。能夠與您作伴是我的榮幸。」

母親露齒微笑說：「桑尼，你為什麼不能像昆庭那樣彬彬有禮呢？」

「我沒有教養嗎？」我故意反問。

「口齒伶俐會給男孩子惹麻煩的啊！」她警告我。「你把地下室弄得亂七八糟，請下去清掃乾淨好嗎？」

「好的，媽媽。」我應著，再度提醒自己不可拂逆母親，一點點都不可以。

接下來的那個星期，奧德爾每天都去蒐集空汽水瓶，垃圾堆裡向來有很多。昆庭和我做了許多不同配方的黑色火藥試樣。到了星期六，我們出發去松樹頭，每個人都攜帶裝滿汽水瓶的紙袋，汽水瓶中已經灌進不同成分的試藥。我們先要爬上水塔山，山頂上有兩個供應煤林鎮飲水的金屬大水槽。過了水塔往山的背後下去，最後又沿著山溝爬上禿頂的松樹頭。

到了山頂，昆庭又叫腳疼又叫累，等他叫完了，我們就開始試驗火藥。大家躲在樹幹後面，看著玻璃瓶一個個炸成粉碎，雪曼負責記錄。昆庭仍然指責這種試驗不符合科學精神。坦白說，這種試驗的確非常主觀，每個瓶子爆炸起來都差不多，然而，在最後引爆的瓶子裡，裝了我碾磨得特別細的藥粉，它把地下炸出一個大洞，約有三十公分深，連昆庭都驚訝萬分。我告訴他說：「下一個火箭就要用這個方法碾磨的火藥。」他稍感安慰，我們總算以接近科學的方法完成這件大事，結論是粉末愈細，爆炸力愈強。

儘管事實上我們已不在公司的土地上試驗，還是聽說煤林鎮上有人不喜歡我們做的事。大概是我們每爆一個瓶子，就有人以為礦場發生爆炸，慌慌張張跑到門外來，然後又有些人說沒事啦，只是那些討厭的火箭小子啦！於是大家又回到屋裡頭，等下一個瓶子爆炸時，同樣的過程又重演一遍。我回到家裡的時候，母親說父親接到很多電話，都是抱怨這些爆炸聲，連范戴克先生都打電話來問，我意外的沒受到父親責罵，也許他認為我已經遵守命令，不在公司的土地上進行，讓他感到某種程度的滿意。可是我還是有個大問題無法解決，在松樹頭試炸瓶子大概是可以的，但是把那裡當火箭發射場還是不適合，大溪飛彈署亟需另覓一處專用場所，讓別人不會埋怨我們發射火箭才行。可是，去哪兒呢？真是船到橋頭自然直，這個巨大難題，竟然由別人替我解決了。

煤林鎮婦女會每星期四晚上有聚會，在一次例行聚會中，六大人老師見到母親和范戴克太太的時候，自動為我們這些非法的火箭少年以及整個事件提出忠告。第二天早晨天還未亮，母親把我叫醒，「起來，我們去跟你爸爸談談。」

我睡眼惺忪、糊裡糊塗的跟母親走進廚房。父親看到我們出現，連咖啡杯都快要掉下來了。母親很少那麼早起的，父親也從來不曾在太陽出來之前見過我，「真要命，愛西，別那麼鬼鬼祟祟！」

「桑尼和我要跟你談談，荷默。」母親說。

父親看我一眼，斜靠在椅子上說：「好，你們說。」

「我要你想辦法讓他發射火箭，而且又不至於弄得別人覺得討厭。」

「為什麼要我想辦法？」

「因為鎮上有些人認為，他和他的朋友想做的事情很有意義。」母親振振有詞的說。

「那些討厭的老頑固學校教師，以為只要把手指一彈，鎮上每件事都要照她們的意思去做。」

他吞下最後一口咖啡後說：「對不起，這是我上面給我的指示，范戴克也說不准造火箭。」

「荷默，你不聽我說，你會後悔的。」母親冷冷的說完，就走出廚房去了。

我獨自留下，在父親面前立正站著。他終於又看見我，立刻責備我：「看到了沒有，你惹出來多少麻煩！」

我真的弄糊塗了，到底什麼事是他認為麻煩的？自從上次他命令停止發射火箭，我就沒再發射過。可是，今天早晨難得他把全部注意力集中到我身上，我決定利用這個機會問他：「爸爸，煤林礦場是不是快要倒了？」

他看著我，好像我發神經病似的。「你在扯什麼呀？」

「我聽說容易採的煤已經挖光了，公司就快要放棄這個礦場了。」

他轉過頭想面對礦場，但是對著的卻是母親的海灘壁畫。他愣了一下，彷彿那是第一次看見這幅畫，然後轉回頭來看著我。「礦裡還留有可以開採五十年的好煤。」

「杜邦納先生可不是這樣說的。」

父親抓著桌緣站起來，好像要和人爭辯一樣，不過他立刻平靜下來。「杜邦納是工會煽動家，我不許你再去跟他講話，我是擁公司派的，你就是擁公司派的兒子，懂嗎？」

星期天，母親、哥哥和我像平常一樣起床，穿著整齊準備上教堂。父親穿上西裝結上領帶已經在門外石級等我們，母親看到父親那樣盛裝，比看到他不穿衣服還要吃驚，原來范戴克先生約父親做完禮拜後一起去俱樂部吃早午餐。「好哇，啦達達。」母親用唱著的音調說：「我們不是都很時髦嗎？」

父親對她蹙蹙眉頭。「愛西，我告訴他我們兩個都會來。」

母親把我拉過來，另一隻手幫我整理領帶。「讓我想想再說。」她說。而我幾乎可以聽到父親的咬牙聲。

母親和父親坐在教堂後排，一邊坐著范戴克夫婦，另一邊是拉西特醫師夫婦。哥哥和美式足球隊員在一起。他們統統都還拉長著臉，為遭排除在全州冠軍比賽之外而生氣。我找到雪曼和奧德爾，一起坐在前面。唱詩班站起來唱聖詩的時候，鄧茲勒太太走出來站到前面擔任獨唱，她穿著茶色的長袍站得又高又直，太陽穿過透明玻璃窗，把她的頭髮照射得有如熔化的銀一般。她唱得非常好，唱完之後歌聲還在樑柱間迴響，接著蘭尼爾牧師站起來走到講壇前。我覺得他的表情有點不對，看起來神色慌張，他的袍子有點緊，頭髮也沒有梳好。「今天，」他以奇怪且緊張的聲音講話：「我要談一談父與子的一般問題。」

他對這些很安靜的聽眾說，我們生活在今天這個年代，父親往往得不到子女們應有的尊敬。我聽到這個開場白，馬上就提高了警覺。公司給牧師一份好薪水，也建議他一些說教的講題，通常他只講些老生常談的題目，今天則有點特別，他說什麼樣的兒子不懂得尊敬父親，這不是講我們這些非法的火箭小子還會有誰？

蘭尼爾牧師接著講了一個小故事，從前有一個兒子常做壞事，每次他做一件壞事，他那傷心的父親就在門上釘一枚釘子。終於這位兒子醒悟了，父親也原諒了他，把門上的釘子統統拔掉。「雖然釘子已經統統拔掉。」蘭尼爾牧師哀傷的說：「門上的釘孔卻永遠留在那裡，代表痛苦仍然囓咬著父親的心。」

當牧師的目光直接射向我的時候，我自然而然滑下身子，用前排的椅背來掩護。他施展了一點魔術，使我對於本來不真正感到罪惡的事情，變成感到罪惡，佈道者好像都精於此道。他繼續強調那可憐傷痕累累的門，代表了什麼意義，又引用一段恰當的箴言。他索性把眼睛死盯著我不放，似乎不讓我有絲毫懷疑他到底在指誰。他對著我朗誦那段箴言：「愚昧的兒子是父親的禍患。我兒，不可聽了教訓，而又偏離知識的言語。」

我繼續在椅子裡往下滑，想像父親正對著母親得意的微笑。我想父親來做禮拜的真正理由，是來聽牧師傳播公司的福音。但是牧師的話還沒說完，他緊張的深深吸了一口氣，現在不再盯著我看了，而是眺望著後排的聽眾。「門的故事是我在聖經學院時聽來的，它一直縈繞在我心裡。我不只一次用它來開導不太守規矩的年輕人。可是最近煤林鎮上發生的一件事令我再深入去想：那位在門上釘釘子的父親有沒有責任呢？如果他不是憤怒的把釘子釘到門上，而是付出時間、關懷與寬容，向兒子展示愛心，事情又會變成什麼樣呢？也許門上的釘孔反映出那父親的急躁多於他的愛心。」

牧師清清喉嚨、整整領圈，繼續說：「很多人都知道我們鎮上有一件關於父與子的煩惱。」他的聲音差不多要破掉了。「固然兒子應該尊重父親，但是我以〈舊約．箴言錄〉第二十三章第二十四節的話來提醒大家：『人生智慧的兒子，必因他歡喜。』有一個渴望學習的孩子是無與倫比的恩賜啊！」

牧師滔滔不絕繼續說：「孩子們，服從你們的父親，可是父親們，協助你們的孩子實現夢想。如果他們迷失方向，指引他們。如果他們走入歧途，找到他們，帶領他們回家。親愛的主說過：一個人如果有一百隻羊，其中一隻走失了，難道他不會留下九十九隻羊在山中，去尋找迷失的那一隻嗎？如果他能把牠找到，我確知他對牠的喜悅，甚於那九十九隻並未走失的羊。父親們，我懇求你們找回你們迷途的孩子，拯救他們，不使他們夢想成空。這些孩子，大家都知道是我們的火箭少年。他們有一個偉大的夢想，我們應該幫助他們，不能壓制他們。」

雪曼、奧德爾和我三人相對而笑，同時美式足球隊員座位那邊傳出憤怒的低語聲。但是後面我們父母親坐的地方卻是一片沉寂，蘭尼爾牧師態度有點不安，他用聖袍的袖子擦拭額上的汗珠。幾分鐘之前他還在會眾面前發表高論，現在大概是我後面座位某些人的面部表情使他跌回人間。「當然，以上只是一個可憐牧師的個人意見而已。」他的聲音有點顫抖起來，然後眼睛眨了一眨，「嗯，現在，請唱詩班領唱。」

蘭尼爾牧師坐了下來，藏身於講壇後面。唱詩班站起來以特別熱情的聲音高歌「父親們的信心」。唱完之後，通常牧師會站起來祝福大家，可是他坐著不動。今年獲選擔任公司教堂執事的鄧茲勒先生，猶疑了一下後站起來宣布，請大家坐下來等唱詩班列隊先出。我轉身看後面，父親和范戴克先生都是不高興的樣子，母親和范戴克太太則面露天使般的笑容。

奧德爾和雪曼走的方向與我相反，剩下我和母親一起。她說：「桑尼，你在這兒等你爸爸，我想他有話跟你說。」然後她就和范戴克太太向俱樂部走去。我望過去停車場那邊，看到父親和范戴克先生被煤林學校的老師圍著講話，等老師都走開之後，他們兩個又商量了一下，父親才獨自過來找我，把別克汽車的鑰匙丟給我。「走，我教你開車去。」講話的神情和語氣都不是挺耐煩的。

「真的！」我卻非常高興有這樣好的事情，平常我要求好幾天父親才會讓我練習一次。

他重重的往駕駛座旁邊的位置坐下，說：「去青蛙坡那邊。」

一路上我們都很安靜，我聚精會神的駕駛，父親偶爾在駛過坑洞時叫幾聲埋怨，其餘時間一言不發，當我駛抵青蛙坡營地時，他偏偏頭示意我駛上一條泥土路，那條路穿過大叉口的荒地。駛上這條路之後我更是小心翼翼，泥土路上有一道道被重車壓出的高低不平車轍，常常會碰擊到車子的底盤，又開了大約三公里之後，他叫我停在一處空曠的棄土場，他說：「我們下來看看。」

我們在這棄土場的粗糙地面上走過，下面是傾倒在這裡的幾百萬噸礦尾廢土，用推土機推平後，一直延伸到山谷裡，形成黑色沙漠。這裡沒有樹木，甚至一片草葉也長不出來。「你可以在這裡發射火箭，鎮裡的人看不見也聽不見你，整個山谷都是你的。」

我張大了嘴凝視這巨大的黑色廣場。「這兒有多長？」

「大概一公里半吧！」

我低頭看看這太陽烤焦的煤渣地，又抬頭望望周圍的群山，我的幻想在飛馳，我已經看見這兒將有的景象：有個觀察室，有個發射台，還有看見我們的火箭發射升空，在陡峭的山坡前呼嘯直上，然後在這廣場邊緣墜下，我輕輕吸口氣對自己說：「我的煤林角。」

父親四處巡視這不長一物的棄土堆，搖搖頭說：「如果你要這個地方，這就是你的啦，走吧！」

「爸爸，還有一件事情。」

「什麼事情？」

我覺得有點冒險，「我們需要一棟小屋當觀察室，我們可以躲在裡面觀察火箭發射。你可不可給我一些木料來蓋？」

父親拿下氈帽，不耐煩的用它拍拍大腿，「公司的財物要為公司的事情才能用，不是為發射火箭用的。」

「舊的剩料就可以了。」我意識到這是個機會，該好好利用。「我是不是還可以要點鐵皮來做屋頂？」

父親踏著重步走回汽車，又回過頭來指著我說：「年輕人，即使用過的剩料也是屬於公司的，不過，如果我給你這些舊料，那麼從此就不要再讓我看見發射火箭的事情，也不要讓這事情再干擾到煤林鎮上的人，明白了沒有？」

「是的長官，謝謝長官。」我像軍人似的大叫。

父親把氈帽壓回頭上，看起來像卸下了重擔的樣子，不過臉上仍然留著點焦急的神情。「我們走吧。」他急得很。

我跟隨父親走向汽車，再回頭看看這廣大的棄土場，大溪飛彈署終於有了家：「煤林角」，我等不及要把這個好消息告訴昆庭。

第8章　建設煤林角

此際，佛羅里達州的卡納維爾角正如火如荼進行火箭研究。每個星期空軍都發射彈道飛彈，其中大多數在空中爆炸，造成可觀的景象，有少數幾個則搖搖晃晃駛上航道。一九五八年二月五日，運氣不佳的前鋒小組再次嘗試前往太空軌道，卻落得失敗，不過這次他們的火箭是在完全脫離發射架後才爆炸。三月十七日他們又試射一次，成功將一枚重一．五公斤重，渾名為葡萄柚的人造衛星送上軌道。三月二十六日馮布朗博士也將一枚十四公斤的探險家放上軌道。看來美國真的動起來了。可是接著在五月裡，蘇聯將重達一千三百二十六公斤的旅伴三號射上軌道。於是有些美國人就說我們放棄太空發展算了，我想那些人就是會在佛吉山谷逃亡，或者在珍珠港事變之後投降的那種人。

馮布朗博士並不放棄，他有更長遠的計畫。據報紙的報導，他正在製造名叫「土星」的巨型火箭。一九五八年春天，艾森豪政府和國會設立國家航太總署，把各機構的太空研究計畫組織起來。我看到關於馮布朗博士動向的報導，說他可能離開陸軍去加入航太總署。如果他去那個新機構，我知道那也是我要去的地方。

我在大溪高中念高一的日子只剩下幾天了，透納先生召集全校師生到大禮堂訓話。這種集會並不常有，我們預期他會講些學校精神、暑期的美式足球訓練、全校如何為明年的美式足球比賽加油等等。洛伊和我坐在一起，突然有人在我肩膀打了一下，回頭一看是凡倫婷對著我笑。凡倫婷比我高一班，她的身材非常好，又喜歡招蜂引蝶，學校的男生都叫她做「波霸」。「嗨，桑尼。」她張開嘴露出編貝似的牙齒跟我打招呼。

不知道為什麼，凡倫婷一向對我很友善，有時候早晨在大禮堂裡，我那些死黨朋友跑到別的地方去的時候，她看我旁邊的位置空著，會坐過來我和談談話。透納先生跟她有點過節，指她是笄齡少女社部分社員的頭頭，警告她不可率領她們穿低胸衣服、躲在廁所吸菸，或在上課時間和男生溜到樂器貯藏室親熱。於是她故意把裙子剪短、把領子剪成波浪型，說是依照透納先生所指示的「中」庸之道。結果凡倫婷為了保住她的「笄齡夾克」，只好在衣服的爭執上讓步。然而她很有技巧的把拉鍊拉低。總之，她可以使所有男生走過她身旁時兩腿發軟，脖子扭斷，導致走廊上的交通癱瘓。她有時候悄悄從後面擠到我身邊，挽著我的手臂，要我護送她到教室，她選擇我當護花使者讓我覺得很驕傲。

「你好不好，帥哥。」

我向來不知道要跟她說什麼，「我很好，謝謝。」我很俗氣的回答。「妳好嗎？」

「還不錯，」她回答：「只是如果你和我找個地方親熱一下，那就更好了。」

洛伊很高興的戳戳我的腰，我卻整個人軟在椅子裡。他小聲的說：「把桃樂絲忘掉，先揩點油再說。」

我還來不及回答，透納先生已經站到台上叫大家安靜。透納先生說話大聲且尖銳，他說大溪高中的美式足球隊已被取消資格，不得參加一九五八年度的校際比賽。那就是說沒有美式足球比賽了，一場都沒有，被取消資格的原因是這樣子的：一群好意的美式足球老爹要求法院，強制西維吉尼亞州高中美式足球聯盟准予大溪高中參與一九五七年全州冠軍賽的訴訟失敗，因而招致懲罰。我們都被這消息震呆了。如果校長宣布他要把學校燒掉也不比這更嚇人。美式足球隊員座位那邊開始發出嗡嗡聲，蓋納教練站起來叫他們安靜，他說：「要像個男子漢，讓大家看看我們美式足球員是用什麼做成的。」

透納先生繼續講話，他說大溪高中要重新整頓，從高中二年級以上，要安排一些比較深的學術課程。因為旅伴號衛星的發射，全國人都覺得美國孩子受的教育，程度上比蘇聯差很多。透納先生緊靠著講台向下看著我們，他鄭重宣布：「本校將不會再有簡易課程，擺在我們眼前的是兩件鐵般的事實。你們已經無法挽回美式足球賽被取消的事實。要接受現實，從中汲取教訓。可是改變課程又是另外一回事。」他雙手緊捉住講台，「你們在大溪高中畢業之後，男生之中有些會到煤礦場工作，有些會去從軍，有些，在我看來太少了一些，會去上大學。女生會成為妻子、護理師、教師、祕書，甚至也許有一天，妳們當中有一個會當上美國總統。」台下響起一片竊竊笑聲。

透納先生以目光向我們全體橫掃一遍，表情既堅定又驕傲。「電視和報章雜誌都說蘇聯學生是世界上最好的。報導指出他們有多麼聰明、多麼先進。他們征服全世界之後，所有人都要向他們低頭。是嗎？我要告訴各位，大溪高中的學生不會在任何人面前低頭。你們來這裡接受優良的教育，有最盡心的教師指導，你們來自世界上最優秀、最勤奮的家庭，你們來自全國最艱苦的一州。蘇聯人？我可憐他們，如果他們認識你們像我認識你們那麼深，他們會心驚膽顫的。」

我們六百張面孔極度興奮的注視這矮個子男子，整個禮堂鴉雀無聲。「現在，關於這新的課程，標準訂得比較高，而且不單是及格就好了。照我對新課程的分析，每學期的學習分量比較往年要多出一倍，這意味將來在教室裡要極度專心，在家裡要做很多作業。」

「你們必須全心投入，不用功會牽累你們的國家，你們的州、你們的教師、你們的父母，最後毀掉你們自己。記住一點，只有受過良好教育的公民才是好公民。」

「我唸一段亨利[1]的詩給你們聽，你們好好想一想詩中的含意。」說著他打開一本書，調整了一下眼鏡。洛伊漸漸顯得不耐煩，在旁邊發出咕嚕嚕的聲音。我們可以感覺到大家都不耐煩了。透納先生一直讓我們集中注意力，可是，現在竟要唸詩？

透納先生唸的詩原來是〈不可戰勝的〉。他唸的時候，我們大家，甚至洛伊都專心在聽。最後他唸：「無論前路是多麼狹窄，嚴懲是如何綿綿不絕，命運的掌控由我自己來，我仍然是靈魂的主宰。」

他啪的一聲把書合起來，在這極度的安靜裡有如槍聲般響亮，嚇得我幾乎從座位上跳起。透納先生接著下命令：「現在啦啦隊員到台上來，帶領全體唱校歌。」

啦啦隊員都坐在一起，那天她們沒有穿隊服，在猶疑中走上台。「唱！」透納先生再度下令。「大家一起唱！」

「起來、起來、綠和白，」啦啦隊員起先互相看看輕聲的唱，同學們跟著歌聲幫著唱，立刻整個大禮堂吼成一片，「今晚表現我們的氣概，抱緊球向底線衝，大溪健兒跑得快，衝衝衝、快快快、勝利屬於綠和白。」

歌聲一完，同學們發出熱情的呼喊，如同歡呼我們的球隊堅守底線、屹立不讓的精神。但是這次沒有什麼好歡呼的，很快的呼喊聲停止了，大家又恢復一片困惑的沉靜。透納先生走到講台前面，向老師們點點頭，老師們就站起來指揮我們走出大禮堂。

「現在你瞧，不淨是些狗屁嗎？」擠在夾道中，我聽見凡倫婷在我後面這樣說。我到貯物櫃去更換教科書，巴克也走過來一拳打在貯物櫃鐵門上。「他媽的！」他破口大罵。同學們都停下來看他發脾氣。透納先生立刻跑過來，大家看他來統統跑光，只留下我和巴克兩個，我跑不掉是因為他擋住，我無法把貯物櫃的門關上。

「特蘭同學，我希望鐵櫃沒有被你打一個洞。」透納先生說，他的聲音冷得像冰。「如果你打壞了，可要賠償修理費。我還聽見你在咒罵，我不准在學校裡罵這種髒話。」

巴克高大粗壯，對著小個子校長要弓著身講話。「現在我不可能得到美式足球獎學金了。」他說著下唇開始抖動起來，眼睛充滿淚水，漸漸滾落到面頰上。「我一輩子只能待在礦坑了，那太不公平了！」

「你說得對，那是不公平，這個裁決很不公平，完全是報復，即令如此，你在學校裡還是不可以有這種表現。」

巴克皺起眉頭，小小的眼睛充滿困惑。「可是透納先生，我該怎麼辦呢？」

「怎麼辦？辦我們每天該辦的事情，把上帝賜給我們的才能做最好的發揮。好了，你如果哭完了就回到教室去。」最後他轉回身來看著我，「你在看個什麼勁兒，炸彈先生？」

什麼勁兒也沒有，我繞過巴克，拿起我的書小跑步離開，「走廊上不許跑步！」我剛轉過角落就聽見透納先生在後面叫。

放學後，哥哥一進門就讓家裡充斥著陰鬱和憤怒，他把書本扔到客廳的地上，用重踏樓梯並使勁關門表示他的不悅。父親下班回家，他一看見父親就高聲叫喊，說父親把事情弄得一塌糊塗。「夠了，吉姆！」母親制止他亂叫，而父親站在那裡一臉愕然。

「你把所有事都毀了，」哥哥像豬叫似的：「我得不到美式足球獎學金了。」

「你還是可以去上大學。」父親穩穩的說：「我會出錢供你讀大學，不用擔心。」

「可是我要參加大學美式足球隊呀！如果我高三一年不打球，就沒有大學對我有興趣。我永遠不會原諒你的。」

「詹姆士．希坎姆，我不准你再說了。」母親的聲音變得又硬又粗，那是她警告人用的聲調。哥哥張了張嘴，發現母親已到了爆炸邊緣。嗯的一聲又把嘴巴閉上，重重踏著樓梯走上樓，嚇得阿菊趕緊跳開讓路。他走進房間，砰一聲關起房門。

煤林鎮受憂鬱籠罩，籬笆播音員大多都同意我父親做得很笨，大家的共同看法是他又以為自己太了不起了。

父親沒有照他所答應的把木料和鐵皮送去煤林角，等了一個星期之後，我決定自己到木工場去見麥道夫先生，我走到他那潔淨的小工廠，裡面充滿了松木和橡木的芳香。他正使用帶鋸嘰嘰聲的鋸木，看見我就關掉機器。我告訴他父親答應給我的東西，他把手伸進白布帽內搔搔腦袋。「沒有聽說過呀，桑尼。不過工場後面有些剩材，你大概可以拿去用，至於鐵皮，你去向佛洛要。你媽喜歡她那新籬笆嗎？」

據我所知，母親很滿意重建過的玫瑰花圃籬笆。麥道夫先生用電線桿那麼粗的木頭做柱子，用可在礦坑裡做頂樑的木頭做橫木，十分堅固耐久。他叫我去後面看看的那些剩材竟然是一疊漂亮的松木板，上面已經做好了卡榫和凹槽，我又向他要了一大盒鐵釘，再打電話給奧德爾。兩小時之後，一陣熟悉的隆隆聲一直開到木工廠來。我們把木板裝上垃圾車後，又前往佛洛先生用軍事方式管理的大機器廠。

奧德爾和我踏進大機器廠，迎面而來的是一排排的車床、銑床、鑽床和壓形機等，發出各種噪音。那裡日班約有二十個技工，生產開礦用機器和工具的替換零件，也製造各種式樣的管路和支架。我找到佛洛先生向他要鐵皮，他往後向椅背一靠，兩手扣在腦後聽我講。「桑尼，明天我會有些鐵皮運到，」他很和氣的說：「但是，俊尼爾會來拿一些去做狗舍，理查牧師把剩下的要去修補教堂屋頂。」他把身體向前傾說：「即使我有，我也不會把廠裡的東西給任何人，連剩料都不給，你想要東西就必須交換，你有什麼東西可以交換？」

「我沒有。」我只得承認。

他聳聳肩說：「那就算了，等你有了再回來。」

我決定去找理查牧師，我們在他教堂的後面找到他，他已經拿到鐵皮，正在那兒審視。我很好奇他是用什麼東西和佛洛先生交換來的。牧師穿著黑色外套，打了黑色領帶，像是剛去主持過喪禮，他瞥見我們過來就心不在焉叫了一聲：「嗨，孩子們。」接著看見是我就說：「桑尼小子，我很懷念你送我的報紙呢。」

「牧師，我也很懷念你講的故事。」

奧德爾告訴他，我們要的東西。「我很願意幫忙，我真是很願意，可是我沒有辦法。」他指指屋頂說：「我連修屋頂都不夠。」

我抬頭看看屋頂。「可是你的屋頂是鋪木瓦的呀。」

他點點頭，「是呀，如果我有木瓦我就用木瓦，但是我沒有木瓦，只好用鐵皮啦。」

「瓊斯有一堆木瓦，疊放在他的煤窖旁邊，」奧德爾說：「幾乎和你屋頂的顏色一樣。」

「好消息，」理查牧師頓時感興趣的說：「如果你們能夠安排的話，我想我們可以交換。」

我們開始想如何進行煤林鎮方式的買賣。我們到瓊斯家，瓊斯太太正在用割草機割草。「瓊斯正在上班，」她說，同時看見我們那輛垃圾車，跟著提議：「如果你們給我送一車的上好植土，你們就可以把這堆舊木瓦拉走。」

上好植土要在大叉口那邊才有。我們先回去奧德爾的家，拿了兩把鏟子和一把鋤頭，又開往煤林角，從那裡轉個彎進入山裡，到了一條山溪旁邊。奧德爾和我挑一處空曠泥地，把又肥又黑的西維吉尼亞沃土鏟上貨車，鏟完之後，我們全身都是泥巴和汗水，把整車沃土送到瓊斯太太家。她高興極了。「噢，我的花會長得『榮耀』極了。」說話的神情就像她已經看見怒放的鮮花了。

太陽從西邊的山脊隱沒時，奧德爾已將我們的鐵皮送到煤林角，擺在木材和鐵釘的旁邊。第二天清早，昆庭搭順風車到我家的時候，正好趕上早餐。母親讓他多吃一疊煎餅，他肚子脹得走不動，我匆匆到地下室拿了鋸子和釘鎚，丟進洛伊車子後車廂裡，再一起去接雪曼和奧德爾。

奧德爾已經在練習本上畫了觀察室的建築草圖。「我不是木匠，也不是木匠之子。」他在鋸木板和釘鐵釘的時候喜歡唱歌。「但我做木匠的事，直至木匠來臨。」

太陽直曬著我們，棄土場像大煎鍋把熱聚集起來烤我們，我們起勁唱些亂七八糟的歌來維持士氣。我們唱遍了能記得的歌曲。「嗶啪阿魯拉」、「偉大的謊言」、「藍莓山」和「就是那一天」等等。如果我們記不起全部的歌詞，就把記得的部分重複來唱。洛伊歌唱得很好，他獨唱了一首艾佛利兄弟唱的「我只要做夢」，把歌詞做了修改，一邊唱一邊促狹的看著我：

夢、夢、白日夢，
桑尼盡做白日夢。
他想擁抱桃樂絲，
他想占有她的愛；
千嬌百媚在眼前，
卻到夢裡去纏綿，
不把煩惱丟乾淨，
終將夢裡送老命。

我表面上對洛伊的歌一笑置之，但事實上它相當刺傷我。

我們覺得太熱了，就跑到棄土場後面一條混濁小溪裡，坐在大石上把腳浸泡在冷冷的溪水中，昆庭熱得頭有點暈，在小溪裡躺下來。我們回去工作，把他一個人丟在那裡。「我們應該做個發射台。」奧德爾說。

「我們有哪個人做過混水泥的工作？」我問大家。

「我不是泥水工，也不是泥水工之子……」結果引來這個合唱式的回答。昆庭一跛一跛的蕩回我們這裡，抱怨腳趾被螃蟹鉗了一下。我想我們都很累了，就宣布今天工作完畢。

母親看見昆庭累垮垮的樣子，認為我對他太殘忍，她給他喝很多水，多到足以淹沒密蘇里號主力艦。她給他吃豆子和麵包，然後讓他睡到我的床上。我去走廊的櫃子拿了毯子，晚上就睡在客廳沙發上。父親回家時已經很晚，看見我睡在客廳裡，打開電燈跟我講話：「聽說你到我的幾個工廠拿了東西。」

我從毯子上看著他，「你說我可以拿一些剩料的。」

「大概我說過吧。」他有點心不在焉，然後似乎突然發現我怎麼睡在那裡，「你為什麼睡在沙發上？」

「我們工作了一整天來建造觀察室，媽媽說昆庭太累了，不能回家，讓他睡在我的床上。」

「你們已經造好觀察室了嗎？」

「才造好一半，你要來看看嗎？」

他打了一個哈欠，「記住你的承諾，不能在煤林鎮再讓我看見或聽見你們的火箭。」

「是的，爸爸。」我慎重的回答，心想如果哥哥是大溪飛彈署的一份子，父親會跟著我們去釘木板的。

「我今天在礦面看到白考夫斯基。」他像是剛剛才想起來的樣子。「他說要教你一點機器加工的技能，我說只要不花公司的時間和材料就沒有問題。」

白考夫斯基先生還記得這樁事，我對父親笑笑，說：「謝謝您，爸爸。」

我熱心的樣子讓他忽然警覺。「但不要太過分喔！」

「我不會的，爸爸。」

「不准用公司的材料。」他再三強調。「你可以使用機器，但材料要自己買。」

「我還有點送報紙賺來的錢。」我仍然微笑著說。

我鑽回毛毯裡，聽見父親踮著腳走上樓梯，客廳的上面就是母親的臥房，我可以聽見母親在房間走動時樓板被踩的咯吱聲。父親在樓上的走廊輕輕走過，我聽見母親穿過房間走到房門。接著是一陣沉靜，然後聽見母親走回床鋪和躺下來時床墊的重壓聲。最後聽到父親關上他的房門的聲音。我想我開始長大了，因為這是我第一次至少有一點看出，家裡總是籠罩著冷漠與失望的氣氛。

譯注

1 亨利（William Ernest Henley, 1849-1903），英國編輯及詩人，一八六五年左腳因為骨骼受結核菌感染而不得不切除，而右腳因在一八七三到一八七五年間受到愛丁堡皇家病院的悉心照料得以保全，當時他寫下他最著名的詩之一：〈不可戰勝的〉（Invictus）及組詩〈醫院裡〉。

第9章 翟克・莫斯比

每年俄亥俄州的鋼鐵廠會選擇一些年輕的工程師送到煤林礦場來，接受我父親主持的煤礦基本訓練，他們被稱為初級工程師。父親對初級工程師的第一個訓練是帶他們進礦坑去，徒步走幾公里路到處看看。礦坑的坑道平均高度是一百五十公分，在那裡走路的姿勢是彎著腰，仰著頭，跨步前衝。礦工不必看就知道，父親正拖著那些年輕人在坑裡四處看看，因為他們一路走，一邊聽父親解釋礦內的操作情形，同時安全盔碰到坑頂發出咯咯的撞擊聲。經過父親兩天的折磨後，不少人立刻收拾行李回俄亥俄州去了，但也有些人堅持到底，其中之一是翟克・莫斯比。翟克後來對大溪飛彈署的貢獻非常大。

我第一次見到翟克是在初中三年級的時候，我的報紙顧客中有些住在俱樂部裡，那是一棟新喬治亞式的豪宅，座落在大店對面的小山丘上。卡特先生的兒子在第一次大戰之後回來這裡定居，這豪宅就是為他造的。一九二〇年煤礦正值擴充時期，在住房短缺之下，就把豪宅改建為供膳宿的房舍。自此以後，那房舍逐漸擴建，擁有了幾十個房間，提供給單身礦工和短期寄宿的家庭居住。

俱樂部的經理達芬柏太太叫我上去翟克的房間，他已經在那兒住了一個星期，所以她想也許他還會繼續住一陣子，可能會要訂報紙。我看見翟克在他的房門外，四肢展開俯臥在地上。他身穿典型初級工程師的制服：帆布料襯衫、寬鬆的卡其布褲子，褲管塞進咖啡色的礦工硬頭靴裡。離他伸開的手約三十公分處有一個空的水果罐頭。我一聞就知道罐頭原來裝的是約翰·比利文私釀的酒。約翰在礦坑裡失去一條腿，後來他用微薄的退休金當本錢，經營用水果罐頭藏烈酒的買賣，公司也任由他做生意。我放了一份報紙在翟克的手邊就打算離開，他動了一動，閉著眼睛問：「你是誰呀？」

「我是送報生，先生，」我回答說：「您要不要訂報紙？」

翟克翻轉身坐起來，用手背擦擦嘴巴，推開報紙去拿罐頭，看到罐頭是空的，又把它丟棄一邊。「他媽的王八蛋，」他向我眨眨眼，「現在幾點鐘了？」

「大約六點十分，先生。」

「是上午還是下午？」

「現在是早晨。」我回答，心想約翰那烈酒可把這傢伙灌得爛醉。

他又再咒罵一聲，想站起來，可是才跪起來，又像一袋馬鈴薯似的仆倒下來。他手按肚子蜷曲著身體。「我要死了。」他呻吟著，尾聲卻變成一句長嘆。

「要不要我去請醫生？」我問。

「不要請醫生，孩子，你叫什麼名字？我去見天使的時候，想知道我跟誰在一起。」

我把名字告訴他，然後握一握他伸出來那汗濕的手，他放開我的手之後，我趕快在牛仔褲背後擦乾。

「跟荷默·希坎姆是親戚嗎？」

我照實告訴他。

「你爸爸，」他開始說：「你爸爸……」他在他那發燙的腦袋裡費力尋找合適的字眼，結果還是翻過身子用手臂壓住眼睛。「你爸爸，他……」

「我聽說我爸爸碰到你們俄亥俄來的初級工程師，就變成狗養的東西了。」我幫他說出來，那是我這個年紀的男孩子所能用的最壞的字眼。

翟克笑了起來，「喔、喔，好痛！」他抬起頭來，只張開一隻眼。「你對極了，桑尼，他是個卑鄙的狗養的東西。」

「歡迎你來煤林鎮。」我說：「要不要訂一份《電訊報》？」他沒訂，說他付不起。我收回了那份贈閱的報紙。後來我跟母親提起他，她笑起來說：「你想知道翟克・莫斯比的事情嗎？他的爸爸擁有那鋼鐵公司大約百分之二十的股份，就是買下我們礦場的那家鋼鐵公司。他的錢比卡特先生的維他命丸還要多。」

我第二次見到翟克是在俱樂部舉行的公司聖誕舞會上，也是第一次見到他站起來，他靠在樓下大廳壁爐的邊緣，手上拿著一杯酒，和范戴克先生新來的女祕書在談話，她是從紐約市「進口」來的漂亮時髦金髮女郎。翟克穿著燕尾晚禮服，那是我第一次看到人家穿禮服，帥氣極了。我母親形容他高大瀟脫，她和一些女士坐在角落注意著他，「他真像亨利・方達，」我聽到一位女士說。那位女祕書也是這群女士的話題。「妳們聽她說話的口音。」另外一位女士輕輕說，「聽到了沒有？哪、哪、哪的，那些北方人彼此都聽不懂對方說話吧！」

那晚稍後，翟克邀請女祕書坐上他的小跑車出去兜風，當他駕駛汽車在鋪滿了雪的馬路上打轉時，我可以聽見她高興的咯咯笑聲，從又嘈雜又不協調的音樂聲中鑽進來。等到他倆回到俱樂部，母親形容他們已經酒氣醺天了。翟克和女祕書進入舞池跳勁舞，其他人統統退到池邊不可思議看著。翟克在女祕書的身後扭擺，把頭一直往下彎，在大庭廣眾和上帝面前，把臉貼到她屁股的時候，手風琴師的嘴巴合不攏，樂隊也演奏不下去了。翟克站起來，口齒不清的問：「怎麼音樂停止了？」然後往滿是蛋糕甜點的桌子邊上一靠，把桌子壓垮，自己也跌倒到地下，桌上的東西統統打翻到他身上，他躺在地上，臉上蓋滿蛋糕上五顏六色的糖霜，露出一臉傻笑。父親叫人拖著他的腿把他丟出去。他半昏迷的睡在大門外的台階，新降的雪鋪在他身上。我請哥哥幫忙把他弄到他樓上的房間。范戴克先生進口來的女祕書過完新年就被開除了，翟克沒有被趕走，父親跟母親說，因為范戴克先生自認為對翟克有過「承諾」。

「那當然囉，荷默，」母親想擠出微笑卻擠不出來，她說：「我相信那跟翟克的父親是誰無關，對吧！」

翟克喜歡登山健行，因為我對附近山上的一石一縫都清清楚楚，他有時會付錢要我導引他和他現任的女朋友遊山。翟克在韓戰時駕駛戰鬥機，到過遠東許多地方。「好傢伙，我們在那兒的藍天任意飛翔。」有一次我們在樹林裡，他的女朋友躲在野花叢中「澆花」的時候，他對我吹噓說：「我還幾乎打下一架米格機，差那麼一點點那狗養的就完蛋了。我生了一肚子氣，找了不知多少婊子才把氣消掉。」

我對於他吹噓打米格機不如談女人來得有興趣。「翟克，你有過多少女人？」我問他。

他狂笑起來。「如果你告訴我，我就告訴你。」

我捲起指頭，做了個「〇」的樣子。

「哎呀，老天爺呀，桑尼，」他直搖頭，「我以為西維吉尼亞的處女都是輕易上手的呀！你大概有問題。」

我很羨慕翟克能夠輕鬆和女人相處，不知道是否能夠學得跟他一樣，但我碰到女孩子就結結巴巴講不出話來，我想我不可能學會。當我向翟克表示對於女人我是毫無希望時，他說：「不要擔心，桑尼，女人真正想要的只有兩件事：第一，她要知道男人是不是真心愛她。第二，她要他永遠愛她。你不像我，你很幸運，你具備了那種男人的氣質，女孩子一旦發現了，會跑來追求你的。」

翟克和我在年齡上和外型上極為不同，可是我們成為好朋友。每次他看見我去大店，一定會來找我問我近況如何，最近則問我火箭進行得如何。我把最新的發展告訴他，他答應到煤林角親自參觀一番，這叫我受寵若驚，我希望他真的會來。

一九五八年的夏天來臨了，隨之而來的是懶懶飄過天空的白雲，有時停頓下來化成午後陣雨，把堆積在房子與車子上的煤灰洗滌乾淨。蟋蟀入夜即重複鳴唱老歌，野兔從山裡出來，沿山坡上幾十個小菜園尋找番茄與白菜，有時要小心阿菊和流氓的追逐。在滿天星斗的夜裡，山風習習而下，吹進山谷裡，我在後院子乘涼，躺在草地上仰望天空，盼望能夠捕捉人造衛星飛越的瞬刻。我雖然沒有見到人造衛星，但是對於點點繁星仍覺心曠神怡。

五月間，公司宣布在凱列塔鎮建造的新式煤品整備工廠已經完成，今後煤林礦場和凱列塔礦場生產的煤品全部在新廠裝載。過了好一陣子大家才弄清楚這項改變的真正意義，煤林礦場的煤不再從堆棧裡的豎井吊上了，火車也不再嘟嘟的穿過小鎮，煤車也不再到處散布煤塵。有一天晚餐時，父親告訴母親說連鐵軌都要被拆除，這些措施漸漸引起大家的憂慮，煤林鎮民認為那是陰謀，洛伊說工會擔心煤林礦場即將關閉，如果什麼事都可以在凱列塔鎮做，誰還需要煤林鎮？

我們在煤林角需要水泥來打造發射台，奧德爾在找遍全鎮都沒看到哪個人有水泥，看來我只好向父親求援了。

父親的書記達伯先生進礦坑裡去了，我只好到礦工上上下下的吊車豎井前等他。豎井裡有兩台吊車，礦工有時叫它為籠子，兩吊車併排操作，一台往上時，另一台就往下，在上面的那台平常離地一百八十公分高。有人要進吊車時，必須請操控員降下吊車。籠子的門旁有金屬鈕，按下去會發出鈴聲，按一聲表示要操控員放下吊車到地面，兩聲表示礦工正進入吊車，三聲表示「放它走」，也就是讓吊車下降進礦坑裡。

陶德先生負責燈房，頭盔燈的電池就是在這裡充電的。陶德先生也負責檢查每個進籠子的人身上確實沒有火柴（煤林礦場素有瓦斯多的惡名）、有無戴上安全盔、穿上硬頭靴等等。每個礦工有兩個鑄有同一號碼的銅牌，陶德先生向每個領用頭燈的礦工收取一個銅牌，掛在一面黑板上，另外一個銅牌留在礦工的口袋裡。父親或任何人看看黑板上的銅牌就知道誰在坑裡，礦工口袋裡的銅牌是在出事時作辨認之用。煤林礦場的每一個人每一天都可能受傷或死亡，這是大家都知道的事，父親和每一位領班排除萬難，盡力確保礦場的安全。

我還在念小學校的時候，好幾次在課堂上有同學被叫走而一去不回。到晚餐時我就會聽到那些同學的父親在礦坑裡遇難了，通常母親就以命中注定的態度來看待這類事情。父親很少談論細節，但我會在學校裡聽同學說起。有一回，在四年級的時候，一位金色捲髮的小女孩從教室被叫出去後就不再回來。她的父親在礦坑裡工作時，被旁邊的一塊尖石板砸到，把腦袋都削掉了。父親徒手把那塊大石頭從被壓到的幾個人身上抬起，弄得雙手流血，包紮了繃帶回家。他把那個領班開除了，因為領班沒有把負責的那段坑頂好好支撐住。過後再沒有人提起這次事件，公司要求死亡礦工的家庭於礦工受難後兩週內遷離宿舍。也許公司故意如此，煤林鎮幾乎找不到半個寡婦，我們因此很少想起這些不幸的礦災。

杜邦納先生正好在燈房旁邊和一小群礦工開臨時會議，一邊散發傳單。他看到我就問我：「聽說你的火箭會飛了？」另一位礦工問我：「能飛多高？能不能打下月亮？」

「你來看看嘛！」我告訴他們。

「你們什麼時候會再發射，桑尼？」杜邦納先生又問我。「我很想去看看，相信很多人都想去。」

這突然引起我的靈感，「我可以在大店和郵局那裡刊出布告。」

吊車的鈴聲響了兩次，礦工紛紛登車。「我會去的。」杜邦納先生進了吊車後還補上一句。父親從升上來的吊車走出來，他沒注意到我，我看著他掏出已成灰黑色的紅手帕掩住嘴巴咳嗽，然後向浴室旁的一堆礦場廢物中吐痰。他抬頭看到我，招招手叫我跟他進入浴室。他掛起安全盔，扯下硬頭靴和套身衣，跳進淋浴間開始用硫磺肥皂刷身體。「你來這裡幹嗎？」他在使勁清除臉上的黑漬，詫異的問我。

「我可不可以要一點水泥？」

「不行，」他回答，一團泥煤水在腳下打漩。「你要來幹嘛？」

「我們要做發射台，我想如果您或許有些多餘的。」

「公司不會有多餘的水泥。」父親在淋浴中含混不清的說：「公司不可能有任何多餘的東西。如果什麼東西都有多的，公司就要破產了。你需要多少袋？」

「可能要四袋。」

父親用毛巾揩拭全身。我知道他回家後還要洗一次澡，再刷掉一些煤屑，可是沾在他眼圈周圍潮濕部分的煤塵很難清除，煤林鎮的礦工都像埃及豔后似的畫上深深的眼圈。「我有一個辦法。有一個初級工程師在第三號風扇那裡修走道。我聽說他高估了數量，有些水泥剩下來。近來下雨大概把那些水泥泡壞了。如果你要就去拖走，公司可以節省一筆拖走的費用。」

那就夠了，第二天奧德爾向他父親借用垃圾車，在收工之後，他和我再找雪曼一起開上那十分崎嶇的山路，前往第三號風扇所在地。那是向全礦場灌風的大風扇之一，在上鎖的風扇控制室門旁擺了四袋水泥，根本沒有被雨淋過，旁邊還有一堆細砂，同樣完整。

「你確定你爸爸說的是這些嗎？」雪曼有點擔心的說：「那些都是新的。」

我聳聳肩，「他說被雨淋壞了呀！」

「什麼雨？」奧德爾詰問我：「已經一個月沒下雨了。桑尼，你爸爸騙你的。你看這條新的走道，全修好了。他們可以在完工後就把這些水泥和細砂拖走的。」

我想了一下奧德爾這些話的含意，是不是父親在暗中協助我呢？還是他因美式足球隊被取消資格，和凱列塔新建煤品整備廠等一連串事件，弄得分神而發生一些小小的錯誤？天曉得，我也沒有時間去仔細搞清楚。「來吧，我們把它搬走，以免別人捷足先得。」

我們在棄土場挖一個坑，做了一個一百五十公分見方的水泥混凝土平台，這個發射台做好之後，煤林角的準備工作就算完成了。觀察室建在小溪岸邊，限於獲得的木料無法做得很大，距離發射台約二十幾公尺，昆庭給它取了個很堂皇的名字：不規則的多角大廈，事實上它只是間木頭小屋，泥土地板，沒有門的進口開在後面，鐵皮屋頂和一面用半公分厚的透明塑膠板擋起來的瞭望窗口。我們在觀察室旁又豎立了一枝旗桿，是人家丟棄在泥潭坳水源旁的五公分口徑鋅鐵管。奧德爾的母親幫我們縫製了一面大溪飛彈署的旗幟，它驕傲的在桿頂飛揚。我很喜歡這面旗子，上面繡了一隻貓頭鷹（大溪高中的吉祥動物）騎著火箭。大溪飛彈署的英文縮寫（BCMA）則以圓弧形方式圍在圖騰上方。

我把海雀五號裝滿了推進燃料當成煤林角開張的第一枚火箭，這燃料是用瓶子試驗法決定的細研黑火藥配方，以郵票膠水調和好之後，灌入箭筒內放在煤爐底下烘烤五天而成。因為我對杜邦納先生和那天在堆棧遇見的礦工承諾過，我們會把發射火箭的時間通知他們，雪曼就用筆記本的紙寫上大字，張貼在大店和郵局的布告欄上：

火箭發射消息
大溪飛彈署
將於本星期六上午十時在煤林角舉行
（青蛙坡南方三公里的棄土場）

杜邦納先生遵守諾言，來看我們的火箭發射，他的龐地克汽車就停在觀察室對面馬路較寬廣的部分。通常星期六早晨工會都有會議，所以我知道他要很匆忙才能按時趕到煤林角。我很高興翟克也開著小跑車來了，帶來另一位初級工程師湯姆莫士克。他小心的把車子停在一棵樹後面以取得庇護，然後跑去和杜邦納先生一起坐在龐地克轎車前的保險槓上，對著我舉啤酒打招呼，湯姆則招招手。

另外來的一部車子令我詫異，那是由名叫巴西爾的先生駕來的古董車，原來是翟克邀來的朋友。翟克叫我過來幫我們介紹。巴西爾是身材魁梧的大漢，穿了乳白色的西裝，戴一頂闊邊軟帽，打黑色條紋領帶、絲質背心，以及鞋頭部分是編織的皮鞋。他身上裝了附有金鏈的懷錶，我從來沒見過有人這般打扮，不免張口結舌盯著他看。他大概已經習慣在鄉下地方經常引人矚目，對此毫不在意，他告訴我，他要讓我們幾個火箭少年揚名於世。「我當你們的代言人，桑尼小子。」他告訴我：「你們擔任我的英雄角色。」

「巴西爾在《麥郡旗幟報》工作，」翟克說著並且注意看我的反應，他顯然覺得很好玩，「那是雜貨店的包貨紙。」

「嘿，我們可是在成長中啊！」巴西爾哼了一聲說，一邊從背心口袋抽出一條大花絲絹擦擦鼻子。「我是總編輯兼專欄作家。」

「也兼工友，」翟克加上一句，「我想他也許可以幫你們這些男孩子引起大家注意。你們在這個棄土場花了這麼大的功夫，我認為值得讓大家知道。」

我很驚異真正的作家會對我們感到興趣，這簡直無法想像。我聳聳肩回去監督發射準備。洛伊把小海雀的引信點燃後就往觀察室跑，人還沒有抵達，引信已經燒到火藥，颼的一聲火箭躍離發射台，上升了約十五公尺，然後像瞄準一樣，轉個方向直接衝向聚集在龐地克前保險槓的人群，杜邦納先生、翟克、湯姆，和巴西爾幾個人統統臥倒在地，火箭發出嘶嘶聲在他們上面飛過，衝到後方馬路上，在地面滑行一段距離，犁出一道泥溝。一切都在剎那間發生，我們完全來不及反應，洛伊看見全部狀況後說：「我一輩子從沒見過有人躲得這麼快。」

我們趕過去找火箭，雪曼停下來扶起杜邦納先生和湯姆之後，又繼續跑。巴西爾喘了口大氣，又笑又跳，然後坐下來在記事本上匆匆記載。「啊，就像卡納維爾角一樣，」他大叫說：「有意思極了。」

翟克自己爬起來後匆匆走回馬路，我看到他點香菸的手在發抖。我過去看看他有沒有受傷，他拿著香菸的手亂揮，用顫抖的聲音說：「看見那火箭飛來就像回到韓戰似的。」

「翟克，非常對不起。」我只能這樣說。

「我根本不在乎。」翟克說。他用手指捏起一只發抖的酒瓶送到嘴邊。

杜邦納先生和湯姆在檢查火箭，一群男孩圍在他們周圍。我走去那裡。巴西爾則回到古董車去繼續振筆疾書。杜邦納先生跟我們打哈哈說：「我下次來之前一定要先查清楚保險費是不是已經付清。」他又聞一聞火箭說：「你那火藥冒出許多煙來，那是不是黑色火藥？」

我告訴他是我們自己調配的，杜邦納先生彈彈箭筒，小塊的未燃火藥和灰燼跌落出來，他把火藥放在手掌捏碎，「還是濕的，」他說：「你花多少時間烘乾它？」

我告訴他烤了五天。

「我建議你至少要花兩個星期，桑尼。」他用手指揉更多的殘餘火藥。「我有經驗，公司還沒有買進連續採礦機之前，我是負責炸礦的，火藥必須乾透才行。」

杜邦納先生、湯姆和翟克走了之後，我們幾個男孩子和巴西爾在觀察室旁討論這次飛行的結果。「我們必須想辦法使火箭直飛。」雪曼說。

「我們也必須要想出好一點的點燃引信的方法。」洛伊完全了解在點燃引信往回跑的時候，火箭跟在他背後飛並不是好玩的事。

昆庭說：「我會想一想，以後再提出辦法。」

「我希望你這次的辦法，比上次提出的那個該死的試驗架要聰明一些。」奧德爾說。

「奧德爾，不要亂講了。」我插嘴干涉。「我們是一個團隊，一定要記住。昆庭，好好想一想，我們在礦工休假期過後再集合，大家同不同意？」

「見鬼，好吧，」洛伊說：「你們看到火箭怎麼飛的沒有？其實它不能直飛又怎麼樣？我們幹得不錯了嘛！」

「洛伊講得也對，」我說：「我們是有進步。」我把手伸出，手心向下。「大家伸出手來，放在我的手上，就像美式足球隊那樣做。」

雪曼、奧德爾、洛伊、昆庭，一個接一個鄭重伸出手來，疊在我的手上。「火箭小子，」我說：「火箭小子萬歲！」

「噢，真是了不起！」巴西爾興奮的繼續寫，「火箭小子萬歲，有意思！」

在我們州南部的煤礦，和麥道威爾郡及煤林鎮的煤礦統統一樣，每年七月份的頭兩個星期全礦關閉，讓所有人同時休假。我父親說那樣做的原因是要所有的礦工同時出去渡假消費，展現煤礦工業對經濟的影響力。同樣的理由，他說，礦工的薪水有時全部以二元券鈔支付，也是讓當地的商人知道煤礦公司對他們生意的重要性。無論是哪種原因，在礦工休假期間，煤林鎮就變成了無人地帶。鄰近的維吉尼亞州餓媽媽州立公園，和南邊較遠的田納西州煙雲山，都是礦工喜歡帶他們家庭去的地方。另外南卡羅來納的蜜桃灘也是傳統上礦工的休假地，母親堅持我們去那裡渡假。那是每年一度她可以離開山區，把父親收回身邊的機會。在海灘上的日子可以不用聽到父親談論礦裡的事。我注意到在父親說話的時候，母親會握住他的手，他們晚上坐在旅館前面的搖椅時，父親也會伸手摟住她的肩膀。他們甚至同床睡覺。有一次我去釣螃蟹回來，我們的旅館房門從裡面鎖上了，我知道父親和母親在房間裡面，門外有他們沾滿沙的拖鞋，他們大概是在睡午覺，怎麼敲門都沒有人應。我們收拾行李準備回家的時候，母親偷偷在哭。

父親把車子剛開進院子裡，我們就聽見黑色電話的鈴聲響起，父親急急進門去接電話，母親在他背後喃喃的說：「歡迎光臨煤林鎮。」

我還剩下三個火箭，海雀六號、七號、八號。去渡假之前我灌好燃料放在地下室裡讓它們晾乾，打算在回來後的星期六把三個都發射掉。雪曼在大店和郵局又張貼了手寫的告示。因為導航的問題還沒解決，我花了兩天的時間在地下室想辦法把尾翼安裝在箭尾上。奧德爾在垃圾裡撿到一片鋁板送來給我，我用剪鐵鉗絞下幾片三角形的尾翼，用釘子在內緣上打穿幾個小洞，再用鐵絲穿過纏緊在箭筒側邊，以尖嘴鉗把鐵絲扭得死死的，看起來是非常牢靠了，只是粗糙了一點，希望能夠有用。星期六早上，洛伊開車來接我一起前往煤林角，我把火箭放在前座下面，洛伊說我那新的尾翼安裝得不錯，他又說：「不知道今天會不會又有很多觀眾。」

在大店門前，人們坐在石階上向我們招手，叫我們「火箭小子！」。我們又去接了雪曼，奧德爾則自青蛙坡徒步走到煤林角等我們。他早就到那裡清除了觀察室裡一個黃蜂窩，把發射台掃乾淨。杜邦納先生這次沒來，翟克和巴西爾兩人來了。「我正在寫你們的故事，」巴西爾說：「你們等著吧，瞧瞧報紙的威力。」

我們讓翟克點燃引信。他用長長的腿蹦蹦跳跳，笑著跑回觀察室，這次我把引信做得長些，好讓他有足夠的時間跟巴西爾和我們一起擁進觀察室裡，大家都愉快的蹲下來期待。杜邦納先生叫我們讓火藥晾久一點是正確的。火箭在一種比以前響亮的嘶嘶聲中躍出發射台，接著就高速飛出消逝在眼前。我爬出觀察室看見它向發射場邊掉下來時的一束尾煙，我跟大家一樣激動歡欣，那是我們至今最好的火箭。「它飛了多高啊？」翟克氣都喘不過來的問，興奮得好像他自己也是火箭小子似的。

「有兩座山那麼高。」雪曼很有把握的說。

我們不知道究竟有多高。

「也許你們可以用一點三角學算出來。」翟克說。

我們還沒有學過三角。「我也有點生疏了，」翟克搔搔腦袋：「但讓我想想看。」

海雀七號和八號不需要什麼三角，海雀七號上升不到十五公尺就掉頭往下衝，重重砸到地面。海雀八號在觀察室前蹦跳了一下，再衝到觀察室上空爆炸，鋼管碎片落在鐵皮屋頂發出噠噠聲。「啊，太刺激了！」巴西爾高聲大叫。

「每一次和你們這群小子在一起，我就像回到韓戰一樣。」翟克在觀察室的瞭望口向我們發出驚嘆。「美國陸軍必定會歡迎你們，當然你們要活到能從軍才行。」

下一個週末，白考夫斯基先生找了我、雪曼和奧德爾到堆棧的機具間，教我們製作火箭的基本切割鋼管和燒銲技術。我猜想父親是為了彌補他的罪惡感，才同意白考夫斯基先生指導我們。我也懷疑白考夫斯基先生自稱滿意他的新工作，這根本是不可能的事情。那天我付了五元當材料費。我依照白考夫斯基先生的指示，寫了一張便條說明錢的用途，一起放在工作檯上。

訓練完畢出來的時候，遇到父親站在辦公室的門口，我過去謝謝他。「好了，我想你們現在都是機器加工和燒銲的專家了。」

「沒有，爸爸。」我回答說：「那要好多次練習才能摸到門路。」

他有點詫異我會這樣回答，就點點頭同意說：「世界沒有什麼容易的事情，桑尼。如果有人說確實有，你最好別相信，要不然，那就是不值一文的事。」

「爸爸，在您所學過的東西裡，什麼是您認為最難的？」

他靠著石階上的扶手，過了一陣才說：「熵。」

我不懂得這個字，不過他當然懂。「熵是每樣事物隨著時間移向混亂與不規則的趨勢，」他簡要解釋：「那是熱力學第一定律的一部分。」

我一定是看來茫茫然，「無論事物有多完善，」他耐心再加以解釋：「從它誕生的一刻，就開始遭破壞了。」

「那為什麼很難學呢？」

他笑笑，「因為即使我知道事實如此，也不希望它是真的。我恨它是真的，我就是無法想像，」他一邊下結論，一邊走回辦公室，「上帝究竟做何打算。」

夏天的一個傍晚，學校還沒開始上課，翟克打黑色電話到家裡找我。

「桑尼，」翟克說：「你們幾個小子今天晚上到俱樂部的屋頂來，我有讓你們想不到的東西要給你們。」

短時間之內我只能找到雪曼一個火箭小子。到了俱樂部，我飛快爬梯子到達屋頂，雪曼只能用一隻腳攀登掙扎著上去。

翟克用一隻眼睛對著一具長筒目鏡朝天空看。他驕傲的笑著說：「漂亮吧？它是我的老夥伴，今天才寄到的。我在你這個年齡時常常這樣看著天空。我都忘記了，到你們的發射場之後才想起來。」那是我第一次看見真的望遠鏡。他又給我一本破舊的書，「我的舊三角教科書，請我媽媽寄來的。你學會那裡面的東西，就能算出火箭飛了多高。」

那晚天上無雲，滿天星斗有如無數鑽石散置在巨大的黑紫色毯子上。「來吧，不要客氣，」翟克笑著說：「我已經對準木星了。」

雪曼先過去看，把眼睛貼緊目鏡，大叫起來：「我看見那些光環了。」

我摘下眼鏡，翟克教我使用旋鈕調節焦距。木星是一個發出淡黃光的圓圈，上面有幾條水平條紋。看著看著我覺得好像可以伸手摸到它，我真想摸到它。

翟克指著天上由許多星星聚集成、蜿蜒過群山上空的發亮小溪。「那是銀河，我們的天河，我們看見的是它的邊緣。」我聽見他打開酒瓶喝了一口，呼了一口長氣又說：「那是天琴座，這邊是人馬座。看那邊，在天琴座的旁邊，」他把目鏡調撥了一下，「告訴我，你現在看見了什麼。」

雪曼先湊上去看，然後輪到我。我看到一個發亮的甜甜圈，有點不敢相信我的眼睛，「星星裡面有個洞？」

翟克笑了起來，「有點對，那是星雲環，是星體外層物質噴出的氣殼。」

翟克指給我們看各個行星和恆星，一直過了午夜，他太累了坐下來靠著紅磚煙囪，一下子就睡著了。雪曼繼續用望遠鏡辨認群星，我則漫步踱到屋頂的邊緣眺望這個小小的鄉鎮。教堂沐浴在星光下，襯著群山的黑影更顯出光輝。我也能隱約看見郵局後的小丘上，范戴克先生所居豪宅上的塔影，涼涼的山風吹著樹葉颯颯作響，遠方貓頭鷹孤寂的啼聲清晰可聞，流經大機器廠旁邊的小溪傳出規律的咯咯蛙鳴。我走回去把望遠鏡轉過來看煤林鎮，可是我發現無法把焦距調近到足以觀察鎮景。我心想這是多麼荒謬，翟克的望遠鏡可以看見幾百萬光年外的星星，卻不能看見近在咫尺的小鎮。我自己也許一樣，我清楚看見自己的未來在太空，但是對於眼前在煤林鎮過的日子是一片模糊。

雪曼一聲低呼使我及時抬頭，看見一顆大大的藍色殞石在天際劃過，前緣發出黃光自北方衝進，靜靜橫越天空落入群山之後。望著這奇異的景象我張口欲言，但是找不出適合的言詞表達。雪曼和我彼此相望，都只能講出「哇！」一個字，而翟克依然在一旁呼呼大睡。

第10章 萊莉老師

「我曾經看到未來，而未來已逐漸成真，兩個星期之前，記者在大溪飛彈署新建的煤林角發射場，親睹其成員發射他們的神奇作品，當他們那銀色的火箭躍離發射台，呼嘯升入天空之時，我張口結舌，被火箭破萬里長空的景象震懾了……。他們也曾經失敗過，我隨著這群勇敢的少年蹲入壕溝，躲避如雨的碎片，但是他們不是輕易放棄的孩子，記者要告訴各位讀者的就是：如果你希望了解那些敢於掌握自己命運的人，是如何創造偉大和榮耀的未來，你必須到煤林角來看火箭小子。」

——《麥郡旗幟報》，一九五八年八月

一九五八年學校開學的第一天，也就是美式足球校隊被取消資格的第一天。哥哥和他的美式足球朋友不再穿著綠和白的榮譽夾克在走廊上逞英雄，只是陰鬱的躲進教室，並且動輒以為人家對他汙辱。以往每一學年開始的時候，第一場美式足球比賽也接踵而至，整個學校會把注意力集中在他們身上。他們只要勾一勾手指，女孩子就會急忙跑過來，汲汲於成為高貴的大溪高中美式足球隊員的女朋友。今年不同了，他們看來是臃腫而不是健壯，是莽撞而不是靈活，總而言之是怪怪的。他們對我卻仍然處處找碴，所以我盡量敬而遠之，他們也叫我們火箭小子幾個人不要惹他們。「可是真想逗他們一下。」我們在走廊經過的時候，昆庭開玩笑的說：「你看看他們，像迷途的羔羊。」

我們很快就發覺大溪高中的變化遠不止失去美式足球。在教室裡，老師要我們乖乖坐下，不許講話，她在黑板前講得飛快，把受到旅伴號激發所安排的新課程中，各科的綱要和對學生的學習要求做了詳細說明。驚人的家庭功課填滿了我們的作業簿，書本疊得高高的，講義多得在走廊亂飛。手上捧著書本和講義，臂下夾著教學材料，我們各個教室跑來跑去。這種現象在每個州都是如此，一九五七年的秋天旅伴號升上天空，一九五八年的秋天，全美國的高中學生共同的感受是：國家準備把我們發射升空，以回應蘇聯。

「嗨，你們兩個，」在一次課間昆庭和我正在走廊上，一個漂亮的高一女孩子對我們說：「星期六去不去隱室？希望你們去，我愛跳舞。」她從一群美式足球隊員旁邊舞過，對他們視若無睹。他們眼睛冒火瞪著昆庭和我。

我們經過錦標展示櫃的時候，看見凡倫婷單獨站在那裡，胸前捧著許多書，她穿著黑色的緊身衣和花格子裙，頭髮紮成一束光亮烏黑又鬆散的馬尾，她的神情有點悲傷，一看見我，她的眼睛立刻亮起來。「嗨，桑尼，要不要去音樂教室親熱一下？」她問我。

我知道她在開我玩笑，到底她高我一班而且幾乎大我兩歲。我走到她身邊開玩笑說：「當然要，隨便哪一天，任何時間都可以。」

她看著我的眼睛說：「你願陪伴一個女孩上教室嗎？」

「妳請。」

凡倫婷貼著我在走廊上走。「在報上看到你的事，」她說：「我真是為你驕傲。嗯，我可不可以跟一些女孩子來看你們發射火箭？」

凡倫婷總有辦法讓我吃驚。「妳能來我很榮幸。」我說，事實也是如此。

昆庭過來和我站在一起看著凡倫婷走到座位，「她是本校最嫵媚的女生了。」他宣布。我同意，除了我的桃樂絲之外。我像跑了一公里般心臟激烈跳動，我剛進高中的時候，蓋納教練在保健課上課時告訴我們男生，荷爾蒙有時會刺激我們的身體。「它會過去的。」這位偉大的教練給我們忠告：「及時享受你們的青春熱情，但是不可以採取行動，只要你們分辨清楚這種反應不是理智操控的，不過是十來歲男孩子的荷爾蒙狂熱，那就沒有問題。」

當天放學我走向校車的時候，桃樂絲在後面叫我，她穿著漿燙筆挺的白襯衫和海軍藍的裙子。「星期天來吧？」她問我：「我要你幫我做平面幾何。」

「好，我會來。」

她左右看看，笑一笑輕輕說：「我整個夏天都好想你啊。」

「真、真的？」我有點口吃的說。

「嗯嗯，」她點點頭，藍色的大眼睛深深看著我。「我也看到你們的報導了，那些可愛的高一小女生大概都來黏上你了吧，我可是很吃醋的喔！」

我像個大呆子似對她痴笑。「才不吃醋呢，不，不，桃樂絲，我是說我也很想妳。」

高一的代數我總算通過了，全靠期末的時候糊裡糊塗有幾次考得不錯才得了個B。但是高二開始的時候，我的平面幾何成績不錯，因為我相信關於平面曲線、角度和多邊形等等的知識庫有助於我設計火箭。我猜想設計火箭會涉及維度之間的關係，譬如控制航行的尾翼和火箭的箭筒本體，它們各自的面積之間必定有一種適當的比例，但是如何計算出來呢？當我們一開始學習歐氏幾何的大量定律、假說和證明等等時，我就問哈茨菲老師如何計算和比較平面（尾翼）與曲面（箭身）的面積。「這位同學，你的問題是屬於解析幾何及微積分的範圍，」他從黑板轉過身，從他那半圓的眼鏡上方看著我：「我記得你學習代數有點問題，如果你連代數都學不好，不可能懂那些東西的，永遠不會懂的。」

在上到有關三角形的時候，我靈光一閃覺得它的三個邊與三個角之間存有某種關係，我提出來問哈茨菲老師，他並不是那麼厭煩的看著我回答：「希坎姆同學，那就是三角學，到時候我們就會碰到你那不太安靜的腦袋所想要知道的問題。」

我那不太安靜的腦袋想要算出我們的火箭飛多高，我只好到翟克的書裡去發掘。昆庭也很高興研讀這本書，我們兩人就在吃完午飯後，在大禮堂自學三角。我發現如果由一種特殊原因產生求知慾，任何繁複的東西學起來都不會感到困難。懂了一些三角學之後，我們就可以算出火箭飛得多高了，現在我們只需要製作一些儀器來測定一些角度就可用計算出高度。「我馬上就去做。」昆庭說。

「噢，桑尼，你真棒。」我告訴桃樂絲我是怎麼自己學三角的，她在她家客廳的沙發裡叫了起來。她靠過來擁抱我說：「這是謝謝你協助我這可憐人做平面幾何。」

這看來是試驗洛伊的專利動作的好機會，我把手滑過去摟她的肩膀，但是她跳了起來。「哎呀，我的小餅要烤焦了，馬上回來。」她帶了一盤巧克力小餅回來，坐在我對面的椅子上分餅。「我真高興我們是朋友。」她這句話說了一百萬次了。但是我不氣餒，我已經每次一小步的進步很多了。

每星期天下午，我都搭順風車去瓦爾鎮桃樂絲家和她一起溫習平面幾何，如此過了整個秋天，一切都不錯。我們溫習了全部的假說和定理的時候，我立刻發覺桃樂絲比我懂得使用這些定律來引證。她是很好的老師，耐心向我解釋如可逐步歸納證明。她的記憶力也是了不起的，只要她下功夫去記，事情的任何細節她都不會忘掉。但是我的理解力比她強很多。比如當兩條直線皆垂直於第三條直線時，則這兩條直線必定互相平行，我要畫圖說明她才能夠明白這定理。

哈茨菲老師很努力教我們做功課的方法。「各位注意，我要教你們演繹論證法。」他看到洛伊正和他隔座的女生擠眉弄眼，於是拿粉筆屁股打他的頭。「這位同學，我現在給你一個普通的論據。」老師對洛伊說：「凡人皆有腦筋，這是我的大前提，你同不同意？」

洛伊摸摸頭，塗滿油的鴨屁股頭上沾著些許粉筆灰。「老師，我同意。」

哈茨菲老師站在那裡把身體搖一搖，「少年男孩皆是人，這是我的小前提，雖然並不是很正確。好，從這大、小前提引申，你的結論是什麼？」

洛伊皺起了眉頭，過了一回兒才說：「那麼少年男孩都有腦筋。」

「是嗎？好，答對了。」老師大聲的說，一隻腳在地上跺一下，「那麼為什麼你沒有腦筋？」

演繹論證法的確是很不錯，但是我更喜歡讓我的思想在無止境的太空中翱翔。在那裡直線相交產生零維空間的點，平行線在無窮遠處相逢，我開始對無窮遠想了很多，無窮遠的地方是個什麼地方？為什麼所有的假說、定理和定律放在全宇宙都是正確的？晚上我躺在床上，阿菊以我的腳為枕，我對著黑暗任令思想自由奔馳。有時我會感覺到飛了起來，翱翔於煤林鎮的夜空中，穿越背向月光的黑暗山谷和山坳。

有一晚當我正產生這種幻覺的時候，突然震驚的領悟到平面幾何是來自上帝的訊息，我的心神收斂下來，人也立刻跌回床上，房間包攏著我，我的書桌、椅子、小櫥櫃、書本、模型飛機，都突然真實得可怕。阿菊扭動了一下，我知道我安全的躺在房間裡，那是我在世界上最安全的地方。但是我仍然怕得發抖，我躺著不動，無法成眠，等著這懼怕的感覺離開我，可是它就是不離開。第二天整天如此，再過一天仍然如此，我被弄得頭昏腦脹，決定去找蘭尼爾牧師談談。

我告訴牧師我得到的啟示，上帝給了我們一個訊息，所有平面幾何的定律、定理和公理都是真理，適用於全宇宙。但牧師可不同意，「桑尼，你是在談數學。」牧師說，用手指敲敲《聖經》：「上帝所有的話都記載在這本《聖經》裡。」

我想繼續談這個問題，但是他光是敲敲《聖經》不講話。我的下一站就是理查牧師了。我一邊解釋，小理查和我一邊沿狹窄的中間走道踱步到神壇。他似乎對我的話感受甚深。「老天爺，」他吸了一口氣，「絕對是上帝的旨意。」他從講台上拿起《聖經》重重的摜到一張粗糙的木椅上，我們兩個坐下來，他打開《聖經》，闔上又打開。「聖言就是聖言，桑尼。」他隨便翻到一頁用手指順著一行字指著說：「但是數字也是上帝創造的呀，當然是的。」他抓抓臉，又抬頭望著掛在唱詩班包廂旁邊的木頭十字架。「我可不會寫密碼。」他回頭看著我。

「你想你會嗎?」

我聳聳肩,「我不會,我只想知道怎麼製作火箭。」

「哦,如果你只想要這些,好好祈禱,上帝就會給你,」他說:「答應我一件事,我就幫你祈禱。當你造出火箭高高飛向天空時,有人會說把榮耀給桑尼。但是你千萬不能接受。」他向十字架點點頭。「世界上一切榮耀都屬於那邊。」

我看看十字架,然後低下了頭,突然間害怕上帝因為我到處管祂的事情而懲罰我。

「是的,牧師。」我說。

「不要到處吹噓,不要自以為了不起。」

「不會的,牧師。」我輕輕的說,輕得自己都聽不見。

小理查笑了,一種嘻嘻聲的慢笑。「孩子,不要難過,上帝就是愛,你知道嗎?祂不會傷害你的。祂為你、為每一個孩子都訂好了計畫。」

我呆呆的點頭。「那就回去吧,」他說:「我要去禱告了,煤林鎮的孩子在平面幾何裡找到上帝的聖言,好極了,我需要為這個好好禱告。」

有一天早晨,父親把麵包放進廚房流理檯上的烤麵包機,按下了彈簧開關就到爐子前倒咖啡,倒好咖啡回來後烤麵機的撳把還沒有跳上來,根本沒有烤成麵包。他一看發現裡面的電熱線不見了,因為我把它拆出來試驗我的電熱點火系統是否設計得當。

為了這個試驗，奧德爾把他父親垃圾車的重型電瓶借了來，由洛伊開車把他和電瓶一起運來我家。那電熱線十分管用，它產生的熱足以點燃黑色火藥。可是後來我們聽音樂唱片分了心，洛伊只送奧德爾回家，電瓶則留下來和電熱線一起躺在我家車庫。我父親只是不能烤麵包，奧德爾的父親可是無法起動垃圾車去工作。我們這兩個家庭當然都很不幸，而籬笆播音員卻合唱得十分高興。沒多久，鎮上任何東西不見了，都怪罪到我們這些火箭小子頭上。

奧德爾和洛伊看上了騾廄，去裡面找材料改進我們的通訊系統。卡特先生於一九三〇年代早期造了這棟騾廄，用來收養衰弱得再也不能在礦坑做工的老騾。他認為牠們多年的忠心服務應該獲得像退休之類的待遇。經過多年在地下工作，牠們對陽光過敏，不能在牧場放養。自從卡特先生把公司賣給鋼鐵廠，就沒有騾子住在這棟木頭老房子了。俄亥俄的人一來到這裡，就把騾子運走做成狗食。我聽說，母親和鎮上很多婦女站在街頭哭，看著卡車把可憐的老騾子運走。後來我們小孩在騾廄附近玩的時候，會從那骯髒的紗窗窺視可怕的畜舍和陳舊的轠繩。房子的一端有一張桌子，上面堆放了一些老舊的礦坑電話。奧德爾認為那些電話都是報廢品，決定由大溪飛彈署來接收，他不想向公司要那批廢品，認為自己擬構出方法去取得比較好玩。

星期五半夜時分，奧德爾和洛伊跑去騾廄。第二天早上，我正在看電視上的卡通，家裡的電話鈴響了，是鎮上的警佐泰格打來的。「我看你最好馬上趕來范戴克先生的辦公室，桑尼，這下可有你的麻煩了。」

泰格把事情告訴我，我聽了真想一把掐死奧德爾，這個不長進的傢伙，就是在想盡辦法把我們再從公司的土地上踢走。我跳上腳踏車直衝往大街。我一直跑到范戴克先生的辦公桌前才急停下來，他豎起眉毛看著我。洛伊和奧德爾在牆邊的椅子坐著，看來又髒又可憐。「好啊，桑尼，」范戴克先生說：「我聽說你們的火箭需要一些電話設備。」他雙手交叉，面無表情的說：「所以你們就決定來公司偷，呃？哦，你們這些小鬼以為自己很精，但是我們對這裡的事，知道的比你們所想的還多。泰格，你說對不對呀？」

泰格靠在牆角邊老木頭檔案櫃上點點頭。他穿著公司的卡其制服，夾克上佩戴一個星狀徽章，年紀輕輕，不過二十來歲。我聽來的故事是這樣的：泰格從大溪高中畢業後，就從軍參加韓戰去了。在那裡他的全部時間都駐守在同一個山頭，等著中共軍隊上山來殺死他。那個山頭一定很不重要，因為中共嫌麻煩根本不來。泰格退役後，回到家鄉要進礦找活幹，但是他乘吊車到了井底卻不敢走出籠子。由於他是作過戰的退伍軍人，賴德隊長就讓他做別的事情。結果他證明了自己是很好的警佐，鎮上本來也沒有什麼罪案可應付的，但是他總會應主婦的要求幫忙搬搬家具。如果有人要車子接送，也可以依靠泰格提供計程車服務。

「破門進入騾廄，企圖偷竊物品，泰格，這在法律上有個名詞，你知不知道？」

泰格聳聳肩說：「范戴克先生，我想叫做重罪吧！」洛伊和奧德爾垂下腦袋，我則膝蓋發軟。

范戴克先生靠在椅背上，彈簧發出不協調的嘰嘰聲，「重罪，好傢伙。那豈不是要坐牢嗎，泰格？」

「是的，我想大概免不了吧！」

不但參加馮布朗的隊伍沒了指望，我的將來恐怕要在鐵窗裡度過。我簡直想跪下來請求寬恕了，奧德爾發出哽咽聲，洛伊則異常冷靜。泰格把兩腳交換調整一下站姿，好意的說：「范戴克先生，我們能不能再討論一下，我是說，也許我們不必把他們送去威爾市的法庭。」

范戴克先生聳聳肩膀。「如果你堅持，好吧，泰格，不過依我看來，這樣不照法律做事，我們要負很大的責任。」

泰格指指門口說：「你們幾個小鬼到外面坐坐，等一下我出來找你們，現在就去。」

我們一個跟一個走出去，在外面的辦公室坐著。范戴克先生又沒有女祕書了，桌上的打字機蓋了起來，也沒有文件到處散布。上一任的女祕書是從俄亥俄雇來的，她被開革之前和翟克同居了大半個月。因此，翟克被禁止再和公司的女祕書約會，並且范戴克太太告訴煤林鎮的人，下一次聘雇女祕書由她親自選擇。「讓翟克等著瞧，我選一個老處女。」范戴克太太告訴籬笆播音員，「讓范戴克先生也嚐嚐老處女的滋味。」結果，籬笆傳來熱烈的迴響。

洛伊怒視奧德爾，坐著不講話；奧德爾憤憤低聲向我訴說事情的經過。他們半夜左右抵達騾廄，看到後門上的鎖已經生滿了鏽。洛伊從車子拿了鐵錘，一敲就把鎖打開。奧德爾拿著手電筒，小心推開門進去，裡面的空氣有股百年的陳舊霉味。手電筒照著周圍的空畜舍，冷不防腳下的地板塌下去了，兩個人一起栽到地下室，蝙蝠被嚇得在椽木間亂闖，有些從破窗子飛到外面的涼夜中。最後一切復歸沉寂，他們兩個爬不出來，在老騾糞堆裡待了整晚，直到第二天泰格發現了他們。

洛伊終於講話了。「我恨你，」他對奧德爾說，然後又盯著我，「我也恨你。」之後閉上嘴不再說話了。

泰格出來叫我們，於是我們回到裡面低頭站著，范戴克先生慢慢打量我們。最後他問：「你們看那些舊電話設備值多少錢？」我們心裡完全沒數，不敢吭聲。

他伸手到一台又黑又大的鐵造計算機，在鍵盤上敲了一陣，又把拉桿拉了一下，出來了一張小紙條。他仔細看上面的計算結果之後說：「好吧，我打算就這樣做，注意聽著。如果你們要這些電話設備，付二十五元我就賣給你們，另外加兩塊錢賠償那把敲壞的鎖，再加十元當你們私自闖進騾廄的罰款，各位先生，我們完成這一筆商業買賣後，這件未定案的罪行將不再追究。泰格為你們承擔責任，上帝才知道為什麼，簡言之，他要求我饒恕你們，雖然我心底是打算趁這個機會使本鎮不再遭受火箭威脅，但我也就認了。那麼，你們要做買賣還是要進行罪案調查？」

「我們的父母會不會知道？」我小心提出這個問題。

范戴克先生像演戲般睜大眼睛，「我永遠不把生意的內情轉告給第三者。」

就這樣，大溪飛彈署和范戴克先生做起生意了。我們要在一年內付清三十七元，雖然哪兒弄來這筆錢我是毫無主意，但至少我們還可以製作火箭。事後出來到街上，奧德爾說：「我知道怎麼弄到錢，很多的錢。」他顯得相當興奮。「鑄鐵，」他把手指放在鼻子旁邊，那是表示偷或騙的意思，「下一個暑假，去弄鑄鐵。」

「別把我算在內。」洛伊說。

高中二年級的各項課程中，我最喜歡化學，因為萊莉老師教我們化學。她對我們很嚴格，上課時候不許任何人打岔，但有時也會用些逗人的幽默來提高我們的興趣。加上她講授的題材非常有意思，所以我們很用心上課。我們上的是高級課程，第一個星期就介紹週期表了，第二個星期我們學習平衡化學方程式。如果我們有哪裡不清楚，可以立刻提出疑問，她會重新把前面的基礎再耐心解釋一次。如果我們不提出問題，她認為我們都懂了，就繼續教下去。我每晚至少有一小時的化學功課要做，另外還要做三小時別的功課。

萊莉老師很會創新，雖然學校沒有配合新的化學教科書發給老師實驗教材，她自己動手發明。有一天她帶領全班去美式足球場，經過秋天的取消資格，球場有點荒涼。草坪枯黃而且參差不齊，場地的白粉界線褪成黃色，連看台和記者席都有點頹倒。萊莉老師從她帶來的兩個小紙袋裡各倒出一小撮白色粉末到地上，然後用木杓攪勻。我站在桃樂絲身旁，出乎意料之外，她把身體移近我，捏住我的手臂並把她的胸部貼著我，過了好幾秒才走開，到比較看得清楚老師的位置去。我抬頭看見洛伊對我蹙起眉頭，我天真的笑笑。

「這些是氯酸鉀和食糖的混合物，」老師說：「我們大家就要看到劇烈的氧化反應。昆庭，請你告訴我們劇烈的氧化和緩和的氧化有什麼分別。」

昆庭當然對我們的功課一清二楚。「當氧和別的元素經過一段時間才能完全結合，就是緩和氧化。鐵鏽就是個好例子。」他很自信的回答。「但是當氧和某些元素快速結合時，會以光和熱的形式放出大量的能量，這就叫劇烈氧化。」

「昆庭，謝謝你。氯酸鉀和白糖的混合物會顯示出劇烈氧化作用。」萊莉老師劃著一根火柴，丟到堆成小小金字塔的混合粉末上，轉瞬間一股熱的青色火焰隨著很大的嘶嘶聲噴起來。大溪飛彈署的成員彼此相望，不用說我們都在想相同的事情——火箭燃料。

下課後，我向前走到萊莉老師的桌子，指著那一小袋的氯酸鉀說：「這些剩下來的可以給我嗎？」我又假設她不知道，把大溪飛彈署的事情告訴她。「我們造了一個發射場，叫做煤林角。我們的火箭也飛起來了，但是我們還是需要好一點的燃料。」

「你有沒有再想過關於參加科學展覽的事情？這個委員會還是由我負責。」

「我想我們還沒準備好，」我誠實的說，「我們還有很多問題沒解決，要是有書可以參考就好了。」

「書，」她敲敲頭在想，「沒有，我好像沒見過關於如何製作火箭的書，不過我會找看看。」

「真的？那太好了。那麼這個？」我指指那個袋子。

她搖搖頭。「對不起，我只剩下這一點了，反正，氯酸鉀在熱和壓力之下很不穩定，用來做火箭燃料太危險了。你爸爸媽媽對『大溪飛彈署』怎麼想？」

「我媽說只要不把自己炸掉就好了。」

她笑笑，然後把我當成拼圖板似上下打量。「你為什麼要造火箭？」

她就像個朋友一樣易於交談。「我想我只是希望能夠進入太空。」我跟她說：「每一次他們在卡納維爾角發射點什麼，我就覺得想幫助他們點什麼。但是我又不能，如果我製作了火箭，」我講不下去了，自己覺得不太合理。她幫我講下去，「如果你有自己的火箭，你就是其中之一，我可以了解，就像寫詩對我一樣，有時候我會寫些詩，我知道寫得很不好，但是它讓我有種與我喜愛的詩人相通的感覺。你懂得我的意思嗎？」

「大概懂吧。」我告訴她。從來沒有老師像她剛才那樣，對我幾乎平等相待，把自己私人生活的任何事情，與我竭誠交談。

她還在對著我笑，在那片刻真讓我感覺到我是她世界上最重要的人，「我也要給你一些忠告，」她說：「不要把自己炸掉，我想要把你留在我的班上，好不好？」

「好！噢，我應該說，是的，老師。」

昆庭在走廊上等我，看到我就問：「她說些什麼？」

「她不肯給我氯酸鉀，說那東西太危險。」

他拍拍我的肩膀，「沒關係，硝酸鉀的性質也大部分相同，它和氯酸鉀有相同數量的氧原子，把硝石和食糖混合，應該會發生我們剛才看到的反應。」

昆庭放下他的手提箱，從裡面抽出化學教科書，他找到那個化學方程式，「硝酸鉀是KNO_3，和氯酸鉀$KClO_3$的差別是硝酸鉀有一個氮原子，氯酸鉀有一個氯原子。」他靠在貯物櫃把反應式抄在紙上。「我想如果把硝石和食糖混合後再加熱，會產生三個氧分子和兩個二氧化碳分子以及一些其他副產物。換言之，產生很多很好的膨脹氣體，那應該是優良的推進劑。」

一回到家，我拿了母親廚房用的量器就往地下室衝。我量了一湯匙的食糖和一湯匙的硝石，倒進咖啡杯裡用木杓調合，打開熱水器煤爐的門，把杯子裡的東西倒進去。結果就像萊莉老師的實驗一樣，發出很熱的火焰，只是我的火焰是粉紅色的，不像她的是青色的。燃燒發出的聲音、強度和持久度，都比我最好的黑色火藥好得多。我高興極了，又用不同的比例來調配，做更多的試驗。

母親正在外面籬笆和夏麗芝太太聊天，突然看到我們的煙囪像小火山似噴出濃煙和火花。她們兩個立刻跑下地下室查看，我剛剛又倒了另外一杯調合物進爐子裡。看到她們下來，我啷一聲關上爐門，對著她們做出最天真無邪的笑臉。「嗨，媽，夏麗芝太太。」

「妳看，愛西，我說桑尼放學回家了嘛。」夏麗芝太太說。

「他回家也不需要用放煙火來通知呀！」母親咆哮。

我告訴她們我在做什麼，如何調配推進劑，如何站後面一點，把混好的推進劑丟進火爐裡。我一步步表演給她們看，夏麗芝太太看見那粉紅色的火花高興的叫起來：「好漂亮啊！」母親則是陰陰看著我。「聽著，桑尼，我再說一次，不要炸掉你自己，聽到了沒有？」

我又做出最誠實的面孔來。「是的，媽，我聽到了。」

當晚我就把食糖和硝酸鉀的混合物裝進箭筒裡，這種粉末太顆粒狀了，我無法在中心開一個洞，只好先把粉倒進去後再輕輕敲實。父親回家時看到我還在地下室。

「這回又是什麼？小傢伙。」

「爸，新的推進劑。」

「如果它爆炸起來，會把這棟房子炸多高？」

「只有三十到六十公分吧。」我說。

「好傢伙。」他說完就走開了。「好傢伙」？我聽了嚇一跳，轉過身去看他走上樓梯。

接著在星期六，大溪飛彈署成員聚集在煤林角做試射，這次測試因為我們對於使用硝石和食糖調配的新推進劑並無任何概念，所以不做宣傳。海雀九號發出響亮的嘶嘶聲衝離地面，但是聲音很快就停了，它噗的一聲跌下來，飛出發射台不到三十公尺高。我們把它撿回觀察室檢查，輕輕敲敲，只掉出一點點碎片，大部分的推進劑都燒掉了，雪曼聞了一下說：「像糖的味道。」

「火箭糖！」奧德爾接口叫起來，於是新的推進劑有了新名稱。

「看來它有足分的推力，只是太快燒光了。」昆庭說：「在箭筒裡鬆鬆壓一下是不夠的，我們需要把它在裡面壓得緊緊的。」

「我可以試試加點郵票膠水弄濕它，下一次試試看。」我提出了建議。

「食糖太容易溶解了。」昆庭說，又咬咬他薄薄的下唇。「可能很久都乾不了。你可以試試，桑尼，但是當然要到發射場來證明。」

「那是一定的。」我回應。暗自對我們聽來既科學又專業的討論感到高興。

「你們兩個到底在胡說些什麼呀，大概連自己都不知道吧？」洛伊有點著急的問。

他在驟廄事件後發表的聲明，自己已經忘掉了，洛伊還是跟著我們幹。昆庭不理他，但是我笑起來，洛伊也真看出來了：我們的確不知道。

接下去的那個星期六我們又去發射，這次我把硝酸鉀和食糖的混合物弄濕了才灌進箭筒裡。一個新的大溪飛彈署社員也來了，他是我們班上的同學，名叫比利，住在蛇潭坳。有時候也有些男同學表示有興趣參加，但是比利是第一個不斷要求的人。他跑得很快，我很高興讓他參加，因為火箭若照我們的希望射到很遠的話，就需要他那種快跑者幫忙把火箭找回來。比利的功課比我好，如果以此衡量，他是比我能幹多了。

海雀十號坐在發射台上嘶嘶的叫，產生了一些白煙但只夠讓尾翼向上擺一擺。過後我們跑去看，只見流了一地的黑焦糖漿。「我烘了整個星期竟還沒乾。」我趕快向大家解釋。

昆庭搖搖頭說：「我警告過你，食糖很容易溶化的。」

海雀十一號裝著沒有弄潮濕的火箭糖，它發出很好的嘶嘶聲，但是一下子就炸掉了，鋼鐵碎片在我們頭上呼嘯而過，而我們在觀察室裡臥倒在地。昆庭說：「我推測是推進劑瓦解了。」

鋼製的箭筒像被剝開的香蕉皮。昆庭繼續他的推論：「在火箭向上升的時候，鬆動的推進劑跌落到底部，使得一下子有太多推進劑同時燃燒起來。」

「噴嘴大概也被堵塞住了。」比利說。他第一次參與就能做出這種觀察算是很不錯的。

我們回過頭來看看第一個火箭，那流出來的黑糊已經結成硬塊，我用棍子把它挖起來。「這可不像會跌落到底部的東西。」

「但是那些是已經熔化過的。」雪曼提出探討：「不知道這還能不能燃燒？」

試試看吧，我們放了一片在發射台，用火柴點燃，它炸了起來變成一團火焰。雪曼把我們每個人想的說了出來。「如果我們先把火箭糖烤熔，然後才灌進箭筒是不是好些？」

這次我猶疑了，自從我們開始製作火箭以來，我第一次有這種感覺。「我不能同意，各位，這種做法似乎是要把腦袋炸掉的方法。」我說。

大家圍住我，看來既關心又愛護似的。「也許我們可以非常小心……」比利先說。

「每次只做一點點。」雪曼接口說。

「哎，你們這些傢伙，是我在做耶！」我說：「這樣子會把我的臉炸沒了。」

「我們來幫你忙。」洛伊說。

「我去做一個防護面罩，有擋板和各種東西。」奧德爾說，眼睛張得大大的好像已經看見那面罩了。

「不行，」我說：「那簡直是瘋了。」

我們站成一圈，腳踏著煤渣。「我還是覺得要做。」洛伊緩緩的說。

「你想怎麼樣，昆庭？」我問他。

昆庭聳聳肩。「這完全由你決定，桑尼。這是向未知邁出一步。我保證，但是，該死的，我知道那會是很好的推進劑。」

接下來那週的一個晚上，洛伊、雪曼和我去看翟克的屋頂望遠鏡。航太總署發射了一個十七公斤的先鋒一號上月球，我們很興奮看到美國第一次嘗試登陸月球。我們知道不可能看得到那小小的目標，只是覺得到屋頂上會接近它一點。先鋒一號走了九萬六千公里，還不足行程的四分之一，就失去動力掉了下來，在地球的大氣層中燒毀。

報上說先鋒一號是個失敗，但是對我們這些在煤林鎮俱樂部屋頂上的煤礦工之子而言，它不是失敗。翟克爬下梯子回去房間之後，我們三人還留在屋頂談論月球可能像什麼樣子，偶爾也用望遠鏡上望一眼，只不過為了萬一有了什麼變化。

事實上，已經發生變化了。因為我們已經用心靈去月球看過了。我們驅駛小小的太空船，超越它的能力所及，快速飛過月球那些崢嶸的山脈，越過那些由太初爆炸所造成各種形狀的怪異地形。讚賞那些巨大的洞穴、黝黑的低原和崎嶇的山巔。我深信，有一天我們會去到那裡，這個我們不是僅指人類，而是我們，在這個屋頂上的男孩，只要我們有足夠的知識和足夠的勇氣。這促使我在這屋頂上下定決心，我們要冒險熔化硝石和食糖。

第11章 火箭糖

一個星期六的早晨，我進行架設電力線的工作，用延長線從地下室的電源開始，沿地下室的樓梯上來拉到後院，經過籬笆到後面的小巷，再繞過車庫到外側的一張舊野餐桌為止。奧德爾用垃圾箱回收的透明塑膠板為大家做防護面罩，他把方形的塑膠板用膠布黏在棒球帽的硬緣上，戴上帽子，塑膠板就垂在我們的臉孔前。我穿著水兵短呢大衣和厚棉手套，拿了母親的小電爐和鍋子，那本來是放在廚房的壁櫃裡，用完我就會擺回去，我想她不會知道。

電爐發出橙黃色的亮光，我開始灑下一點硝石粉。他們幾個人都躲在後面，我默默祈禱這東西不會炸到我的臉。粉化成幾滴液體後一下就揮發掉了。我膽子大起來，取了一湯匙的硝石倒進鍋裡，再用一把木長杓在鍋裡攪動，又熔成一池很清的液體。也穿戴棒球帽防護罩、大衣和手套的奧德爾走過來倒進更多硝石，一直到產生了兩公分深的液體在鍋裡冒蒸汽。「現在加入食糖。」我的聲音嘶啞，懼怕使我喉嚨乾燥。

奧德爾後仰著身體把一點點食糖摻進鍋子裡，除了糖粒很快溶解掉之外，沒有別的事情發生，接著一股如香草巧克力的清甜味從鍋裡飄起。他的膽子更大了，又倒進更多食糖。我繼續攪拌鍋裡的東西，直到成為乳白色的黏膠狀。

「要死了，」洛伊放下心來吸一口氣，「它居然沒有爆炸。」

「不要詛咒。」我罵他，汗流到我的眼睛裡，「快禱告。」

雪曼也戴上他那頂面罩帽，將一個海雀空殼倒放在桌子上，「我們要找個漏斗。」

洛伊匆匆跑回廚房亂翻我母親的廚櫃，正巧被母親捉住。「嗨，希坎姆太太，」他露出無辜的笑臉說：「桑尼要我來找漏斗。」

她狐疑的望著他。「我只知道在車庫裡有一個，是他爸爸用來換別克的機油的。」然後她又看到旁邊的電力延長線，「你們這班男孩子又在出些什麼花樣？」

「嗯，在熔化火箭燃料。」

母親拿著漏斗也跑到車庫外面來。「聞起來像巧克力糖漿。」她用鼻子對著那鍋混合物吸了一下說。她一來我們都僵住了。「幹嘛？繼續呀，」她叫著：「繼續做你們的工作呀！」

洛伊很禮貌的從母親手上接過漏斗。再把它插在海雀的箭筒上。我拿起鍋子小心傾倒，火箭糖慢慢流出來。但是稠漿在漏斗裡面卡住流不下去，把漏斗也裝滿了。母親急忙跑進車庫，拿了一根從舊掃把上扯下來的草稈。「用這個！」說著就往漏斗裡面戳。

「媽！」我大聲叫起來，洛伊把她的手擋回去。如果這些東西燒起來，她連我們這種可憐的小面罩都沒有。

洛伊把母親請回去車庫，奧德爾拿了那根草稈去戳，果然有用，稠漿漸漸流進箭筒裡面了。「用玻璃棒應該會好得多。」雪曼提出意見作為將來的參考。

箭筒只有半滿，於是我把鍋子放回電爐上打算再做一些。這是個大錯誤，因為鍋底有已經乾掉的薄薄一層混合物，一放在電爐，「砰」一聲就炸起來了。

「嘩！」我們統統向後跌倒，鍋子飛上了天。後巷裡有一股像印第安人烽煙一樣的白花花濃煙冉冉升起。

前往上班的礦工都駐足觀望，「嗨，愛西。妳在教孩子做菜嗎？」

母親瞇起眼睛，「你們滾去做工去。這些孩子一點都不傻，他們是科學家。我說滾！」那些人笑著走開了，我們留下來單獨面對母親。我身上的每塊肌肉都在說「跑」，他們幾個的步子也已邁出一半，只不過身體還是紋風不動。母親撿起燻黑的鍋子，想了一下。「我想如果你做完這東西之後先洗一洗，就不會爆炸了。」我想向她說明一切，她把手舉起來阻止我，「把這張桌子搬開一點，太靠近車庫了，你會把你爸爸的別克燒掉的。」她又看著我說：「去買一個新鍋子還我。」

她把我們一個一個盯著看，「我已經說得不想說了，別把自己炸掉。」

「我會把每個細節像寫食譜那樣寫下來。」我試著向她保證。「在熔第二鍋之前，先洗鍋子，並且把每樣東西都弄乾淨。」

「這東西能使火箭飛得高些嗎？」母親問我們。

我們相互看看，真正如何我們還不知道呢，「或許吧。」我也只能如此說了。

有一天晚上，通常那個時父親會坐在電視機前的安樂椅上小睡，他打開我的房門進來。我正無所事事在紙上亂畫，設計飛上月球的火箭。其實我有一大堆作業還未作完。他說：「你媽媽告訴我，你有意要當工程師。」

「我不知道工程師要做什麼，」我說：「我只知道我要做火箭就是了。」

「比火箭更需要工程師的事情很多。」他起先有點暴躁，然後控制住，聲音也緩和下來，他撿起我亂畫的紙頭大概看一看。「如果你考慮當工程師，必須先看看一個人要做什麼事來謀生。」他把我的圖放回桌上，環視房間一周。我想這是他第一次這麼做吧。在衣櫃頂上我擺了兩個海雀箭筒，他凝視了它們一陣子。他說：「在卡納維爾角那邊他們做那些火箭玩意兒，只不過是為了嚇唬蘇聯人，那可燒掉納稅人不少鈔票，真正的工程師是生產東西來幫公司賺錢的。」

「是的，爸爸。」我想就同意他的說法，也許他會快快離開。

「我要帶你去看看工程師做的實際工作。」

接著他把計畫告訴我，那是再好不過的事情了，我驚訝的對他張開嘴。「真的？」我有點振奮起來，他從來沒有要求哥哥做這種事情。

「真的，」他說：「該是你了解這個鎮是幹什麼的時候了。」

再一次發射的時候，巴西爾帶了筆記本來拚命的寫，他上回那篇文章的反應非常熱烈，所以決定把我們的故事寫成專欄。這次人們受他的文章和我們的告示所吸引，來了五十位觀眾。我希望不讓他們失望。火箭的設計和製作都已經相當標準化了，但是熔化的火箭糖究竟會表現得如何，則是完全未知。海雀十二號已經安坐在發射台上，我害怕它會爆炸，昆庭認為一定會。「在我們找到正確的配方以前，至少還要發射三次用這種方法填藥的火箭。」他預測。雪曼過去路邊向觀眾再三請求他們必須靠後一點，並且站到車子或卡車後面。巴克和幾個美式足球隊員也來了，他們散開站著，顯得悶悶不樂。

除了美式足球隊員之外，觀眾都興高采烈，有些高聲呼叫：「大溪，加油。」就和美式足球比賽一樣，接著，當我們升起大溪飛彈署的旗幟時，他們竟唱起學校的戰歌來：「起來、起來、綠和白，今晚表現我們的氣概，抱緊球向底線衝，大溪健兒跑得快……」

我以前不知道接受這首歌的歡呼會有怎麼樣的感覺，現在我喜歡這種感覺。唱完之後，一些年輕的女孩子學起啦啦隊歡呼：「加油，火箭小子加油！」巴克和那些美式足球員受不了，上車走掉了。

這也是我們第一次使用電熱點火系統，我把電線碰一下汽車電瓶（這是奧德爾從瓦爾市一家廢汽車場免費要來的舊電瓶），海雀十二號就自發射台射出，然後稍微偏向朝發射場下方飛去。昆庭從碉堡跑出來去操弄他的新發明，他稱那東西為經緯儀。他把一隻量角規倒轉過來裝在掃把桿子的頂端，旁邊有一根筆直的小木棍可以繞著一枚小釘子轉動，掃把桿的底端插在地上，他單腳跪下，眼睛瞄著小木棍對準升空的火箭。火箭射出的尾煙在明亮無雲的藍空中顯得分外的白。在海雀升至最高點時，昆庭看看直尺指出量角規上的角度，大聲唸出來，同時拿夾在耳朵上的鉛筆寫在紙上。如果他的經緯儀有效，那麼我們就可用三角學計算出火箭的高度。

海雀十二號飛到頂點開始往下墜的時候，尾巴仍然冒出衝勁十足的濃煙，甚至觸到地面後還一直在冒煙，我們在觀眾的歡呼聲中急忙跑到火箭那裡看著它把火箭糖燒光。我一看就知道是什麼原因，「噴嘴飛掉了，」我告訴他們：「一定是被強力噴氣吹走的。」

我們仔細檢查，發現燒銲部分依然完整，但是噴嘴的中央被侵蝕掉了。昆庭走過來跟我們說：「三百四十八步。」他用腳步測距離，走完了最後一步後說。「我以每步八十五公分來計算，那應該是，」他很快的心算，「二百九十六公尺。」他打開翟克那本三角教科書，用手指順著書底的函數表查。「在這裡，正切四十度的函數值是零點八四，算它是零點八好了，乘以二百九十一……」

昆庭繼續用心算來計算，我們大家焦急等待，他很快就算好了。「兩百三十七公尺！」

奧德爾「哇！」一聲又在棄土場上跳起舞來。

海雀十三號跟前一個一樣自發射台奮力向上衝，但是這種火箭糖實在太熱了，火箭噴出大股濃煙，稍微傾斜的迅速飛上天空。它掉下來時隱沒在濃密的樹林裡，我們聽見它打到樹枝的聲音，一顆大橡樹搖著金黃色的樹葉，像在向我們招手，「火箭在這裡，快來拿回去。」奧德爾太興奮了，他把昆庭的經緯儀碰倒在地，以致我們無法測得高度，但它顯然沒有海雀十二號飛得那麼高。我們找到了火箭，噴嘴是完全燒光了。「我想那噴嘴大概承受不了它的高溫。」比利說。

我仔細研究噴嘴，「你猜怎麼回事，我覺得它好像是被侵蝕掉的。」我說。

「劇烈氧化！」昆庭說，把手指彈了一下。「桑尼，好傢伙，你太靈光了，一定是的，我早該想到了。就如萊莉老師上課時講的，熱和一股過量的氧氣，完全有道理。各位先生，我們現需要的是能抗熱和抗氧化的材料。」

我們撿回火箭從山上下來的時候，觀眾都已經離開了，但是巴克和那群美式足球隊員卻跑了回來，正在用換輪胎的鐵扳手，把我們觀察室的木板一片一片敲下來。

我們大叫一聲衝向他們。

「來吧，你們這些白痴妹子！」巴克漲紅臉大叫。

我們完全不是對手，但是不能就這樣走開呀。我從地上撿起石頭，其他幾個也跟著撿石頭，一起像陣雨似扔過去。大部分都沒有打中，不過至少使他們躲了一躲。他們向我們衝鋒，我們知道這下完蛋了。然而一陣汽車喇叭聲，泰格的老爺車一直開到我們棄土場上來。我們火箭小子和美式足球小子統統停下不動，泰格慢吞吞跨出車子，把警佐帽子向腦袋後面一推。「孩子們，你們在幹什麼呀？」他拖長了聲音問。

「沒什麼。」我說，並不打算去告巴克，煤林鎮的小子是不告狀的。「我們只是清掃發射場。」

星期日早晨，父親為了避免麻煩，要我假裝睡過頭，這是他計畫中的一部分。母親推開我的房門。「起來，要不然你要趕不上主日學校了。」

我打算撒謊，我想這是為了她好。「做了好多功課弄得我累死了，我今天不去好不好，就這麼一回。」

「你要當異教徒，我又能怎麼樣？」她轉身離開我的房間，開始大聲催哥哥快點從浴室出來，開車送她上教堂。他從裡面應她說他只進去了兩分鐘，我猜他進去了至少一個鐘頭。

母親和哥哥去了教堂之後，我立刻走去堆棧，父親在那裡等我，我興奮得有點發抖。在煤林鎮住了一輩子，從未去過父親現在要帶我去的地方，他要帶我進礦坑！由於他只帶我，而不帶哥哥，使我在整個星期中愈想愈覺得這件事對我很重要。進了他辦公室時，他小心的注視我說：「關於這件事，你沒有跟你媽提過一個字吧？」

「沒有，爸爸！」我大聲又驕傲的說。

「好極了，出來之後我把你洗乾淨，她會一點都看不出來。」

父親計畫中的這一部分我深感懷疑，但我還是高興的和他配合，終究他比我了解母親。「過來這邊。」他招招手，桌上有一張攤開的礦區地層圖。他指著圖上一條橫跨全圖的彎曲黑紋說：「這片是第四號波加公主地層，是世界上最純最好的軟煤層。我畫上這幾條線代表我們的礦坑自營運以來開闢的坑道。」他又打開抽屜拿出另一張圖。「這張是標準的地層側面圖，煤層上面那層很硬的頁岩我們稱為『吊石』。下面的石頭我們稱為『基石』。採礦工程師必須要懂得如何支撐吊石不讓它陷下，以及如何清除基石不受它阻擋。」

「從事礦坑內的工程需要豐富的經驗和小心的計算。」父親一邊說一邊往我眼中搜索，我想他在尋求代表了解的眼神。「在那種坑頂之下工作的人，全靠採礦工程師從頭開始把事情做得絕對正確，不像你們那些玩火箭的傢伙，那些瘋狂的德國科學家，只是先把一些東西往上扔，再看到底做得對不對。」

我壓制自己不去回應父親的指控，讓他繼續講解下去。他說我們煤礦公司採用分段制度，每一段是二十七公尺長，二十三公尺寬。以四個段為一組，從段與段間打通，將礦和砂石移走，然後把連續採礦機開進去，分段把礦挖出來，一直到每段剩下四點五公尺見方為止。剩餘的段塊叫做礦柱，最後還是要挖走。這裡的每一個步驟，都要計算出所要使用的頂閂、支柱、框架等的詳細分布，才能把坑頂的石塊撐住。

接著父親開講他最喜歡的題目：礦坑內的空氣流通。「如果空氣停止流通，烷氣就會從煤塊滲出而逐漸增加濃度。」父親說，「一個小火花就會使整個礦爆炸起來。為了防止這種事情發生，我們使用加壓系統。用風扇加壓使礦裡面的氣壓略高於外面的氣壓，烷氣就從排氣管被驅趕出來。」

「您設計這些東西嗎？」我問他。

「很大的一部分是我設計的。」他回答著，又看看圖。

講到這裡我有點搞糊塗了。「那您是工程師囉？」

他拿起一把計算尺玩弄。「我不是，工程師要擁有學位的。」

我決定試用哈茨菲老師教過的演繹法來推論。「翟克．莫斯比是工程師，對不對？」

「對的。」

「採煤礦的事你比他懂得多很多。」

「這也是事實。」

我聳聳肩說：「那麼你就是工程師啦，對不對？」

父親搖搖頭說：「桑尼，你必須要有大學的文憑才能成為工程師。我沒有文憑，那就是說我永遠都不能成為工程師。」他看著我，試探的說：「但是你能。」

我不知道該說什麼，就沒有回答，只是繼續看著那些圖。「這些圖滿有趣的。」我認真的說。

父親帶我到浴室打開他的貯物櫃，從裡面拿出套身衣、硬頭靴、白色的領班安全盔，和工具皮帶叫我穿戴好。我們走到乘人吊車前面時，他教我把電池包扣在皮帶上，把電燈裝在頭盔上。在電燈裝上後，頭盔變得有點重，我把它挪動一下直到覺得舒服一點。父親誇讚我，又重新調整我的安全盔，然後調整我的皮帶，把皮帶環端端正正擺在前面，電池放在右臀上。我覺得像軍隊的服裝檢查。「你現在像個礦場領班了，」他再挑剔的看一看後說：「咱們走吧！」

操控員把籠子的門推向一邊，於是我生平第一次踏上這個木頭地板的吊車。當我還是個小男孩時，常常注視礦工下降到黑暗之中，現在輪到我啦！我感到心跳加速。地板的板縫間隙很大，我可以看到腳底下是個無底深坑，剎那間我感到即將墜入深淵的恐懼。通知吊車即將下降的三響鈴聲響起時，我深深吸了一口氣，轂轆吱吱聲叫起來，吊車下降得很快，把我的胃抬到喉嚨上來了。我捉住父親的手臂，但很快又覺得難為情而放開，他倒沒說什麼。我看著我們吊車穿過的堅硬岩石。豎井是用人力挖出來的，但我想像不出他們是怎麼挖的，我們幾個男孩子在煤林角挖開一小塊地來造觀察室，都要花一整天的功夫才挖好。

燈光開始從地板隙縫間穿進來，頭上井口那四方形的天光現在縮成了小小的星光。我們已經被大地吞噬，我還未能體會出我是否喜歡。我想起泰格在井底動彈不得，拒絕走出吊車的故事，現在我很能了解他那時候的恐懼心態。

接近井底的時候，吊車緩慢下來，抽搐了幾下之後，停在一個岩石平台上，我扭亮了頭盔燈，看見有幾個人在平台上等候，杜邦納先生正巧在其中。他很意外看到了我。「荷默，雇了新人嗎？他需要加入工會喔！」

「桑尼打算做採礦工程師，」父親頂回去：「他是擁公司派。」

「好哇，好哇。」杜邦納很顯然沒勁的回答：「那不是很了不起嗎？」

我們的周圍都是灰色堅硬的石牆，讓我幾乎懷疑是在某星球上，身旁不再有熟悉的一切事物：樹木、天空、高山。空氣也有像濕火藥的異味。在右邊有一排路軌，上面有一個黃色的大電動車頭和幾節車廂。我可看到向左邊連接的坑道內，有一間混凝土做的小房子，螢光燈所發出的藍光自小房子的窗口射出，並且有嘶嘶聲和白熱閃光，那表示裡面正在做電銲，父親看到我望著裡頭。「我們在這裡設一個小小的機具房，不必把要修的裝備全送上去，可以節省很多時間。」

「白考夫斯基先生在這裡工作嗎？」我好奇的問。

父親搖搖他的硬頭靴說：「艾克不做技工了，桑尼，他現在是裝載工，很好的裝載工。」然後他開始往前。「走啊，我們坐車過去。」

父親帶我到他們稱為「客車」的掛車上去，那是矮殼的鋼皮車，裡面有兩張面對面的鐵椅子。父親和我鑽進去面向前方並排坐下。他拍拍車頂通知韋佛先生可以開車了，客車搖搖擺擺開進像是無盡頭的黑色隧道中。父親說我們是在「主線」上。走了二十分鐘，鐵軌在我們下面卡啦作響，頂住坑頂石塊的木柱在我們旁邊朦朧中有如地下森林的灰暗樹幹。走直線時車頭隆隆聲的在軌道上衝，客車噠噠聲的震動，我可以聞到電動馬達發燙的氣味。每到轉彎的地方，韋佛先生就會踩下煞車，車頭和我們客車的鋼輪又會吱吱作響，像成千頭豬遭折磨的叫聲。我要用雙手捉住腿旁的鐵椅，在轉彎時才不至於摔倒。

在高速進行中，有時候會看見坑道支線裡面礦工的頭燈閃閃，黑暗中無法分辨他們在做什塵，父親回應我的詢問，說他們是在做「灑塵」的工作：把岩石粉到處噴灑，可以壓下爆炸性的煤塵與空氣的混合體。經過一段時間，我認識到礦坑不是我想像中陰冷、潮濕、骯髒的地方，裡面的空氣冷而乾燥。當我們停下來讓一列載煤列車通過的時候，我看到長長的坑道兩旁，岩石中的石英片閃爍得有如布滿了鑽石。

我不禁想起有一次父親帶了一些水晶回家，放在廚房的桌子上送給母親，旁邊放了一張卡片，上面寫著：「妳一直想要鑽石，但是我只能給妳這些，我願它們是真的。」翌日早晨，母親留了一張紙條在桌子上給父親：「我從來沒有要鑽石，我僅是要一點你的時間，現在，時間仍然是我所要的。」但是，我知道她沒有甩掉父親的鑽石。我在她的抽屜裡找紙頭的時候看到過那些水晶和紙條。

客車一停下來父親就跳出來。「今天我們在礦面有作業，」他說：「我要讓你看看。」我爬出來之後，一站起身安全盔就猛碰坑頂，幾乎把我擊倒在地，我搖晃了一下，看看我碰到的堅硬板岩，上面每隔幾公尺就有敲進去的鋼門。父親根本不理會我的困難，頭也不回快步走開。我跟著他走，頭盔碰到坑頂發出陣陣痛苦的頓音，每當我以為找到了步調，立刻頭又碰到坑頂。有一回我重重碰到一個頂架，跌了個四腳朝天背著地，頭盔也撞飛了，幸好掛在腰上的電瓶有電線與頭燈相連才找回頭盔。等我把頭盔戴好，父親轉過一個彎不見了。我只能看見遠遠的石壁上反射出他跳動的微光，我急急趕上去，頭盔仍然不斷碰到坑頂，頸上產生強烈的痙攣疼痛。不久他遠遠走在我前面，根本不必再想追得上他了。我有點驚慌，萬一我迷失了怎辦？萬一我的頭燈熄滅，我就永遠失蹤了。

然後我聽見一陣噪音，就像整個礦被撕開來，我想趕緊逃，但是逃去哪裡呢？又轉過一個角，看到一部嚇人的大機器，側面緊拴著一些探照燈，那機器正在撕裂一堵煤牆。父親站在旁邊注視它工作，看見我就招手叫我過去。

「這就是連續採礦機！」在隆隆聲中他叫著說。在我看來，它比較像某種偉大的史前動物。一部梭車衝刺過來，父親把我拉開不致擋路。梭車有兩把像螃蟹的大鉗子把連續採礦機挖下來的煤從後面掃進車裡。我想起白考夫斯基先生就是被指派來操作這種梭車，於是走近看看是不是他，可是這位操作員是寇克先生，婉達的爸爸。婉達是我後面一班的女孩，有很好的嗓子，是學校合唱團的成員。寇克先生把梭車裝滿就開去鐵軌那邊把煤塊轉載到等候的煤車裡。

噪音震耳欲聾，父親對著我的耳朵喊，解釋我所看見的東西，礦工正在一個「段」上剝下煤塊，一直剝到剩下一根「礦柱」。「工程師要研究礦柱上面的岩石，如果上面的重量過分集中於一塊岩石上，就有可能發生崩塌。上一回發生崩塌時，把一台梭車壓得粉碎。」

寇克先生把梭車又開回來，我仔細瞧了一瞧，想像有多大的力量會把這台機器壓得粉碎。才想問問父親當時那位操作員怎麼樣了，就被他打斷思緒。「桑尼，這才是真正的工程！」他一邊喊叫，一邊用手指著周遭繁忙的工作現場。

這個工作組的領班看到我們就走過來，在白色安全盔下面的黑臉孔原來是羅伯舅舅，「荷默，桑尼，」他說，然後疑惑的看了我一陣。「愛西好嗎？」

「很好，羅伯，她很好。」父親漫不經心的說。

「她知道桑尼下坑來嗎？」

「我不會帶他去不安全的地方，」父親說：「這才是比較重要。」

「我不相信他的媽媽會同意你，」羅伯舅舅很和氣的說，挑起一邊的眉毛。

「愛西那邊就不勞你操心了。」父親堅定的說。

父親和舅舅開始討論他們的工作，我走向旁邊找個好一點的角度看連續採礦機和梭車表演挖煤組曲舞。羅伯舅舅走過來拉開我說：「站在這兒不行。」他手上有一枝將近一公尺長的木棍，說著就用木棍向坑頂戳了一下，一塊有稜角的大石頭咚一聲掉下來，重重砸在我剛才站的地方。我一跳開，頭盔又撞了一記坑頂，脖子痛得要命，羅伯舅舅笑起來。「桑尼，在下面工作，每分每秒你都要用腦子想。」

我站到羅伯舅舅指的地方，在一根頂門的下面繼續觀察。然後父親帶我回去客車。當客車沿主線回程的時候，我回想剛才所見到的種種事物，急於想告訴我那些朋友。但是我又想到不能告訴他們，因為這是祕密。我要想個辦法又能保守祕密又能告訴他們。父親突然說起話來。他說：「我喜歡這煤礦，我喜歡礦場的一切，喜歡太陽出來之前就起床，走上小徑到堆棧來。我愛看著上下班交接，看著人們群集在吊車前面，準備下坑工作。」

我一邊聽著，一邊感到訝異。不是對於他所說的事情，而是對於他跟我分享這些感觸覺得訝異，我覺得我長大了，我感到驕傲。父親脫下安全盔，用手揉揉前額，又搔搔頭盔壓住的部分頭髮。他開始再講話時，我全心捕捉他說的每一個字，彷彿那是他丟給我的一個個金幣。「我喜歡到礦面去，我每天都去，即使我不必如此。在那裡我可以看到當天的工作計畫是否正在進行。這些工作幾天之前我在腦中已經看過，我看過連續採礦機將會如何削下煤塊，裝載梭車走什麼路線，坑頂閂鐵如何打入岩石，何處會積聚烷氣，領班在哪裡應該使用安全燈測試等等。當我來到礦面，那一切都變成真實，只要一眼看見它們，我就感到極大的滿足。」父親說。

我凝視著他的臉孔，從我頭燈發射出來的狹窄光線照在父親的臉上，有如舞台的聚光燈，父親因此看起來有如表演中的演員。他說：「每天，我和范戴克先生以及他手下的工程師開會，雖然我沒有文憑，但是我知道得比他們多，因為我已經去礦面看過，而他們都還沒有。我已經搭乘客車一直到盡頭，又步行回來一直走到礦尾廢土堆，一路用臉來感受空氣的壓力。我知道這個礦坑就像熟知一個人那樣，任何差錯我都可以預感到，即使資料上說那沒問題。這裡頭每天都有事情必須完成。因為不做完這些事，就可能有人受傷，或者公司所承諾的產量無法達成。煤碳是我們國家的生命線，我們要是垮了，鋼鐵就會垮，我們的國家也跟著垮。」

他頭燈上的光線現在照進我眼裡。「桑尼，世界上沒有人比得上礦工。他們是好人，是強人，是最最完善的人。我認為不管你一生從事什麼工作，無論你去哪裡或者認識什麼人，你將碰不到這麼好、這麼強的人。」

他轉過頭，用頭燈向一個叉口照一照，那邊的人好像知道是他經過，自黑暗中也用頭燈照射回來。他繼續說：「你是我的兒子，我生下來就是煤礦事業的領導者，也許你應該也是。」

「你是我的兒子。」我在黑暗中回味這句話，絲毫不覺得不好意思。

客車到達豎井底之後，父親帶我到吊車門邊。豎井的地下比坑的主層地下還低，籠子就停在我們下方。他撳了一下銅鈕，鈴聲響了一聲後籠子就升了上來。他又撳了兩聲我們隨即走進籠子。那小小混凝土房子裡出來一個人，他見父親點點頭，就撳了三次鈴，我們開始順當的上升。距離井底大約十公尺的時候，突然吊車停止不動，我有點擔心的看看周圍，尖削的岩石彷彿擠向我們，向上看還是只有一小點白花花的陽光。我看到先前沒有注意到的細節，那是一列鐵梯。我指出來問父親，他告訴我那鐵梯是從井口一直落到井底。從籠子到鐵梯之間有相當的隔縫，要過去得先克服陷入下面深淵的恐懼。想到我們可能要爬過去，不免心跳加速手心冒汗。「別擔心，」父親大概感覺到我有點緊張，「他們大概只是給吊索加潤滑油。」

我們安靜的站了好一陣子。「你對於這個礦坑有什麼想法？」父親終於問出來。

我知道他想從我口中聽到什麼，也很想照他的意思說出來，可是我也不願意騙他。我想了一下，決定還是採用一種模稜兩可的說法，近年來我用這招來對付母親還滿有效的。「我學到很多。」我說，然後就此打住。

我愚弄母親很容易，對父親就不行了。其中的差別是她常常覺得我的說詞很幽默，而他卻一點都沒有這種感覺。「我是問你要不要做採礦工程師？」他追問我：「你如果要，我會出錢讓你上學。」

我小心琢磨我的回答：「我想做工程師。」

說。

「做採礦工程師？」他逼著不放。

他把我逼向死角，我別無選擇只好老實告訴他：「爸，我要去替馮布朗博士工作。」

他毫不掩飾失望。「你應該去問問白考夫斯基關於那個逃脫掉的該死的德國人。」他憤憤的說。

「您說什麼？」

「老天爺，你還不知道白考夫斯基是猶太人嗎？」父親帶著責罵的口吻說：「他會告訴你那個姓馮布朗的德國王八蛋該被捉來吊死。」

吊車跳動了一下又重新開始上升，我呆呆看著岩石滑過。這次我真把事情弄砸了，父親不止對我生氣，我知道我還讓他十分傷心。他這樣講馮布朗博士和白考夫斯基先生又是什麼意思呢？每樣事情都是我的錯。我知道父親這樣做是做何打算，我也知道我不可能接受他的意見，那我幹嘛還要跟他下來呢？我有時候真是個笨蛋，這點倒是無可懷疑的。

我們逐漸接近地面，從山上下來的寒冷新鮮空氣吹進井裡，我打了一個寒顫。地面浮現在我們眼前，同時出現在吊車門邊的是我的母親，她仍然穿著上教堂的衣服。一群灑岩石灰的工人站在她的身旁，他們輪流看著父親和我。母親盯著我看，我想我的臉一定非常骯髒，眼眶畫上了煤眼圈，套身衣也染黑了。最叫我吃驚的是她竟然流下眼淚來了。那群工人看到了也往後退了一步，有幾個還脫下頭盔，摸著頭低頭看著腳，好像不好意思看著母親流淚。父親想要安撫她，「不要這樣，愛西，妳把他們嚇壞了。」他一邊說著一邊打開吊車的門。

「媽，一切都沒問題啦。」我說，我的胃都要翻過來了。我們大概就要在上帝和眾人面前開始一場家庭辯論了。我無法想像比這更加難堪的事情。

「他想當採礦工程師嘛！」父親倔強的說。

母親的眼淚好像立刻乾掉了，有如被吸回眼裡一般，「等我死了再說。」一股從她內心深處發出來的聲音。

父親把我向前一推，不高興的說：「去淋個浴。」他環視一下那些工人，他們仍然統統低著頭，看起來一個模樣，「這不關你們的事！」

「愛西，妳今天見到鬼啦？」父親嘿了一聲，伸手去挽她的手臂。

她躲開他，「這礦坑害死了你，但它不能害死我的孩子！」

「妳怎麼講這種無聊話？」

「黑點，有一個銅板那麼大，」母親說著，用手戳他的胸部，「就在這裡右邊！」她又重重戳了他一下。

父親似笑非笑呵呵兩聲，彎身捉起一把煤塵，往上甩入空中，然後深深吸了一口。「這東西像母親的奶一樣，使我成長茁壯。」

母親看著煤塵在父親的身旁落下，有些也吹到她的面孔，沾上她臉上的化妝品，但是她不躲開。她轉過身大步踏進浴室來找我，害那些赤身裸體的礦工急忙找毛巾圍上。她一把捉住我的手臂，咆哮著說：「你回家去洗。」我們出來的時候，杜邦納先生向她碰碰帽子致意，但是只換來她狠狠一瞪。前面那些灑岩石灰的工人趕緊散開讓路。只有父親手上拿著頭盔，站在那兒不動，一語未發看我們走過。從堆棧回去的小徑上，一路走下來，我隱然覺得他的目光射入我的後腦。

第12章 機械工

回家之後，我下去實驗室看了一下，發覺母親把廚房用具統統拿回去了，只剩下一個炸壞了的火箭糖煎鍋。對付生氣的母親，我可是經驗豐富、十拿九穩，最好的方法是立即爭取憐憫。於是我馬上跑到廚房找她，低頭站在她面前，「媽，非常非常對不起。」眼睛向上翻，偷偷看她對這道歉有什麼反應。

她對我不屑的瞥一眼，繼續攪拌爐子上的一鍋豆子。「首先，你騙了我，還選在星期天來撒謊。」她說。

「我不知道我在想些什麼。」我說，並且使喉嚨擠出一點很後悔的聲音。

「想什麼？我看你根本沒有在想什麼。」她一邊斥責，一邊憤怒的用力攪拌。

「很對不起。」

以她那樣攪拌，一整鍋豆子都要變成布丁了。她停止了攪拌，丟一條圍裙給我。「你不能垂頭喪氣在廚房繞來繞去而不找點事情做。看到流理檯上的牛腰沒有？拿去煮給貓吃。」

我把圍裙繫好，很感激能夠在她面前做點事情。「你繼續攪拌這鍋豆子，」母親又說：「不可以黏住鍋底，我要去客廳像洛克菲勒家族的成員那樣架起腿來看電視。」

「是的，媽媽。」我還是裝得很可憐，其實心裡已經不覺得可憐，還高興得很，因為母親已經訂下饒恕的條件，而且條件相當寬鬆。我煮貓吃的牛腰，臭得我直要憋住氣。我繼續攪拌豆子，其實它已不必攪拌了。阿菊在我腿上摩挲，流氓在外面聞到味道也喵嗚的求著要進來。這些內臟聞起來像燒尿，但兩隻貓吃得津津有味，同時也取悅了母親。我去地下室打開一罐狗食給丹弟和柏蒂。接著又到後院子灑些種子餵鳥，在野餐桌旁丟一些不新鮮的萵苣和胡蘿蔔給野兔子，再到側門看看小快活是不是快活，牠正在麥道夫先生做的轉輪裡翹起短尾巴快跑。每次從母親附近經過時，我都故意把聲音弄得吵一點，讓她知道我還在認真幫她做事。終於她不看電視了，轉過頭對我說：「我已把你的火箭工具洗乾淨，放在紙箱裡。」

「謝謝您，媽媽。」

母親裝著不笑，「好了，你忙夠啦，也諂媚夠啦。不必太過分啦。不過，桑尼，」

「什麼事，媽？」

她的表情變得嚴肅，「如果你再下礦坑的話，我會從杉木箱子裡翻出外公的手槍把你當場打死。」

這倒是件新聞，我從來不知道她的杉木箱子裡有手槍，不過我相信她說的是真話。如果真是外公的手槍，我想一定是那種大的古老手槍，她要用雙手握槍把才能舉得起來，而且子彈會有胡桃核那麼大。

據洛伊從他母親那兒聽來，籬笆通訊網已經將我父親與母親在吊車前的紛爭消息高高興興傳遍了，大家都靜待希坎姆家庭肥皂劇的下一集。哥哥覺得很沒面子，那天從校車下來走回家的路上，他又一次降低身分跟我講話，不過他是建議我最好從這個世界上自動消失，或者做點類似的事情。

哥哥的頭腦簡單，我只要用言語的匕首向他的要害刺下去，再一扭就解決了。我做出假惺惺關心他的樣子說：「我總是好奇，到底你是因為沒有美式足球打而發胖呢？還是因為每天晚上把整個冰箱吃掉而發胖？」哥哥爆炸起來要揍我，不過他還是控制住了，因為如果在大街上欺侮我，會讓他更沒面子。

雖然我不在乎哥哥，對付母親又有歷經時間證明的有效辦法，可是父親就不是那麼回事了。以前我常讓他失望，但不是這樣直接刺傷他的自尊心。我一直想跟他說些什麼，可是總想不出說什麼才好。況且他也不給我任何機會，他整天在礦場裡，回家時我已經睡了，等我起床時，他又已經去上班。我擔心父親的健康，但並不十分放在心上。

製作火箭幫助我學到不同的思維方法。火箭的設計和製造有很多的東西要記要做，必須要把這些東西在腦子裡整理就緒。我學到把製作一枚海雀的全部過程分門別類，把它們依照重要性和先後次序逐項存貯在腦子裡的許多抽屜中，然後記住在什麼時間該開哪一個抽屜。我把這心得告訴昆庭，他將這些稱為對問題的「層次分析法」，並稱讚了我一番。「我一直認為會發生這種事的，製作火箭會使我們在各方面都產生意想不到的改變，譬如你學到了有秩序的思考方法。我當初認識你時，絕對沒想到你有這種可能。」

昆庭的這番表述在我聽來是稱讚。以目前來說，我既然無法對父親怎麼樣，就暫時關上他的那個抽屜。但是有一件事，時刻縈繞在我的心頭揮之不去的，是父親在吊車裡跟我講關於白考夫斯基先生的事情。這個抽屜一直打開著，需要有人幫我關上才行。

白考夫斯基的家裡沒有電話，於是我放學後走到他們家去拜訪。白考夫斯基太太開門，看見是我就有點蹙起眉頭。她是個瘦長的女人，有一張蒼白和單薄的面孔和凹陷的雙頰。她的棕色頭髮短而直，下緣參差不齊，像是不在乎好壞而自己動手隨便剪剪。母親說白考夫斯基太太看來總有點孤僻。「我先生正在小睡，礦面的工作把他累壞了。」

我脫口說出我很抱歉害他換工作。「我想那倒是不成問題，桑尼，」她說，聲音也比較溫和一些。「反而這樣薪水還多一點。」

她邀我進去之後，請我在客廳的沙發上坐，就自己上樓去了。房內有很重的玉米麵包和豆子氣味，這是煤林鎮的特產。沙發旁的小桌上有一副閱讀眼鏡和一本書，我就近一看是本叫《噴泉之源》的小說，我沒有聽說過。沙發對面有一台裝在黑色座櫃上的電視機，櫃子上面有一張嵌在鏡框中的全家福相片。白考夫斯基家的女兒愛莎兒在中間坐在輪椅上，她的頭垂下碰到肩膀。她母親站在左邊，父親站在右邊，三個人臉上都沒有笑容。

等了一陣之後，白考夫斯基先生從樓梯走下來到客廳裡，伸伸懶腰又拉拉肩上的吊褲帶。「哈囉，小伙子。」他笑著和我打招呼，他的太太在他安樂椅旁邊的小茶几擺了一個碟子和一杯冒氣的熱茶，她問我要喝點什麼，我說不需要，她就走進廚房裡去了。他注意到我剛才看著電視機上面的相片，他說：「希望有一天，我們可以把愛莎兒接回家來，她就可以和你一起上學了。」

「我也希望有這一天，先生。」我說。事實上愛莎兒在一、二年級的時候就弄得大家不得安寧了，令我覺得自己可恥的是，她離開班上的時候，我曾經高興過。通常她在自己的位置靜靜坐著，茫然對著老師看，不然就是頭垂到手臂上。有時候她會突然全身抽搐，發出呼嚕嚕的怪聲，把桌上的書本紙筆統統推到地上。老師會耐心的等她發作完，再隨便指派一個男生把東西撿起來放回桌子上。我們每個人都要聚精會神照著老師寫在黑板的字母依樣畫葫蘆，她只要畫得三分像個字就能博得老師讚許。二年級那學年快要結束的時候，她有一次發作得很嚴重，坐她前面的那個男生被她吐了一身，她從坐位上跌倒在地，並且開始發生呼吸困難。校長萊肯先生急忙跑進教室扶她起來，拉出她的舌頭，拿一捲筆記簿紙塞在兩排牙齒間。我們這些小孩都害怕的躲在牆邊，醫生趕到學校後，她就被送上救護車帶走了，從此沒有再來上學。

「你有什麼事情要找我，桑尼？」白考夫斯基先生問我，把我從回憶愛莎兒的往事中叫了回來。

我深深吸一口氣後，把進礦坑的事情告訴了他，把父親批評馮布朗和白考夫斯基先生是猶太人等所有的話都搬給他聽，「我爸爸說我應該來請教您，關於馮布朗博士替德國人做事的看法。」我不敢提起「納粹」這名稱，因為我意識到這個名稱對他是個詛咒。

白考夫斯基先生聽完了不說話，先把杯子放回碟子上，在靜靜的房間裡，杯子碰撞的聲音特別清脆。「這件事情很難說。」他慢條斯理的說，像是很難集中思緒來想這個問題，又用手指輕輕彈著沙發的靠手。他仍然很小心緩慢的說：「你那位馮布朗博士，他曾經幫助過惡魔，應當受世人譴責。」他把嘴吧閉成一條直線，跟著又說：「世界上也有人談寬恕和贖罪，」他蹙蹙眉搖搖頭，「但要談這些要請猶太拉比來談，可是他住在藍野市，不在這裡。」他又喝一口茶，細細思考。「桑尼，請你聽著和記住，現在和你說話的是個非常無足輕重的人。」

白考夫斯基於是跟我談些人是會改變的，又我們如何可以學會原諒，縱然我們可能永遠不會忘記。「桑尼，那不是你的罪過，那是馮布朗博士的罪過。如果你想讚美他今天的成就，而來要求我的准許，你並不需如此做。」

白考夫斯基太太從廚房裡插口說：「也許只不過是某一個父親妒嫉某一個火箭專家罷了。」

「瑪麗！」白考夫斯基先生勸誡他太太。

「您認為我爸爸妒嫉馮布朗嗎？」我對著廚房喊。

「我想我太太不過提出這種可能性而已。」白考夫斯基先生說，並向著廚房搖搖頭，轉回頭來又問我：「近來你的火箭有些什麼進展了？」很明顯他已經不願意再談馮布朗了。

我也想改變話題，「我們已經有一次射到二百五十公尺高了，下一次一定可以超過三百公尺，保證沒問題。」

「那好極了，機器加工呢，有沒有繼續練習？」

「很少練習，我想我們還需要多上幾次課。」我順便談談火箭噴嘴遭侵蝕的問題，以及昆庭和我已經有了解決的方法，但是我們沒有那種機器加工的本事。

「我會去和佛洛談談，只要開一張小小的工作單就可以做得漂漂亮亮的啦。」

「您真願意幫我們去講嗎？我可不要又給您招惹麻煩。」

白考夫斯基先生聳聳肩表示請放心。「佛洛要交換東西的喔，你準備好和他交換嗎？」

「準備得比上回稍微好一點。」我說，想起上回奧德爾和我跑去要屋頂鐵皮的事情。

接下來那星期有一天，昆庭搭校車到煤林鎮來，我們去大機器廠，佛洛先生正在辦公室。「是呀，白考夫斯基告訴我說你們要來，」他說著向後一靠，把雙腿架在辦公桌上，「告訴我，你們想要些什麼？」

我告訴他我們要一種耐熱、耐壓，而且抗氧化的特殊鋼鐵來做火箭的噴嘴。

「這樣說大概它也要厚一些才行。」佛洛先生說。他為了好玩，把一枝鉛筆放在嘴唇上，手放開而將頭晃來晃去平衡它，不讓它滑下來。

「是的，先生。」我有點被他這把戲催眠，也跟著說：「要厚一點，至少大概要二公分半厚，並在中心鑽洞。」

「SAE一〇二〇鋼條應該夠好了。」他拿下鉛筆敲敲前額，然後把鉛筆夾在耳朵上面，眼睛看著天花板。「它有很高的熔點，不錯的抗拉強度。可是這材料很貴，鑽孔和加工都很費時。來，跟我來。」

昆庭和我跟他穿過工廠，機械工在他們的鑽床、銑床、和車床旁邊忙碌的工作，他們看到我們時，都會停下來向我們笑笑，叫一聲「嗨，火箭小子！」在嗡嗡的機器聲中，他們之間的互相交談只是靠做做嘴形。佛洛先生走到一張工作檯拿起螺紋絞和攻牙桿。「我建議你在那東西上面加上螺紋來鎖上去，那東西，你們叫它什麼？」他問我。

「叫做噴嘴。」我說。

「上端的開口也需要有一種機制來封住。」昆庭說。

佛洛先生不解的望望我。「我們需要一個頂蓋。」我把昆庭的話轉譯。

佛洛先生點點頭，從工作檯上拿一張紙，又從耳朵上拿下鉛筆。有幾位機械工走過來伸頭看看，笑起來問：「老闆，我們也參加製作火箭了嗎？」

佛洛先生把鉛筆交給我，「把你們要的東西畫出來。」

我畫兩條平行直線代表箭筒，筒頂畫個蓋子，筒底畫個噴嘴，噴嘴中心畫個小孔，大約有噴嘴的三分之一那麼大。佛洛先生看了一下我的傑作，他說：「桑尼，如果你要工廠做東西，一定要拿出工程圖來，我們不單要側面圖，也要頂視圖，還要在頂蓋和噴嘴上標明尺寸。我給你一張工程圖的樣式，你想你能照那方式畫出來嗎？」

「是的，我能。」我說。除了贏取桃樂絲的芳心仍然束手無策之外，別的事情我已有自信，只要花得功夫深，我都可以手到擒來。

我們又回到佛洛先生的辦公室，他在桌子後面的椅子坐下來，昆庭和我仍然站著。「桑尼，你知道我家嗎？」

「每逢下雨我家後面就變成一個泥水坑。」他向後一靠，又將雙手扳住他的頭後面，「我要在那裡鋪些砂石。」

換言之，用砂石來交換材料和加工。砂石和煤林鎮任何材料一樣，只有我父親能夠供應。我畫好了火箭的工程圖之後，就到礦場去找父親。我一走進他辦公室他就問我：「聽說你去找白考夫斯基談過了？你又去拜訪過佛洛了？你還滿會鑽的嘛！」

我奇怪任何事情我一做，他馬上就會知道。我說：「爸，我非常需要您的幫忙。」

「你要砂石，我知道。」然後他搖搖頭說：「佛洛為這件事盯了我幾個星期了，我不會給的，你也想都不必想了。」

「您要我做什麼才會給嘛？」

「什麼都不必。你手上拿的是什麼東西？」

我把工程圖攤開給他看，有箭身、噴嘴和頂蓋。他細看了一下說：「畫得不錯。」又點點頭。「但是箭身管壁的厚度也應當標示出來。」他教我如何畫個箭頭，如何標示尺寸，以及一些圖記符號。

「謝謝您，爸爸。」我說。

「回去吧，我還有事要做呢。」

我捲起了工程圖，再追問：「那些砂石呢？」

他瞪著我說：「你就是不死心！」

「媽說那是拉芬德家的遺傳。」

父親把左邊的眉毛豎得高高的。「老天爺，那是希坎姆家的遺傳！」

我意識到機會來了。「爸爸，那天您帶我下礦坑，我非常抱歉發生那些事情。」

「你的血管裡流著採礦的血液，小傢伙，」他聳聳肩說：「遲早你會自己發覺的。」

「我還是想替馮布朗博士工作。」

他點點頭，「等著瞧吧。」

「那些砂石？」

他嘆口氣說：「等著瞧吧！」

第二天，第一部兩噸半的卡車滿載著砂石開到佛洛先生家的後面，隨後又來了兩部，我很聰明的不去找父親道謝。有些人為善不欲人知，那我就假裝不知道，不必去揭穿這善事。我也以為機器廠那邊一樣把東西做好等我去拿，沒想到去到那裡大為失望，根本還沒有動工。佛洛先生說剛巧鋼管缺貨，「堆棧那邊機具房會有。」他沒有絲毫道歉的意思，反而給我出這樣的主意。

「可是你答應過給我的呀！」我向他抗議。

「我家前面涼台要用些木板，」他簡直得寸進尺。「涼台有些地方腐爛掉了。」

兩天之後，我家後門外的一個角落上，靠著一根鋼管和一些零碎的鋼條，我問都不問就拿走，仍然裝作不知道有人為善。如果父親不願意承認幫助我，我為什麼要去拆穿他呢？

我們的最新設計，海雀十四號終於做好了，佛洛先生在機器廠裡交給我們。幾個做這件產品的機械工圍著昆庭和我。昆庭掂了掂它的分量說：「我擔心推進劑與空箭筒間的重量比不足，我已歸納出這兩者的重量比必須大於某一參數。」

「他說火箭太重了。」我把昆庭的意思直述出來，並拿火箭來試試，的確很重。再把頂蓋和噴嘴裝上，更是沒剩下多少地方裝推進劑了，而且還有鼻錐和尾翼，重量不止於此。我懷疑火箭糖連把這麼重的小火箭推離地面的力量都沒有。

「如今解決之道為增加箭筒的體積，而重量則只做微量增加。」昆庭進一步提出意見。

「他認為需要做長一點。」我又再轉譯。

名叫克林頓．凱登的機械工舉手說：「老闆，交給我做。」

佛洛先生點頭同意。「克林頓，就由你包了。」

克林頓是很有見地的人，他不必商量就把火箭加到七十五公分長，看來相當大，大概要一鍋半的火箭糖才能填滿它的肚子。我向萊莉老師借來玻璃棒，趁火箭糖還軟的時候插進去，開出一條孔道來。

接下來一個週末，煤林角上狂風呼呼的吹，火箭在發射台上站不住，我擔心火箭會被掃倒。奧德爾曾在大機器廠後面棄物堆裡撿到一根一百八十公分長的鐵桿，雪曼和比利去把鐵桿插進發射台旁邊的煤渣地上，我們用小麻繩纏繞住火箭的頸子和尾巴，再把繩子套進鐵桿上。佛洛先生和他的機械工冒著刺骨的冷風來參觀，翟克和杜邦納先生也來了。「大概有用，」翟克指著我們自製的導射桿說：「韓戰時，我的翅膀底下就有條短短的軌道，它可以導引火箭直射出去。」

「聽說你去拜訪白考夫斯基了。」杜邦納先生說：「然後去看佛洛，接著又去找你爸爸要材料，你可是到處跑遍了。」

我只是聳聳肩，反正他已經統統知道了。

「有些在工會大廳聊天的人談起來，想知道劉易士對美國礦工聯盟的會員幫忙造火箭這回事有何看法。」

這些話聽來令人很不舒服，杜邦納先生是有權阻止機械工幫我做火箭的。我擔心工會與管理之間洶湧的暗潮會衝擊到我們。「您想他會怎麼說，先生？」我緊張的問。

他哈哈大笑起來，「我現在就可以看到他的粗眉毛在跳舞。他會很高興，也許會組織一個美國採礦暨火箭工人聯盟。」

我們把翟克和杜邦納先生請入觀察室，請機械工躲在他們的汽車後面。海雀十四號開始發射，它從發射台上衝起，順著鐵桿自轉一圈，就脫離鐵桿進入天空。昆庭跑出觀察室，架起經緯儀追蹤火箭，雪曼也離開觀察室做飛行紀錄。火箭在天空自行偏轉一個小角度朝火箭山的方向繼續爬升，那是我們至今最好的一枚火箭了。到它變成藍空中的一個白點時，這個白點畫了一道圓弧向地下俯衝，隱入火箭山上高高的山脊中。我們立刻出發，紛紛向山上跑，比利跑在最前面，他不但跑得快，鼻子也最靈敏，很準確的朝火箭糖燒焦的氣味追蹤，整整一個小時後，我們找到了海雀十四號，可也累慘了，一路上爬過許多大石頭把我們的手腳磨得傷痕累累。火箭頭先著地，砸中方圓九十公尺內唯一的突出岩石。鼻錐變成木屑，箭筒也略為彎曲，至少噴嘴還算完整，裡頭有點侵蝕，總算抵抗住氧化。昆庭終於喘著氣站在我的身旁，他用兩手撐著膝蓋，彎著腰拚命吸氣，我幫他打開翟克的三角教科書翻到三角函數表。他稍微心算一下，「九百公尺！」

過了一個星期，那些機械工打電話叫我去機器廠，給我看他們花自己的時間做的一枚火箭。它如上次同樣的設計，但是又加長了十五公分，是個九十公分的長傢伙，還把頂蓋和噴嘴絞上螺紋，可以旋緊和打開。頸部和尾部又都附上環圈，用以套住導射桿上，我衷心感激的接受下來。我招來我的團隊，拿出電爐、煎鍋來煮火箭糖餵飽它。到了週末，海雀十五號在機械工的喝采聲中順利升空。但是它不如海雀十四號升得高，只有上次高度的一半。機械工還是覺得很過癮，昆庭和我卻悶悶不樂，整個星期都在苦思高度減小的原因。

「我們也許已經達到火箭糖的最大能力了。」昆庭說：「每種推進劑大概都各有其量和力的均衡點吧！」

「我們必須做更多的試驗，那是必然的。」我說。

昆庭的臉泛起光彩，我們一致同意再接再勵。「好小子，雖然我曾經擔心過你會洩氣，可是我還是認為你有很強的求知慾。就像這一次你還是堅持再試下去。那麼，參加今年的科學展覽好不好？」

「我們還沒有準備好呢，」我說：「我們還是要有書來參考，不然我們根本是胡說八道。」

昆庭聳聳肩說：「如果我們繼續不斷有進展，說不定都可以自己著書了。」

大溪高中軍樂隊裡女生與男生的人數是四比一。美式足球隊還沒有被取消資格的時候，球員可以很容易獲得軍樂隊裡女生的芳心，但是軍樂隊的男生比較容易接近她們。一九五八年秋季我們學校沒有美式足球比賽，軍樂隊還是經常旅行，應同郡的許多市鎮之邀，假日裡去參加他們的遊行。八十位軍樂隊員和樂器需要兩部巴士乘載，搭乘樂隊巴士的經驗是十分愉快的，尤其是當表演完畢駛回學校途中，在黑暗中坐在巴士裡，雖然疲倦卻很快樂。一些幸運的男生和他們傾慕的女生雙雙對對躲在後面親熱，更令人羨妒。桃樂絲在軍樂隊吹奏薩克斯風，每次搭巴士都會坐我旁邊，有時會把頭枕在我的肩上，我卻像木頭一樣不敢稍動，深怕稍動一塊肌肉都會驚醒她那天使般的安眠。

軍樂隊員喜歡在黑暗裡輕聲低唱，車廂裡由於眾人的身體在散熱而十分溫暖。我們愛唱的一首曲子叫作「告訴我為什麼」：

告訴我星兒為何閃亮，
告訴我蔓籐為何高攀，
告訴我大海為何湛藍，
然後我將輕訴
為何我愛你。

我記得桃樂絲的頭在我肩上挪動，嘴裡喃喃的傾訴：

因為天神使星兒發亮，
因為天神讓蔓籐爬攀，
因為天神把大海染藍，
因為天神賜給我你，
所以我愛你。

她在說些什麼？是一些只能在夢中說的真心話嗎？我希望是的，至少我願意這樣相信。「我也愛妳」聲音輕得我自己也聽不見。可是我的心仍因自己的輕狂而跳動不已。巴士輕輕的搖，車廂裡充滿了夢。

十一月底有一天上完第一節課後，我鼓足了勇氣去邀請桃樂絲和我參加聖誕盛會。「我真希望我能夠，」她很難過的說：「今年夏天跟我一起玩的那個男孩先邀我了，而且我已經答應他。」

我知道那個男孩子是威爾市的一個大學生。桃樂絲曾經把他的事情統統告訴了我，「可是妳說他對妳無禮呀，」我提出抗議：「妳怎麼又答應跟他出去呢？」

「可是，我在知道他是怎樣的一個人之前就已經答應他了呀！」她這樣子解釋實在叫人無法接受。

「那樣妳還是要跟他去參加聖誕盛會？」

「我已經跟他說過我願意去，就不能收回承諾。」她嘆口氣說：「但是我會想念你的，桑尼，我會的。」

後來，我看到洛伊，他也去了那個盛會。我忍不住問他在舞會裡有沒有見到桃樂絲。「有啊，我見到她啦！」絲毫不理會到我的焦急。

「她是不是，呃，她像不像很快樂的樣子？」

他看都不看我。「你要我說什麼嘛？」

「要說實情呀！」

洛伊放手搭在我的肩上，「她幾乎要把那傢伙吃下去了！」

一九五八年老天沒有賜給我們銀色聖誕，卻是冷得刺骨，對一個座落在幾十億噸世界上最優良的煙煤之上的小鎮而言，取暖不是問題。母親如往年一樣，把鎮上最大的聖誕樹買回家，哥哥和我奮力把它弄進房子裡。母親連一寸都不願放棄，我們只好把它斜斜的頂住天花板。父親回到家裡，一言不發就搬了梯子把樹梢鋸掉六十公分，母親很不滿意他的手藝，說他把一棵漂亮的樹修成灌木。我們把樹裝飾好之後，阿菊和流氓立刻把燈泡扯到牠們伸出爪就搆得著的高度。

聖誕節早晨，母親到我房裡坐在我的床邊，交給我一個很大的牛皮信封，裡面裝的是什麼我絲毫沒有概念，我馬上打開來看，發現是馮布朗博士的一張簽名照片和他親筆寫的私人短函，我簡直樂昏了，不敢相信我手上拿的東西是真的。他恭賀我在製作火箭上的成就，勸勉我努力讀書，將來也會在太空領域中占一席之地。短函的結尾是這樣寫的：「只要你下的功夫夠深，要做什麼都必能成功。」

我看看相片，又看看信，看完信又看相片，輪流的看，還是無法相信我懷裡的東西是這位偉人親手觸摸過的。「媽，您怎麼會……」

母親笑笑，我想她十分自傲，「我寫信把你的事情告訴他，我猜他應該願意知道什麼人正在下功夫準備幫他製造火箭。」

我挽住母親的脖子親熱擁抱她，把她跟我自己都嚇了一跳。這真是從來沒有過的精采禮物，在聖誕假期的剩餘日子裡，我再三閱讀那封短函，甚至還拿給哥哥看。但是他宣稱他沒有聽說過馮布朗這個名字。我請父親也讀讀那封信，他說他會，但是他始終沒有讀。

聖誕假期結束後的頭一天，我帶了馮布朗的相片和短函上學，在大禮堂吃中飯的時候拿出來給昆庭看。昆庭用手指輕輕撫摸，像是觸碰一件聖物一樣。「哇，棒透了。」他輕聲且敬畏的說。

第13章 一本火箭書

正月的一個晚上，老天開始降雪了，起先只是稀稀疏疏，不久大片雪花飄下來。我爬上床之前，聽見大夜班工人踩著深雪的腳步聲，我走到窗前看看外面，雪花飛舞得把路人都遮擋得看不見。

第二天清晨，我被汽車雪鏈拖過雪地的聲音吵醒，望望外面，只見一片雪白，前院、馬路、加油站、背後的山，一路望上去淨是蓋上了白雪，只有堆棧和吊車因為豎井內冒出蒸汽的緣故，仍然保持灰黑色的原貌。我穿上牛仔褲、襯衫和毛衣，匆匆下樓到廚房去聽消息，母親已經把收音機調到本地電台WELC。播音員韋蘭尼很高興終於看到大雪，不過他說大家出門還是要小心。不對，他怎麼沒有提到學校停課？我一走到餐桌旁哥哥就站了起來，他說今天最好放一天假讓大家去玩雪橇，然後跑上樓躲進浴室去了。我急忙吞下熱巧克力和吐司麵包，上樓把家庭作業夾進筆記本裡，下樓後把筆記本和書籍紮好拴在樓梯的扶手上，進去客廳看幾分鐘嘉樂威主持的「今日秀」，並沒聽到什麼關於太空競賽的消息。我捉起那捆書本跑出前門，母親在後面緊追，一手護著晨褸的衣襟，一手拿著我的午餐紙袋，冒著嚴寒追到校車車門口。傑克狠狠盯我一眼，「又遲到啦，希坎姆小弟。」然後跟母親打招呼：「愛西，早安，好啊？」

「嗨，傑克，如果我能使桑尼每天早晨的動作快些，我就會比較好些。」她不好意思的對他笑笑。

校車在鎮上的街道穿過時，我看到一些婦女出來前院剷煤，用手推車把煤推進房子去燒溫暖早晨牌熱氣爐。她們大多都光著腿，舊羊毛大衣的下襬露出各種顏色鮮豔的睡衣。那是景氣好時，礦工最愛買來送給妻子的聖誕禮物。我想起母親常喜歡講給人家聽的一件糗事：她和父親新婚的時候，也住在那邊鎮上的房子，有一次就像這樣子下了大雪之後，她到室外的煤窖取煤，身上只穿著聖誕禮物的睡衣。不巧正遇到一群礦工經過那裡去上班，他們自然就停下來七嘴八舌。

「愛西，天氣冷啊，趕快叫荷默給妳買件大衣吧！」歐拉利先生故作同情的說。

「他呀，應該買件最好的。」拉森先生跟著說，裝作生氣的樣子，可是眼珠都突出來了。

「啊，荷默那小子。」沙瓦多先生說。他又把幾個指頭放在唇上吻一下。「他好幸運，好幸運啊！」

母親拖起手推車急忙跑回家去，卻在門口滑了一跤，跌個四腳朝天。她那雙粉紅色的絨毛拖鞋飛到天外，幸虧地上有厚雪墊住，背才不致受傷。可是那些礦工一看，紛紛跳過籬笆要扶她起來，她叫他們不許過來，誰也不准向前走一步。她說她沒事，卻是動也不敢動，因為一動就穿幫。如果她要爬起身來，就會暴露更多，那是任何男人，甚至連我父親都不許看的。於是她坐在那裡讓雪漸漸融化，催促礦工趕快走開，但是他們偏偏給予遠超過必要的關心，頻頻問她是否真的沒受傷。礦工終於離開了，母親立刻迅速跑進屋，整天都難為情得沒有再跨出大門一步。父親放工回到家裡，發覺暖氣爐冷冰冰的。他打開爐門，看到裡面淨是冷灰。「妳怎麼沒在爐子裡燒火呀？」他詰問她：「我累了一天了，回家後希望看到爐子裡面有東西在燒呢！」

「你要看見有東西在燒嗎？」

「當然要呀！」

「好的，」母親跑上樓去，抱著她整套的聖誕睡衣和拖鞋下來，一起塞進暖氣爐裡面，點上火燒起來。

「好過一點了吧。」她問道。

母親的故事說到這裡，如果父親剛巧在場的話，他總會接著說燒那種東西使家裡臭了好多天。母親說第二年我們的宿舍就裝上了壁爐，是我們那排宿舍的第一個。

校車在新營盤和後車站又接上來十幾個學生。洛伊也在那裡上車，他一上來就搭上貌不驚人的琳達來練習他的演說作業。到了六洞口，上來了讓全車男生立刻清醒的卡洛塔，大家張大眼睛看她側身穿過走道。她穿一件緊身毛衣，外面是短夾克。她真的不是很美，胖胖的孩子臉上還長滿了青春痘，頭髮也亂得打結。不過光是她那忸怩作態和香水氣味就使小男生心臟狂跳。洛伊側過身來跟我輕咬耳朵：「星條旗！」我忍不住大笑起來。那是我們用來形容醜而有魔鬼身材的女孩子所用的促狹話，是引用一首詩裡面的一段：「將國旗覆蓋她的臉，星條旗，舉世無雙！」那句話對女孩子太殘酷了，真是很不應該。卡洛塔找不到座位，就站在我面前，她的圓屁股離我的臉只有幾公分。我覺得很窘就站起來讓她坐。洛伊在後面也站起來附在我耳朵旁說：「你這樣有禮貌是不是想揩她的油？小心別讓親愛的桃樂絲捉到了，她可會吃醋的喔。」

傑克從後照鏡看到我們這些無聊舉動，大吼一聲：「小希坎姆，你想要再被攆出去嗎？不要嗎？那快到前面來，快！」我從瞌睡連連的人堆裡穿擠到前面，遵照傑克的指示坐在踏階上。傑克換上一檔，慢慢爬一小段直的陡坡，再過去就是上煤林山的第一個轉彎。

在這雪中的山路上，第五個轉彎處特別危險。那裡的路面斜向一個三十公尺深的懸崖，車子如果滑下去，可是連一棵擋住它的樹都沒有。傑克把車子停下來。「每個人都要下車，」他命令大家：「走過這個轉彎，到前面的直路等我，書包留在車裡。」

隨後車子通過小賽車場，穿越凱列塔鎮，經過那兒煤礦的礦頭，就開始爬上瓦爾山。在山頂上又遇到一個不很安全的彎口，傑克再叫我們下車走路過去。如此歷經艱險的雪地行車，到學校已經晚一小時了。透納校長在學校大門等我們。「按照課程表的課到教室去，」他說：「筆記向同學借來抄，趕快！」

化學課上課之前，萊莉老師叫我過去，「我有點東西要給你，你回家之前來見我。」一整天大家都興奮的玩雪，再加上學校提早一小時放學，我早就把老師叫我去的事情忘記了，一直到校車走到半路才記起來。

繼續下了整晚的雪。次晨，醒來時覺得特別靜謐，窗外沒有汽車來往的聲音，只有礦工上下班的腳步聲。收音機中，韋蘭尼說學校仍然上課，只是校車停開，換句話說，徒步上學的學生仍然要去學校，我們就享受一天雪假。

我難得到客廳享受一番，把今日秀節目整個看完。突然瞥見弗烈在窗外玩雪球，把雪球砸到我家客廳的玻璃窗上。奧德爾和洛伊也帶了雪橇和弗烈在一起。「出來嘛！」奧德爾看見我看到他們，又揮手又喊叫，興奮得很。「我們要去大溪高中，從來沒有人用雪橇去過，我們是破紀錄的頭一個。」

「我們要滑雪橇到大溪去。」我說。

「好，別凍死就好了。」母親喝下一口咖啡才回應我說。

我找出雪橇往門外一丟，就到樓上房間多穿上一條牛仔褲，加上一件厚內衣，外面再加一件粗毛線衣，腳穿兩隻襪子、膠雨靴，在門口又抄件羊毛厚大衣，但就是沒帶帽子。西維吉尼亞州的男孩子不作興戴帽子，只有在舞會裡戴一種插上羽毛的黑軟帽。母親看到我不戴帽子，把我叫回來，塞給我一頂毛線織的滑雪帽。「如果不戴上這個，你的腦子會結冰。」她說，然後站在門口向他們招招手，「你們統統發神經病了？」

「是的，伯母。」他們高興的齊聲叫道：「跟我們一起去吧！」

「這輩子算了。」母親回答他們。我接過帽子，當著她的面戴上，她一進門我就脫掉，塞進大衣口袋裡。我們過了馬路到加油站等裝上雪鏈的車子，因為輪胎上加了雪鏈才能上山。路上裝上雪鏈的車子不多。過了一會兒才有一部進加油站來，要開往煤林山去。於是洛伊第一個用手抓住汽車的後保險槓，趴在雪橇上，兩腳伸出橇外。然後一個接一個，像一串鏈條一樣，後面的人抓住前面人的腳，我是最後一環。車子慢慢把我們拖上公司的商店六洞口，我們下車繼續徒步上山。

路上鋪滿新雪。我們是最先踏上去的，走在上面不致很滑，沒花多大的勁就走到山頂了。過了山頂之後我們就坐上雪橇滑下去，我們並不完全沿公路滑，在凹下去的彎道我們飛過去，在雙重迴路的地方我們橫切過去，一路學瑞士人「咿唷、咿唷」的呼聲，一下子就滑過小賽車場，抵達凱列塔鎮。在鎮上的教堂門口，我們又逮到一部汽車用同樣的方法把我們拖上義大利麵店。在那兒我們看到有一條上山的步行小徑，我們就沿小徑走上瓦爾山頂。沿途看到一些小房子就建在危險的垂直陡坡上，我們就在這些小房子門前踩冰而過，到了山頂之後，不費力的往下滑就到瓦爾市了。大約午餐時分，我們抵達大溪高中，把雪橇往大門旁邊一丟，昂首闊步像剛剛征服世界的英雄走進學校裡。透納校長看見我們，從校長室跑出來說：「你們如果是趕來上課那就錯了。郡督學已經取消下午全部的課。」接著他想想又說：「不過，你們回家之前，先去找任課老師拿家庭作業。」

我跑去萊莉老師的教室，果然她還在裡面。「很對不起，老師，我昨天忘記來見您了。」我的表情必定是很難過的樣子，因為她真的很擔心的看著我。「你是怎麼來的？」我把一路怎麼來的告訴她，她聽我講完之後，捉住我的手。「讓我摸摸你的手。」她說：「哇，像冰一樣，趕快先去餐廳喝杯熱巧克力。」

我照她的話去做，喝完了又回來見她。她打開抽屜拿出來一本書，看起來像教科書的樣子，有紅色的封面。「我昨天才收到的，」她說：「布萊森小姐和我終於查到了，就訂來給你。拿去吧！」

布萊森小姐是我們的圖書管理員。我拿起書來看看封面，鑲了金邊的黑色粗體字，寫著我最嚮往的名字：《導向飛彈設計原理》。我隨手翻開到目錄，看看章節的名稱，都是些玄奧的標題：飛彈空氣動力學、風洞與彈道試驗場、應用於推進的動力理論，以及通過噴嘴的流動等等。

然後看到一章有一個我夢寐以求的標題：火箭引擎基本理論。這是我看過的書裡最吸引我的標題。

「書裡面有些微積分和微分方程，」萊莉老師說：「你去請教哈茨菲老師，他可以幫你的忙。」

我虔敬的雙手捧書問她：「可以讓我保存一段時間嗎？」

「送給你的，桑尼。你可以保存一輩子。」

那種感覺就像她送了一件上帝才有的寶貝給我。「我不知道該怎樣來謝謝您才好！」我激動得想哭。

「我給你的只是一本書，你還需要有勇氣去學習書裡面的知識。走吧，你可以陪我去我的車子那裡。」說著，她穿上了大衣。

我陪她走上走廊，經過校長室門口時，他看見我們，顯出有點詫異的樣子。我們繼續走到教員停車場，在她的車子旁邊，她捉住我的手臂說：「桑尼，我相信你可以學會書裡的理論，不過可能要花上不少時間。」她又笑一笑。「到時，也許昆庭和我能說服你去參加科學展覽。」

我說：「老師，如果您叫我參加，我就參加。」

「還是要先準備好才行。」她說。

突然間我產生一種感覺，無論任何事情，只要她認為我準備好了，我就相信我是準備好了。離開老師，回到學校大門時，我那幾個同伴帶了雪橇跑過來。「桑尼，走吧，我們去艾蜜麗家玩撲克牌。」我顯得不太熱心，奧德爾加上一句：「桃樂絲也去喔！」洛伊有點不高興的看我一眼。不知道究竟為了什麼，他對我生命中的至愛愈來愈討厭了。

艾蜜麗家在河對面的山腰上，距離我們學校不過幾百公尺，不過路滿陡的。她的父親經營一家很大的廢物收購場，母親在瓦爾小學教三年級。

在這種不知道算不算上學日的特別日子裡，外面的白雪鋪天蓋地，艾蜜麗家的廚房顯得加倍親切、溫暖又好玩。她母親跟大家打個招呼之後就走開了，任由我們自己去玩。我們圍坐在廚房的餐桌上，喝點熱蘋果汁，吃點剛出爐的自製小餅，就一起玩起來。

正如奧德爾向我大力宣傳過的，桃樂絲真的來了，她就坐在我對面，在眾人一起嬉戲中，我大膽正面看著她，發覺她真是絕代美人，好像這才是第一次驚豔似的。她的笑聲似銀鈴，好聽極了。洛伊用手肘輕輕碰我，示意我跟他去客廳。「你就別像個生了心病的小哈巴狗那樣盯著桃樂絲看了好不好？你這副德性會害我得糖尿病的。」

「你在胡說些什麼呀？」

「她不愛你，你是自作多情！」

我真想賞他一拳，可是，我反而衝動的說：「我敢打賭我能讓她吻我。」

「哪年哪月哪日？」

「現在！」

「你敢講大話，」洛伊說：「那我就要看看！」

我們回到人群裡，「桃樂絲，」我的心跳得飛快，喘著氣說：「我跟洛伊打賭，說妳願意吻我。我想請妳現在就吻我。」我的言詞笨拙，本來這樣打賭就是很笨。

桃樂絲的眼睛離開撲克牌，嘴巴微張想了一下，她問我：「你跟他賭什麼呢？」

「沒什麼，只是賭妳願意。」

全桌的人立刻變成最好的觀眾，都不講話看著。桃樂絲瞥了洛伊一眼，洛伊故意翻翻白眼。她放下撲克牌，站起來隔了桌子吻了我的前額。「好了。」她說。

「不好，」洛伊說：「吻在唇上才算數。」

雖然我們沒有說好怎麼樣才算數，不過，我倒也不反對。我殷切望著桃樂絲，我說：「我想他說得對。」

她重重吸了口氣，很不樂意的說：「站起來！」我站了起來，她繞過桌子走來我身邊，輕輕在我嘴唇上啄了一下，「喏，現在高興了吧！」然後就離開廚房。

「桃樂絲！」我叫著追出去。

艾蜜麗忍不住笑著說：「宇宙史上最快速的吻。」

撲克牌遊戲結束了，洛伊、雪曼和奧德爾都穿上大衣準備上路。「走吧，桑尼，再不走天都黑了。」

桃樂絲躲進浴室，關上門一直沒出來。我看了浴室一眼，跟他們說：「你們先走吧，我馬上就來。」他們走了之後，她才從浴室出來，我急忙向她道歉。「都是洛伊，」她恨恨的說：「他真是個小滑頭。」

我獻寶似的把萊莉老師送我的書拿給她看，她拉我坐在沙發上一起打開了，好看得仔細一點。「我也想學微積分，」她說：「我什麼東西都想學，只要我能學得會。」

電話鈴響了，艾蜜麗說是桃樂絲的母親打來的，她現在要出門來接桃樂絲回家。我跟她們到外面去，我的雪橇孤獨的靠在路邊的籬笆。艾蜜麗的母親在門口叫我：「桑尼，那幾個男孩子搭上卡車走了。」

桃樂絲的母親把我接到她們家，那正好是在出城的路上。我在她家門口下車，桃樂絲也下車來。從行李廂把我的雪橇拿出來後，她母親就把汽車駛進車庫。「你沒問題吧？」她關心的問我，大雪又紛紛降下。

「沒問題，一路上會很好玩的。」我裝出一副英雄的樣子。

她四周張望一下，確定她母親沒有再走出來，毫不做作就抱住我親我的嘴，好長的一個吻！

「小心喲，」她的香唇在我耳旁吹氣，「沒有你我不知道要怎麼活呢！」

她進去之後，我依舊陶醉著。有兩部車子經過，我都飄飄然來不及伸手招停。過後就再也沒車子來了。我只好邁開步子走上瓦爾山。才到半山腰，天色已經暗了下來，狂風夾著大雪，眼前一片迷濛，回頭望望山谷，燈光都看不清楚。我記起母親交給我的毛線滑雪帽，趕快掏出來戴上，把已經凍僵了的耳朵蓋上。我把老師給我的書貼在肚皮上，用皮帶勒緊。一路走上坡還頂著風，終於到了山頂，我感激的放下雪橇，沿公路滑下，經過義大利麵店，一直到凱列塔鎮又要開始步行。才走過小賽車場的一半，在直路上強風變成颱風一樣吹得我一再跌倒，冰屑刮在臉上如刀割，眉眼上都沾滿了雪。幾次想回頭，還是倔強的一步一步往前走，那時我還不感到害怕，只是辛苦而已。

但是天已經完全黑下來了，還好可以靠著雪光認路，我繼續推著自己前進，雪太深了，雪橇陷進雪裡不能用，只好挾在腋下。接近煤林山的山頂時，白茫茫的認不出路來，我做了一個錯誤的判斷，踩進路旁的排水溝裡，半個身體陷進雪中。好不容易爬出來，大衣和褲子都已經濕透了。行行復行行，濕褲子把腿凍得像兩根冰棒，濕大衣背在身上像千斤巨石。現在我開始害怕了，但還不至於驚慌。想起健保課時，蓋納教練曾經討論過凍傷的課題，心想我現在全身又凍又濕的，不正是危險極了嗎？我望望路的兩頭，傾耳細聽，希望出現汽車的引擎聲，然而四周是那麼寧靜，除了繼續向前走之外，已經沒有別的選擇了。

總算我又到達山頂，放下雪橇準備滑下山去，沒料到一坐上雪橇，居然雪橇下的滑板連支架一起陷進又深又鬆的雪裡，根本不能滑行。我呻吟著，拾起雪橇往前走，這時四周更是白白一片分辨不出路來，每走一步都要試試下面的虛實，有些路邊沒有護欄，如果不小心踏出去了，滾落懸崖的機會是很大的，要被人發現，要等到春暖雪融的時候了。我盡量維持走在路當中，牙齒直打顫，但還是要繼續往前走。

我全身抖得無法控制，一步沒有走穩又仆倒地上，臉趴在雪堆裡，想好好休息一下，以求恢復體力，突然又驚覺到蓋納教練說過的，在北極探險的人常常因睡過去而凍死掉，他還說那是最沒有痛苦的死法。可是我還不想嘗試，因為我還要造火箭，還要娶桃樂絲為妻。此外，如果我死在這裡，人們會世代相傳我在煤林山上被凍死的故事，會笑我多麼愚蠢，這叫我如何忍受得了？我站起來拖著兩條冰棒腿，突然山邊數百公尺下出現了燈光，來自一棟小木屋門上的一盞光禿禿的燈泡。那看來像是荒廢的小木屋，屋頂僅以一層瀝青紙蓋著。可是我知道裡頭有人，因為通常有人居住的房子，煙囪總有煙冒出來，只是不曉得誰住在這荒郊的山邊。我沒有停止走路，西維吉尼亞州南部的人家是不讓陌生人在晚上侵入的，無論當時的情況如何都不可以。

「嘿，小孩子，這麼晚了在那裡幹嘛？」

我從飛舞的雪花中望過去，看見一個女人把燈籠高舉到頭上看著我。她身穿長大衣，腳蹬膠雨靴。「我正要回家。」我說，嘴巴凍僵了說話模糊不清，臉孔麻木沒有知覺，兩條腿雖然還在身上，卻已經不像是我的了。

「你家在哪兒？」

「煤林鎮。」

「你最好先進來暖一暖，不然你永遠到不了家。」

我還在猶豫，她上前一把揪住我的大衣。「過來，你這小鬼！」

我想想還是聽她的話，跟在她後面走下一條很陡的小徑。她推開一扇自製的木門，領我走進她的房子。房間中央有一個燒著火的老式火爐，上面吊著一個水壺。火爐前面有一張縫上補丁的沙發，向山谷的那面窗子旁邊是一張粗木小桌。「來呀，進來吧！」她看我有點畏怯就催我進去。她脫掉大衣，踢掉雨靴，換上軟拖鞋，然後拿起火爐上的水壺倒了一杯熱水遞給我。燈籠透出來的光線讓我稍微端詳她一下，她穿著花格子襯衫和帆布褲子，一頭又長又直的金髮，瘦削而平凡的面孔看來挺和善的，大約只有三十來歲。「先喝一口黃樟樹皮泡的茶。」她說。

我接過杯子就貪婪的喝起來，熱茶流入腸胃裡的感覺舒適無比。我還在慢慢享受，她卻把我的杯子拿走。「你要把這身濕衣服脫掉，統統脫光，趕快！」

我覺得難為情，不敢在陌生人面前脫衣服。「哎，你算了吧！」她說：「你身上沒有什麼東西我不是看過上千遍的。」

她有一面像舊床單的布簾，用一根棍子穿起掛在房間的角落裡，她指指那布簾我就走去布簾後面脫掉大衣，並把衣服一層層脫掉。我拿起那本書審視後發現並沒有打濕，感到很安慰，別的東西就無所謂了。我把書放在牆邊的矮几上，把濕衣服逐件遞給她。「我把它們掛在火爐旁邊。」她說，突然跑過來拉開布簾。「你沒有脫褲子。」我把雙手交叉擋在胸前。「老天爺，你這小鬼，我不會碰你的，趕快把褲子脫下來給我！」

我只好按下難為情，坐在粗木椅上拉下雨靴，再脫掉褲子。「你看，不是沒有什麼事情嗎？」她笑起來把褲子拿走。「我沒有咬你一口吧！你可以不脫內褲。老天爺，你那褲子真濕，你有沒有凍傷？」

「我的腳趾很痛。」我開始恢復一些知覺。

「那就把襪子也脫了。」她把襪子也排到繩子上，讓我坐在沙發上，自己跪在我面前檢查我的腳。「沒有啦，沒有凍傷。」她說：「不過，也差不多了。」她從箱子裡翻出一件毛衣，是件大得不合她穿的長毛衣，我奇怪她怎麼會有這件衣服。「穿上這個，坐在那邊不要動，再喝點熱茶，就可以把你從裡面暖到外面。你究竟是誰家的孩子？」

我心存感激的坐在火光熊熊的火爐前，沉浸在舒適的溫暖之中。我動動腳趾頭，仍然有點痛，不過似乎是恢復正常之前的隱痛。「我名叫桑尼．希坎姆，我爸爸叫荷默，我媽媽叫愛西，我是他的第二個兒子。」

「你是荷默．希坎姆的兒子？」

她那種不可思議的語氣令我擔心起來，父親有不少敵人，這個女人，或者她丈夫，或者她兄弟，會不會也是其中之一？

「是的，夫人。」我立刻又小心加上一句：「也是愛西．希坎姆的兒子。」

她把椅子拖前，兩腿跨坐在椅子上仔細端詳我。「我認識你爸爸，但是我看不出來。」我身上還只穿著內褲，被她這樣細看使我非常不自在。我縮起身體，把毛衣拉下來擋著膝蓋。「您說什麼？」

「我說我在你的臉上看不出他的樣子。他近來幹些什麼？他好嗎？」

我還以為人人都知道我父親的近況。這是第一次有人問我這個問題。「他還好，很忙，媽媽在聖誕節送給他一把電動刮鬍刀。」

「真的嗎？噢，老天。」

「真的，夫人。」

「他高興嗎？」

我的父親高興嗎？在我揣摩父親的心態時，從來沒有想到過他是高興還是悲傷，我實在不知怎麼回答。「我想他高興吧！」

我的回答雖然很不具體，她似乎還滿意。「那就好，那好極了。我的名字是珍妮娃・愛格斯。」她和我握握手。她的手很瘦，但很溫暖。「很高興認識你，不過我認識你父親多年了。嘿，你要不要吃點吐司？」

不等我回答，她就拿起一口大煎鍋，從爐頂上的一個咖啡罐倒了些培根油到鍋裡，放在火爐上。她把桌上的麵包盒打開，又走去房間另一邊的布簾裡拿出兩個雞蛋，把雞蛋打在大碗裡，用叉子打散，取四片麵包浸在雞蛋內，再拿出來放進鍋子裡煎，這樣子三兩下，整個房間充斥著培根和蛋的美妙香味。

「你爸爸和我從前住在加利鎮的同一個山坳裡。」她一邊煎吐司一邊說：「我從穿尿布的年齡開始，就跟著你爸爸到處玩了。那老山坳裡上上下下的人都受到你爸爸的照顧，他總是關心老人家有沒有煤燒，有沒有按時收到店裡送來的食物。他並不比別人有錢，但他常常救濟別人。」她看看我又說：「他沒有跟你提過我吧，是不是？」

「沒有，夫人。」那是真的，我從來沒有聽說過她。

珍妮娃把法國吐司疊在盤子上，從另外一個罐子澆了些蜂蜜上去。「拿去吃，冷了就不那麼好吃了。」這頓晚餐好吃極了，好像用老式火爐燒出來的東西會特別好吃。吃完之後，我要上廁所。她把燈籠交給我：「穿上雨靴，廁所在後面。」

我很清楚這種戶外廁所。外公退休之後，和外婆搬到維吉尼亞州的阿伯谷。他們住的農舍就是用這種廁所。我踏著珍妮娃在雪徑上的腳印走到底，廁所就在那裡。外面實在太冷了，我匆匆辦完了事就跑回溫暖的小木屋去。我看見我的衣服已經攤在她的小床上。「差不多乾了。」珍妮娃說，又把我的褲子拉直，就走到火爐那邊用背對著我。「你可以穿上了，現在就穿，我不會看你的，不必躲進去了。」

我把燈籠放在地上，穿上了褲子，重新把上衣逐件穿上，這些衣服幾乎全乾了，而且很暖和。我拿起我的火箭書插進勒緊的皮帶裡，抬頭一看，珍妮娃在看著我，也不知道她看了多久了。「非常感謝您的照顧，愛格斯太太。」我靦腆的說。除了母親，從來沒有人看著我穿衣服，甚至母親也好久不這樣做了。

「叫我珍妮娃，寶貝。你會告訴你爸爸你見到我嗎？你會告訴他我把你弄乾，還做了吐司給你吃嗎？」

這是最平常不過的要求了，「當然，夫人，我會的。」

她幫我穿上大衣，「要在你媽媽不在旁邊的時候講，我不想讓你媽媽發生什麼誤會。」

我不知道她指的是什麼誤會，我也不想問清楚，那大概不太禮貌吧。她帶領我走回上面的公路，高舉起燈籠照著我。遠遠從山下傳來大卡車努力爬上來的聲音，輪胎上綁著的雪鏈敲擊著雪地和車子底盤。希望它能成功爬上來，我好利用它一路壓實的輪印來滑雪橇，這樣子我下山就快多了。

「告訴你爸爸，好不好，你答應嗎？」

我點點頭，「好的，夫人，我答應。謝謝您救了我一命。」

「咄、咄、咄，好孩子，別這樣說。」

不久，一部裝滿了煤的大型載重卡車出現了，我向珍妮娃揮揮手，把雪橇放在輪印上，坐上雪橇一直滑下，很快就滑到礦場附近，看見我家才停止滑行。家裡樓下的燈全都打開了，我一踏上涼台，門就自裡頭推開，母親很焦急的從裡面跑出來，卻裝成不焦急的樣子。「不要把雪帶進屋子裡面來。」她先警告，才仔細打量我，從上到下看了一遍之後說：「你看來好像還好嘛！」

父親也到外面來了，手上還拿著報紙。「我正打算開小卡車上山找你呢，小伙子。」

我頓時感到榮耀萬分。「我滑雪橇到大溪，又從大溪滑雪橇回來。」我伸手進大衣拿出那本書。「您看，萊莉老師送給我的書。」說著就把書交給了他。

他看看書名，又稍微翻了幾頁，「好像涵蓋得滿廣的。」

我回到樓上，看到哥哥的門虛掩著，敲了敲就把門推開，他正躺在床上看雜誌。「我們滑雪橇到大溪，」我得意的說：「以前從來沒有人試過。」

「你這個白痴去學校了？」他對我咆哮。「我們今天應該留在家裡的。完了，下次再下大雪的時候，他們肯定要叫我們走路上學了。」

回到自己房間之後，我馬上把書桌上的檯燈擰亮，坐下來看那本火箭書，仔細領略各章節的標題。過了一陣子才想起珍妮娃來，於是到樓下客廳找父親，「爸爸，剛才在煤林山上，有一位愛格斯太太邀我到她的小房子去烤火。她要我告訴您這件事情。」

父親從報紙上抬起頭來看我。「誰呀？哪一位太太？」

「愛格斯太太，珍妮娃．愛格斯。」

他驚訝的望著我，把報紙慢慢放在腳凳上。「你剛才去過珍妮娃．愛格斯的家？」

「在煤林山上，距離山頂還有三分之一路程，在公路下面的一棟小木屋。她讓我取暖，又做了法國吐司給我吃。叫我一定要把這件事情告訴您。」

「她還做了什麼別的事？」

「沒有，她只是把我的褲子烤乾。」

「你把褲子脫下來給她？」他緊張起來。

「可是她給我穿上一件長毛衣。」

他蹙起眉來說：「沒有發生別的事，真的？」

「真的，爸爸。」

第二天路上的雪結成冰，校車更加不能冒險了，我們幾個火箭小子覺得我們一定會進入煤林鎮的少年英雄事蹟錄中，而這種事情做一次就夠了，所以就不再翻山越嶺到學校去。那天晚上，父親到我房間來，一進來就把房門關上。「我來跟你講個故事。」他說，於是我把正在閱讀的火箭書收起來。他坐在床邊，我不知道他準備說什麼故事，看起來不會是個很快樂的故事。

「當年我在比你現在還年輕的時候，」他說：「在加利我家的那一排房子中間，有一棟失火燒起來了。那些加利的老房子都是薄木板和瀝青油紙做的，只要一個火花就會像稻草一樣燒起來。我正在後院子工作，最先看見那邊失火，當時附近好像一個人都沒有，我擔心有人陷身火窟就衝進火場。屋裡煙很濃看不見東西，可是我聽見嬰兒的哭聲，就跟著聲音去找，看到那個嬰兒在那麼濃的煙裡沒有窒息，還能放聲大哭，好像世界上沒有什麼能致她於死，我抱起她在火快要燒到我們時跳出窗口逃出來。後來才知道她的全家人，包括父母親和八個兄弟都在屋裡，而我只找到那個女嬰，其他人一個都沒看見，他們統統被燒死了。」

父親用手撐住床墊挪動一下身體。「以後，很長一段時間我非常自責，那麼小的房子有那麼多人在裡面，怎麼可能一個都看不見？」

我注視著父親，茫茫然不知道他為何要告訴我這件可怕的往事。無論他是為了什麼理由，我都不想聽下去。不知道什麼緣故，我很害怕知道更多他的往事。

父親也注視著我，他說：「我救出來的女嬰就是珍妮娃・愛格斯。」

「哦！」我僅能回應這麼一聲。腦子裡在想像可憐的女嬰被少年安全救出來的一幕幕鏡頭，眼睛潮濕起來，但我忍住不讓眼淚落下來。

父親從床單上拔下一根脫線，湊在燈光下照了照，然後清清喉嚨說：「桑尼，你對於人生知道些什麼？」

我不清楚他指的是哪一方面的人生，就說：「我想我知道得並不多。」

「我的意思是指對於女孩子。」

「噢！」

「你有沒有跟女孩子——」

我的臉孔紅起來，「噢，爸爸，沒有。」

父親轉過頭看著櫃頂上的模型飛機。「我不讓任何人知道你去過珍妮娃的小木屋。她在那裡做一種生意，有些單身礦工去她那裡，她是他們所謂的女朋友。」

我沒弄清楚什麼意思。「哪個人的女朋友？」

父親不願明指出來。「不只一個人的，很多人的，有時候也有結過婚的人。」

我張大了眼睛，嘴巴也閉不攏，我現在明白了。

「她也經營私酒買賣。」父親仍然看著模型飛機。他說：「五年前，她的丈夫在加利煤礦遇難了，那邊的警察把她趕出來，我就讓她住在那棟小木屋裡，告訴泰格別去管她，她要做什麼就讓她去做。」父親站起來準備離開，「你現在都知道了，以後不要再去看她，並且永遠永遠不要讓你媽媽知道這個故事。」

父親輕輕關上房門，我單獨坐在房裡體會父親所說的一切。回想小木屋裡那位年輕的女人，她對我那麼和善。我又幻想父親衝進那失火中的房子是個什麼樣的情景，如果是我，會不會像他那麼勇敢。突然間，我為他感到驕傲，不只是為了多年前他那英勇行為，更為了他生長於加利那種窮苦礦村，在經過多年來勤奮工作，使他得到今天的成就。

次晨，校車恢復行駛，經過珍妮娃的木屋時，我用眼睛搜索她，以後每次來往經過此地，我都會留意看看她。有時候她會一個人站在路旁等候校車經過，她逐個窗子去找，看到我時就對我笑笑，她不招手，我也不招手。她是父親的祕密，我則是她的祕密。

第14章　塌了一根礦柱

因為接到過馮布朗博士的私人來信，我覺得自己是這位偉人團隊中的一份子了。二月一日，我從收音機中收聽到蘇聯發射了月神一號，這是第一個脫離地球引力範圍的人造體。據說物體要掙脫地球引力，時速需要超過四萬一千公里，大約可換算成每秒鐘十一公里，十一公里有多遠我可以輕易體會出來，從煤林鎮到威爾市就正好是這個距離。正當蘇聯的太空船向月球高速前進的時候，我上到俱樂部的屋頂，用翟克的望遠鏡觀察，希望能碰巧看見些什麼東西。翟克沒有上來，他正準備和范戴克先生的新任女祕書出去玩。這位新來的女祕書是位紅髮美女，也是從俄亥俄州請來的。記得范戴克太太曾經威脅過要為她丈夫找個難看的來，不知什麼原因公司還是又送來一位漂亮可愛的小姐。翟克在樓下叫我：「桑尼，在月亮上看見蘇聯人沒有？」

我從屋頂的邊緣探頭往下看，看到翟克在馬路旁等著，我向他招招手說：「沒看見，翟克，你那裡看不看得見？」

他抬起頭來對月長嘯，剛好那紅髮女郎踩著高跟鞋橐橐走出來，翟克趨前到俱樂部大門迎接她，伸手摟抱她，順便把手壓在她的乳房上，還用含笑的眼睛望上來看看我。然後扶她坐上小跑車，一溜煙開往沒有向我宣布過的目的地。我很羨慕他具有無比的信心，虔誠祈願上蒼，有一天也讓我建立起如他一般的信心，享受如他一般魔鬼式的生活。在西維吉尼亞州生長和受教養的我，對任何充滿歡樂的事情都心存疑忌，好像歡樂裡可能有罪惡。

我回過身來再看看望遠鏡，有人傳說蘇聯人帶了一大桶紅漆上月球。整晚我一個人坐在屋頂上，包著厚厚的羊毛大衣，時而靠著煙囪打瞌睡，時而睡眼惺忪看看望遠鏡。總算沒見月亮上出現一顆大紅星才安下心來。第二天，《威爾市日報》說月神一號沒有射中月球，只相差六千公里而已。一些政客和評論家認為，如果蘇聯人在下一次把月球擊中，這個世界不知道會變成什麼樣子。我也和他們一樣擔心，我們會不會在太空競賽中永遠趕不上蘇聯人呢？每次美國發射一枚人造衛星，蘇聯就會發射一枚更大更好的。不過，我深信馮布朗，至少他是在努力做事的，我也認為我們做的事雖然小兒科，但我們也正在努力。

每天放學回來，我就馬上坐在書桌前猛啃那本火箭書。週末昆庭就搭順風車來專為看那本書。他整個上午坐在側門邊，以非常崇敬的態度逐頁細心閱讀，他的面孔專注的擠成一堆。有時候我坐到他身邊想請教他，但是不懂的地方太多了，不知從何問起，問多了又會分散他的注意力。小快活有時也跳到昆庭的肩膀上，牠的小黑眼珠跟著一起看書，顯然牠對這本書發生了興趣，令我提高警覺。這小畜牲在去年冬天，把一本家庭聖經從〈創世紀〉吃到〈啟世錄〉，連希坎姆家族歷代祖先在聖經上的題字都吃到肚子裡。母親認為很可愛，我可沒有這麼好的雅量。如果我發現火箭書有一頁被牙咬過，我會宣布對毛茸茸齧齒類動物的狩獵季節立即開始。

母親做了些香腸三明治給我們當午餐。昆庭一邊吃還一邊繼續看書，終於他張嘴說話了：「這本書裡有很多理論是我們從來沒學過的，其中最重要的部分我想是熱力學和微積分。你注意到討論『等熵流動』和『絕熱流動』這些東西沒有？」我把椅子挪到他旁邊，瞄一眼他正在看的那一章，標題是「基本氣體動力學」。「我以為這一章的東西對我們造火箭沒有太大的幫助。」我說。其實是那章裡面的方程式嚇倒了我。

「也許沒有什麼幫助。」他冷冷的說，抬起頭，眼睛向下瞧著我，像是驚訝於我竟然如此膚淺。「可是那正是你一直想了解的東西。這些方程式都是討論氣體進入氣流通道時所生的變化。」他緊盯著我看，「桑尼，氣流通道和火箭噴嘴是同一樣東西。」

我看來必是一臉茫然，因為昆庭看著我嘆氣。他又翻過幾頁，用手指著一個說明圖，上面畫著兩個相對的多角形錐體，尖端的部分彼此相對。圖式的說明上寫著「次音速及超音速之流體於氣流通道中壓縮與膨脹之特性」。「這就是了。」他得意的說：「你要的答案都在這裡，你還看不出來嗎？」

「什麼東西看不出來？」我看看那則圖，心裡有點高興又不好意思。

「你看，這兒講火箭噴嘴怎麼噴射，為什麼設計成這個樣子。你是不是連『戴拉華噴嘴』都沒讀到？」

至少那部分我看過了。卡爾．戴拉華是瑞典工程師，他證明在一個逐漸向中央收窄的管道（像口腔收縮到喉嚨那樣子）後面，加上一個從中央向周邊擴大的管道，則從窄喉出來的流體（或氣體）經過膨脹，就會產生噴射的動能。換句話說，流入通道的氣流要慢，流出通道的氣流要快，就會產生推力。我把我所理解的告訴昆庭，他點點頭說：「對極了，真好，你懂了。」

「那我們馬上動手。」

昆庭又擺出高人一等的面孔。「先要好好計算戴拉華噴嘴，桑尼，好夥伴，我們照著書上設計。」他往後一靠，揮舞著手中的香腸三明治。「那時我們的火箭不但飛幾千公尺，而是能飛幾公里高了。」他咬了一大口三明治，一邊咬一邊沉醉於這可能達到的遠景，有一片生菜掛在嘴角而不自覺。

「我們要會計算這些方程式才行呀！」我仍然放心不下。

昆庭點點頭，「那當然，這就是問題所在。」

我睡到半夜被地震驚醒，心砰砰的跳個不已，山谷中各家的狗以各種聲音狂吠。父親房間裡的黑色電話鈴聲大作。接著我聽見他從床上跳起來，接聽電話後就衝下樓，下樓梯的聲音咯咯重響。我起床到窗前望出去，只見他一路穿著大衣奔上小徑，半路停下來猛烈咳嗽，立刻又跑去礦場。

礦場外面已經是燈火通明，大型探照燈也都打開，馬路上、各家的院子裡，都有許多人聚集起來，議論紛紛。原來是礦坑裡面突然轟隆一聲發出巨響，相信必定有一根礦柱，或許不只一根崩塌下來。我想起父親那天帶我進坑裡講給我聽的，礦柱上面的若干噸岩石把位能全都集中在礦柱上。但是他又說他們謹慎的進行設計來支撐這些重量。現在如果真的發生崩塌，必定是哪個地方出了錯。我把母親拖到一旁，把聽來的知識告訴她。她有點心煩的說：「你爸爸會處理好的。」

「可是一定有地方發生工程錯誤，不然這種事情不該發生的。」我說。

她生氣了，不願再多討論這件事。「桑尼，我在煤礦住了一輩子，我可以告訴你，該不該發生與有沒有發生是兩碼子事。難道你以為爺爺的腿是該打斷的嗎？」

「但是爸爸說如果計算正確的話，」

「馮布朗博士的計算不都應該是正確的嗎？怎麼我還是常看到他的火箭炸掉呀。」她詰問我。

過了一會兒，狗停止了狂吠，變成了嗚嗚的悲鳴。第二天過了大半天都沒有看見父親回家，不過，自籬笆傳來的消息，只有一根礦柱崩塌，而且是在遠離礦面的廢土堆附近，因此很幸運無人受傷。父親領著一隊救難小組（他們驕傲的自稱為「吃煙者」）趕進礦坑，搭乘坑道車直奔現場，如果有人受傷就立即拯救。父親回家後把這些情形告訴母親，我正在地下實驗室裡工作，聽見他們的談話，母親站在廚房壁畫前的小梯子上繼續彩繪沙灘，她埋怨父親說：「荷默，那不是你的工作。」

「愛西，他們是我訓練出來的。」

「那就讓他們做你訓練他們做的工作呀！你應該和范戴克先生一樣在上面指揮。」

「妳怎麼總是不了解。」父親回答。

「荷默，」她嘆口氣說：「這世界上有一件事是我最了解的，那就是你。」

接下來的那個星期六，天氣乾冷而晴朗，稍微有一點兒風。我們把海雀十六號套在導射桿上，架立在發射台上。馬路邊只有一小群觀眾熱切在等待。巴西爾坐在他那輛古董車的引擎蓋上，我很驚喜的看到有幾個女孩子，穿著笄齡少女社的別致夾克，分散站在幾棵大樹下。我發現凡倫婷，就立即跑去她身邊。她穿著V型領口的白毛衣，配一條黑裙子，展現出她那要人命的身材。

「桑尼，我不得不來看你放火箭。」她這樣說有點怪怪的。然後挽著我的手臂帶我離開那群女孩子。她們在那邊抽菸，向那些對她們吹口哨的男孩伸出中指做不雅的手勢。「我沒有地方好帶她們去玩。」她嘆口氣，做出無奈的樣子。

「我很高興妳能來，凡倫婷。」我說。突然間我覺得熱起來，原來她的乳房塞進我的臂彎裡了。

她放開我，走到我前面對著我一本正經的說：「桑尼，有一件事我要告訴你，我是實話實說的。我知道你對桃樂絲非常著迷，可是她卻不把你當一回事，像你這麼帥的男孩子應該不吃這一套才對。」她笑笑，又擠眉弄眼的說：「你應該有個很在乎你的女朋友，我並沒有說那個女孩一定是誰，但你可要到處看看。」

我正想有所分辯，洛伊已跑過來叫我，我的舌頭立刻打了結。「我非把你們拆開不可，對不起。」他說：「因為我們還要放火箭哩。」他緊緊捉住我的手臂把我拖走，又說：「真是的，又被女人纏住。」

我把整件事看出了一個輪廓，我懷疑這是洛伊策劃的，他要凡倫婷來跟我講，我還來不及指控洛伊，那頭昆庭已經「唷嘿！」的呼喊我們。他手上拿著奧德爾和洛伊自騾廄偷來的電話。看到這些東西就讓我想起還欠范戴克一筆錢。雪曼和奧德爾整個早晨在架設電話線。我們也有一個舊電瓶連接在電話系統上，那是從艾蜜麗的父親經營的廢車場拆下來的，他免費送給我們。那天是我們第一次試驗電話，我一走進觀察室，電話聽筒發出很大的沙沙聲，把我嚇了一跳。「這是觀察室。」雪曼對著話筒叫，又把聽筒放在耳朵上聽，大叫一聲：「可以用了！」我們輪流用電話和昆庭對講。「你那邊準備好了沒有？」我很興奮的問。

「準備好了。」

「各就各位。」我向大家宣布。洛伊跑出去升「ＢＣＭＡ」的署旗。他回到觀察室我就開始倒數，雪曼也對著電話隨著我倒數：「十、九、八、七、六……」

數到零之後，我把引爆電線的一端裸線碰一下電瓶的正極。觀察室裡產生一個火花，外頭海雀十六號就從發射台上躍起來，順著導射桿向上飛進天空。火箭糖從火箭尾噴出火花與白煙，散開成一束美麗的尾雲，讓我們可以一直追蹤它的飛行。等到它變成一粒白點的時候，很順暢的在天上畫一個大圓弧就向下墜落，碰到地面時，發出令人滿意的「砰」一聲。

接著我們又發射了三枚火箭，兩枚是六十公分長的，一枚是九十公分長的，一直發射到海雀十九號。每一次發射都完美無缺，飛出橢圓形曲線，最終都墜落在棄土場的下方。比利在觀察室旁用一具經緯儀，昆庭在場下方用另外一具經緯儀，我們應用雙重追蹤，以兩個觀測點的數據，使以三角算出的結果比較精確。最後昆庭計算出來的結果發覺六十公分火箭的高度是九百公尺，九十公分火箭反而只有六百公尺高。長的火箭裝載的推進劑多，但爬高能力不增反減，也證實了我們一向懷疑的：把火箭加長，它的功能不必然會加強。我們在那裡討論，巴西爾在旁邊迅速做筆記。

汽車喇叭嘟嘟的叫，笄齡少女社隊員的車子正要離開，有人在那些汽車的後座從車窗揮舞粉紅色的東西，細看一下原來是女內褲。「我真搞不懂女人為什麼喜歡穿那種東西。」昆庭一本正經的說，而我們大家都楞住了。「那種東西太滑了，穿在身上連坐都坐不正。」

「昆庭，你給我閉嘴。」洛伊說。

「我也不懂她們的長絲襪為什麼要分開來穿，如果把絲襪和內褲連接在一起，不是更容易穿嗎？」

「昆庭，閉嘴！」我們大家一起叫起來。巴西爾也跟著笑起來，卻也一本正經記下來。

我們從煤林角回家之後，再開一次大溪飛彈署工作會議，在客廳裡興高采烈大談今天射試的事情。哥哥正在那兒看電視，抬起頭來酸酸的望著我們說：「你們這些妹子別那麼大聲吹牛好不好？」

昆庭正在唸《麥郡旗幟報》，上面有關於我們的最新報導。哥哥一把搶過去，隨便瞄了一眼就把報紙甩到地上。「究竟為什麼有人要浪費紙筆來寫你們這班小丑的東西？就算你們的火箭飛上天了，那又怎麼樣？」

「妒嫉的表現有許多不同的方式，有些十分含蓄。」昆庭回敬他：「而你呢，吉姆老大，你是赤裸裸的妒嫉！」

哥哥轉過來對著我說：「你叫你這個小丑朋友趕快把話收回，要不然我會拆散他的骨頭。」

昆庭對空氣舞起拳頭。「來吧，大塊頭，隨時奉陪。」

「我把一隻手綁在後面就可以將你敲碎。」哥哥說。

昆庭吼出一聲長笑，「我用半邊腦袋來想就比你聰明多了。」

哥哥漲紅了臉從沙發跳起來，推開我要去捉昆庭，但是洛伊過來橫在他們中間。洛伊當然不是哥哥對手。不過這一來給了我時間擠進他們之間。我們幾個人聯手起來，大概哥哥也占不上什麼便宜，那是指如果真的幹起來的話。但是哥哥好漢不吃眼前虧，恨恨的罵了一聲「白痴妹子！」就坐到沙發裡去了。

我輕聲對洛伊說：「趁他還沒有爆炸我們趕快走吧！」幾個人保護著昆庭撤退到我的房間。昆庭還是氣呼呼的樣子。小快活自我們身旁跳過率先趕到我的房間，掛在窗簾上。我把那本寶書交給大家傳閱，特別翻到有方程式的那幾頁。「要從這本書學到我們要的本領，」我慎重的告訴大家：「我們得要先學微積分。」

「還有微分方程。」昆庭補充。

「你們兩個神經病！」洛伊強烈不滿：「我們連現在的功課都做不完。」

「那不管。」昆庭說：「這些一定要學！」

「我倒想學微積分。」雪曼就說這麼簡單一句。接著奧德爾和比利說他們也想學。

洛伊只有嘆氣的分兒。「你們又來了，一群西維吉尼亞的山野小子，一個個都想變成愛因斯坦。」

「想變成馮布朗。」我立刻加以糾正。

「都一樣！」他說，但是看他那副模樣，我知道他還是會和我們在一起的。

第15章 州警

哈茨菲老師把我的火箭書推回來給我。「你拿這種荒唐事來打擾我吃午飯？你連代數都弄不懂，怎麼可能學微積分？」他講的也是實情，我的同伴代數都得到A。

昆庭在旁邊插嘴說：「老師，我們為了計算火箭飛的高度，已經自行學習三角了。」他拿出翟克的三角教科書給老師看。「但是微積分好像難多了。不可能自己學習，需要您的幫助。」

哈茨菲老師同情的看看昆庭，「你也許可以學會這門功課。」他說。但是立刻又顯然不願意的樣子。「不行，我看不出來為什麼要教。」

「我們需要用它來造更好的火箭，老師。」我說：「那是為了將來，您不是常說讀書是為了將來嗎？」

他的眼睛放亮了，好像有點軟化的樣子，但是立刻又回復他一向冷漠的態度。「希坎姆同學，我聽說你搞的那個社團，校長提到過你們，風評不太好。」

「如果我能獲得校長的同意，您想您會教我們嗎？」

哈茨菲老師臉上浮起一絲微笑。「如果透納先生要我教，我當然去教，但是你不必指望學校會把這門功課排到課程表上，沒希望。」

「為什麼？」比利提出質問。

「因為，」哈茨菲老師搖三次頭嘆一口氣說：「這是大溪高中。如果是威爾市高中就不一樣了，郡督學會同意他們學校排上這門課程，我們學校就別想。我們是煤礦工人子女的學校，是足球中學，一向就是如此。」

我們都氣憤起來。「那太不公平了！」

哈茨菲老師很尖酸的說：「誰告訴你們這些小子這世界是公平的？」

「喔，是你們這些水管炸彈頑童。」校長坐在他辦公桌後的大皮椅上說：「還有萊莉老師也來了。你們不是來報告化學實驗室被你們不小心炸掉了吧？」

萊莉老師把來見他的目的報告過之後，就給他看我們那本火箭書。最後她說：「校長，這些學生是很認真的。」

「我想妳跟哈茨菲老師談過囉，萊莉老師？」他詰問。

「如果您同意他就肯教。」我急著插嘴。

「希坎姆同學，不要插嘴！」校長豎起眉毛指責我。「萊莉老師，妳真的認為這樣做是對的嗎？」

「是的，校長。」

他用手指彈彈光亮的辦公桌。「我看妳還要多學一點學校行政。即使我同意也不行，必須要先得到郡督學的同意，而我知道他不會同意的。他會說我們把自己估計得太高了。」他把手向外擺一擺。「好了，回去吧！」

萊莉老師失去了她一向的溫柔，嘴角也垂下來了。如果我母親看到了會說那是一種愛爾蘭風暴，因為她正巧是愛爾蘭人，所以我意識到那危險的氣氛。她從教員休息室出來，一副要找英格蘭人出氣的樣子，哈茨菲老師跟在她後面，看著地下用力搖頭。她看到我對我擠了一下眼睛。

第二天上打字課的時候，昆庭和我被叫到校長室去，兼任校長祕書的透納太太看見我們，慌慌張張從椅子跳起來帶我們進入校長辦公室，裡面靠窗子的一邊站著兩位穿著警察制服的人，聽見我們腳步聲就轉過來看我們。他們的左臂上縫著西維吉尼亞州州警的徽章。「就是這兩個學生。」透納校長指著我們說。我立刻知道麻煩來了。

這兩位穿著灰色制服的州警又高又壯，其中一位手上拿著一根像燒焦了的金屬圓筒，筒上裝有幾片尾鰭。他走過來把圓筒遞給我們，問道：「你們認得這個東西嗎？」我們很緊張的看著那個東西。

「那是你們的東西，對不對？」校長質問。

昆庭先恢復鎮定。「可以讓我們仔細檢查一下嗎？」州警把圓筒交給了昆庭。他把它翻來覆去仔細看。「你看，很有意思嘛，是不是？」他跟我研究起來：「看到這些尾翼沒有？你看它們是怎麼安裝上去的，這裡裝上了彈簧，好聰明的設計。」

「那是什麼呢？」我終於找到了我的聲音，卻還不知道他為什麼那麼好奇。

「好了，你們兩個孩子。」校長說：「老實告訴我們。你們心裡有數，那是你們所謂的火箭。」

「校長，不是的，」我爭辯說：「那不是我們的東西，我們沒有那種尾翼。」我從昆庭手上拿那金屬圓筒過來看看，實在不知道那是什麼東西。不管那是什麼，我很想拿去量一量，把尾翼的面積和圓筒的表面積做個比較，相信會對我有些幫助。我問道：「可以給我嗎？」

州警立刻把它收回去，面露慍色說：「不行，這是我們的證據，怎麼可以給你呢？你們的火箭引起了森林大火，把大衛山頂都燒光了，差點燒到五十二號公路附近的房子。」

我想起來在《威爾市日報》看到過那次火災的新聞。據說可能有人故意放火，「那不是我們！」我大叫起來。

「我在一份街頭小報看到過你們這些頑童的事情。」另外那位州警不理會我們的否認。他有一張方臉，眼睛像測謊機似盯著我看。他說：「你們是這個郡裡唯一玩火箭的學生社團，所以一定是你們的。」他拿出手銬來準備鎖人。「你們過來，我們要把你們送去威爾市法院，你們兩個正式被捕了。」

「另外還有幾個學生也屬於這個社團的。」透納先生說：「我派人去叫他們來。」

萊莉老師匆匆跑進校長室來。「你們為什麼要嚇唬這些學生？」她責問他們，並且擋在我和那位拿著手銬的州警之間。

「他們想把半個郡都燒光。」這位州警說。

「就用這枚火箭。」另外一位州警加以補充。

「什麼地方燒起來了？」她不能相信的質問。

「在煤林鎮和威爾市之間的大衛山，烏鴉都可以飛得到，當然火箭也可以射到。」

透納太太拿了地圖跑進校長室來，她看了她丈夫一眼，他知道（她也知道他知道）是她去請萊莉老師來救我們的。「也許這地圖有用。」她看到他一副不高興的樣子，說完立即走出去。我想今天晚上透納先生的家裡免不了會發生家庭糾紛了。

「過來指給大家看，你們的火箭在哪裡發射的。」萊莉老師命令我過去，她把校長辦公桌上的文件推開，將圖攤在整個桌子上。校長被她這個大動作嚇得馬上站起來，用手拚命撣他的上衣，其實根本一粒灰也沒有掉到他身上。

我俯下身來用發抖的指頭找到煤林鎮的位置，順著山谷找到大叉口的河流交會處，然後指著在那旁邊的煤林角，「就在這裡。」我說。

兩位州警過來看，其中一位用他的大手指點點大衛山的位置。「你們看，只相差三公分的距離。」

「這地圖的三公分就是十六公里！」萊莉老師諷刺的說。

昆庭一直在端詳那枚金屬管，「啊，一定是這樣啦！」他恍然大悟的叫出來。「我應該在一看到尾翼就連想起來的。它們的彈簧原來是扣緊的，當它被射出母體上的裝置時，尾翼就會立刻彈開來。」校長室內每一個人都在傾聽他講話。

「這是航空信號彈。我就覺得看見過，大概一個月前我看過一本關於空中警察隊的書，就提到過它。」昆庭指著地圖說：「這裡是威爾市機場，旁邊就是大衛山，所以這大概是飛機放射出來的信號彈。」

兩位州警看看金屬管，再從昆庭手中拿回來細細看，把尾翼壓下又彈上來張開。然後他們彼此相望，又看看地圖，看看我們。然後大家一起看著校長，校長被大家盯著看之下似乎縮得更小了。最後他鎮定下來，把地圖轉正。他透過那副半圓形眼鏡謹慎審視地圖，然後站直了身體。「我認為你們最好離開。」他以沉著的聲音向兩位州警說。再轉過頭向萊莉小姐說：「萊莉小姐，等一下請妳留下來。」終於，他以要刺穿人的目光看著昆庭和我。「你們兩個，我想你們趕快去上打字課。」

一個星期之後，校長又傳昆庭和我去他的辦公室。這次沒有州警等著伺候我們了，倒是哈茨菲老師坐在靠牆壁的椅子上。「大溪高中準備將微積分排進高三的課程，全班不得超過六個人。郡督學本來只准五個，我堅持六個，是讓你們水管炸彈社的全體社員都可以進修。立刻開始登記。」他站起來後又說：「好了，你們可以回去了。你們得到你們要求的東西，可是如果你們只是浪費哈茨菲老師的時間，那就連老天爺也保不了你們。」

過了幾天，我被單獨叫到校長室，校長端端正正坐在那裡，兩手舉起放在桌上，嚴肅萬分的跟我說：「我講過選修微積的學生不超過六個人，可是，現在有七個人登記。」

校長在一疊文件夾上敲敲。「七個學生中恐怕以你的成績最差。」他仔細端詳我的表情變化。「希坎姆同學，你現在學到人生最偉大的一堂課，那就是：人生常常是十分無奈的，或者甚至是非常諷刺的。你花了很大的功夫讓這門課程排入，可是你卻不能修習這門課。」

我呆若木雞，覺得天旋地轉，過了好一陣子才回過神來，虛弱的問：「您可以告訴我是誰占去了我的位置嗎？」

「桃樂絲．浦朗克。」

我恍恍惚惚走出校長室，在走廊上，我全身發冷，悲哀不已。一度想去找萊莉老師協助我反抗這種不合理的待遇。為什麼要規定六個而不能七個。可是我沒去麻煩老師，校長只是信守他的承諾，桃樂絲的成績比我好，取得上這門課的資格自然比我優先。記得當我把那火箭書給她看的時候，她曾說過她也好想學習微積分，她和我應該得到同等的機會。

「我會教你微積分的。」昆庭說。

萊莉老師帶了高一的學生去結冰的大操場做化學實驗，昆庭和我跟了去看。這本來是生物課，生物老師孟斯先生特別要求萊莉老師示範一個化學實驗，來解釋有機物腐化分解的現象。昆庭說這個實驗裡有些他想知道的化合物。「昆庭，你何不自己去學，一個人去解算那些方程式？你不需要我的幫忙。」

「胡說！」他斥責我。

萊莉老師倒了一堆灰色的粉末在草地上，她說：「這是鋅粉。」接著在上面澆上硫磺，用小木棍攪拌它們。「你們有沒有聞到過爛雞蛋的氣味？那是二氧化硫的氣味，腐爛的有機物裡常會產生這種氣體。現在這裡要產生的氣體聞起來就像爛雞蛋一樣臭。」說著，她劃了一根特別長的火柴接近這堆混合物。馬上引發一團高溫的白光和濃煙。

「唷！」全班學生都掩起鼻子叫臭，真夠他們受的。室外氣溫低，大家冷得發抖，不斷在操場上蹬腳，直到萊莉老師帶大家回教室去。

昆庭和我留下來。他說：「桑尼，我想我們找到下一個火箭推進劑了。」

這種混合物燃燒起來所產生大量的光熱和濃煙的確讓我印象深刻，可是我不明白昆庭的意思，我問他：「昆庭，我們為什麼要改用新的推進劑？火箭糖又有什麼不對了？」

「你有我這個科學組長算你運氣。老小子，要不然你到今天還在那裡炸鋁管呢！」昆庭仍然會講些令人討厭的話。「你難道沒注意到嗎？我們的火箭糖已經達到它的最大能力了。無論我們再怎麼改良，它不會再升高很多了，我們需要新的推進劑。」

我用腳踢踢地上的灰燼。「你說剛剛這種東西是什麼貨色？」

「鋅粉加硫磺。」

「燙手貨。」我開玩笑說。

昆庭抬高了頭再用力點一點，就像老師終於使班上的低能兒講出正確答案的樣子，「對極了。」他說。

一九五九年的嚴冬漸漸過去，冰和雪開始融化，一年前被裁掉的礦工有許多被召回來工作，因為俄亥俄的鋼廠接到一張大訂單，需要很多煤來生產這些鋼。多年來第一次公司又實施每天三班、每週七天的生產計畫。鎮上許多礦工家門前停著新車，後院豎起亮麗的新鞦韆架，婦女與孩童換穿新衣，客廳裡閃動新電視的螢光，小茶几上還擺設新的電話。那不是礦場電話，是電話公司架設的私人電話。父親則忙得天翻地覆，跳上跳下對著黑色電話喊叫。三更半夜還要往礦場跑。母親卻仍然優游自在做她的壁畫，她正在沙灘上增加一棟木屋。

這一陣子，家裡時常來些新訪客：大學裡的足球教練，來我家勸請哥哥去參加他們大學的球隊。顯然大溪高中的一年禁賽雖然讓他擔心，卻沒有影響到他的聲譽。那些訪客在家裡的時候，我是不准進入客廳的，不過我坐在黑暗的樓梯口還是可以聽到他們的談話。「荷默，你鎮定一點好不好？你真是的。」那次西維吉尼亞大學的教練來我家的時候，母親在廚房裡低聲吩咐父親：「這麼緊張你會得心臟病的。」

「妳可知道咱們家來了什麼人嗎？太太。」他責問母親。然後他拿了幾杯冰水匆匆出來，看見我坐在樓梯口，本來堆著笑容的臉一下子不見了。大概是因為我看來非常難過的樣子。「你怎麼啦？」他竟然關心的問我。

「我的成績不好，學校不准我選修微積分。」我聳聳肩，把經過扼要告訴他，我知道他急於要回客廳，就很快把故事說完。

他想一想，「你是說你爭取設立這門功課，現在爭取到了，你卻不能上。」

「就是這樣子。」我回答他。

「那是不是要我去跟校長談呢？」

我搖搖頭說：「不是的，爸爸，校長做得很公平。」

父親點頭說：「是的，他是公平的，我很高興你能這麼認為。」然後他端著盤子走進客廳，不一會兒就聽到他在裡面的笑聲。

我躑躅上樓，樓上走廊有一個六層大書櫃，我扭亮電燈，不經意的瀏覽書櫃裡的書名。突然我眼睛一亮，看見一本名為《高等數學自學指南》的書。拿出來翻一翻，像是已經有人努力閱讀過的書，很多頁上摺有折角，有幾章是關於微積分和微分方程的。在書中還夾著一張黃色的練習紙，上面是父親做計算的筆跡，心想這是他為了工作所需而自習數學的書。我覺得奇怪為什麼他剛才不跟我提這本書呢？是不是他認為這本書對我太深了？

蘭尼爾牧師有一次在傳教中告訴我們，當我們面前的一道門被關上時，不要擔心，因為，如果我們耐心等待，有一天上帝會替我們打開另外一道門。我母親卻另有主張，她不是那種耐心等待的人。出了教堂之後，她立即修正牧師的話，對我說，如果門被關上，自己找窗子爬出去。我拿了父親的書進房間，現在那是我的書了。

第16章 天生傲骨

一九五九年三月的最後一個星期，父親去俄亥俄州克利夫蘭市出席採礦工程師年會。他在會中發表礦內通風的專題演說。對一位沒有得過工程學位的專業人員而言，那是一項殊榮。在那一個星期裡，父親不在煤林鎮，甚至離開了西維吉尼亞州，令我產生一種特殊的心情，不曉得為什麼，沒有他在身旁，我有頓失依靠的感覺。通常我每天的晚禱詞裡，總是依序包括母親和父親、哥哥、叔叔、舅舅、姑媽、祖父和祖母（無論他們是在天堂還是在人間）、所有衛國的軍人、阿菊、流氓、丹弟、柏蒂，還有小快活。祈禱上帝保佑大家。在父親離家的那段時間，我加上了特別請求，請上帝把父親平安帶回家。

我的禱告果然靈驗，父親平安回家了，還帶回許多禮物。他送給母親一串養珠項鍊，給哥哥一副望遠鏡，我則得到一枝自來水鋼筆。父親回來後第二天晚上，他上樓順便探頭進來問我在做什麼。我隨便應一聲：「在看微積分。」我原不想和他討論，免得他會批評說我只是浪費時間。

「記得你說過透納校長不讓你選習微積分呀。」果然有點責問我的味道。

「我在自學。」說著我給他看看我手中正在讀的那本書。

他皺起眉頭說：「那就奇怪了，我不記得你問過我要借我的書看呀！」

為了把他的問題岔開，我故意反問他一個問題，而且正好我也需要請他幫我解釋。我指著定義直線斜率的方程式，「我不懂得這小三角形符號的意思。」我問。

「如果這個不懂，那你就讀不下去了。」他說：「那叫做量差，差的意思是變化，在一段時間之內，一個量從一個數值變成另一個數值的相差就叫做量差。」他一隻腳跪在地上，拿起我的鉛筆做解釋：「你看看，如果一個點的縱坐標與橫坐標的數值改變，表示這個點移動了，移動中所經過的時間……」話講到一半他突然停止，看看我說：「你既然不能選修微積分，為什麼要自習微積分？」

「爸爸，我們在煤林角幹得很不錯，您要不要來看看？」

他站起來說：「如果有時間我也許會來。」

「哥哥的事您就一定有時間。」我脫口而出，我這樣冒犯他使他吃一驚，也把自己嚇一跳。我緊張的倒吸一口冷氣。「爸爸，請您來看一看吧！」我說，聽到自己發出哀求的聲音，實在恨自己沒出息。

他打開門要離開，「我還是堅持要你做採礦工程師，我會幫你的。」

我搖搖頭說：「我不要做採礦工程師。」

「你不要做？小伙子，等你長大了就會知道，許多事輪不到你喜歡還是不喜歡，你非做不可。」

「爸爸，那我知道呀！」

「那麼，我的想法、我的希望，對你根本不值一個錢，是不是？」

「不是這個意思。」要我怎麼解釋呢？我努力找些話向父親解釋清楚，偏偏就是舌頭打結。

我想為馮布朗工作不是表示我不尊重他呀，為什麼他不能像為哥哥打美式足球而感到驕傲一樣，也為我成功製作火箭而感到驕傲呢？哥哥不是也要離開煤林鎮嗎？不是嗎？

「你就是不願意做我要求你做的事，對不對？」老天，他以這種罪名指責我。

「爸爸，我絕對沒有這個意思。」可是我說不下去，我詛咒自己，為什麼在他面前如此無能。

他以極失望的表情看我，使我難過得哭起來。他不再講話，走出去把門砰一聲關上。我的淚珠不斷流下兩頰，我用衣袖不斷揩拭。我恨我自己，為什麼讓父親對我有這麼大的誤會。我知道他並不明白我在做些什麼，為什麼我總不能讓他明白呢？我知道我做的是對的，堅持做下去又有什麼錯呢？我的將來不在煤林鎮，所以我就應該為離開煤林鎮做好準備。母親認為如此，其他人也多認為如此，如果我是對的，而他是錯的，那麼我就不該為這件爭執感到那麼難過。真希望他能到煤林角來看看……

眼淚還是不聽話的滴下來，我坐在窗前望著外面，每逢我要好好想一想的時候，就喜歡這樣子凝視窗外。阿菊跑過來舔我的臉，我看著礦工提著食物罐子走上小徑，高掛在吊車架頂上的電燈把罐子照射得閃閃發亮，下班的礦工正從小徑走下來，每個人都知道自己是誰，知道自己該做什麼事。哪一天，我是不是也能夠肯定的說出自己是誰、決定自己應該做什麼事？我真的懷疑起來。

第二天我放學回到家裡，發現餐桌有一張留言字條，「機器廠的佛洛先生打電話來，說如果他們把噴嘴鑽錐坑，你覺得怎麼樣？是做單邊鑽呢，還是兩邊都鑽？（桑尼，你懂不懂這是怎麼回事？）愛你的媽。」

我偷用黑色電話打給佛洛先生。告訴他在噴嘴鑽錐坑主意不錯，鑽錐坑的意思是在一塊實體鑽出孔道之後，在孔的邊緣鑽成錐形，使孔道的大小不變，而邊緣的材料則切削掉一部分，可以減小重量，我相信火箭也會因此飛高一點。

「他們也認為你會喜歡這種做法。」佛洛先生說：「桑尼，事實上凱登先生已經那樣做好了。他幫你做了一個九十公分長的傢伙，噴嘴前後都做了四十五度角的錐坑，你要不要現在就來拿去？還有大家都問你這個週末要不要去發射？」

我說要去，佛洛先生把我的答覆傳給大家，立刻聽到機器工人「嗚、嗚」大叫，還有人大喊：「告訴那個火箭小子我們會全體出席。」接著又傳來他們模仿倒數聲：「五—四—三—二—一，咻——！」

我騎腳踏車趕去大機器廠，一枚九十公分長的火箭已經放在工廠後面的一張桌子上，底下還墊了一塊大黑布，頗為壯觀。凱登先生除了讓我先看看噴嘴上做好的錐坑部位之外，又指給我看他安裝尾翼的新設計。他在尾翼鋁板的內緣，前後各留了一根約三公分長的突緣，貼在箭身上面，再切取冷壓鋼板的窄帶，繞著箭的圓筒把尾翼的前後突緣分別包紮住，使尾翼穩固在定位上，最後把窄帶鉗緊，非常牢固美觀。只是加了那些東西會不會過重。我也擔心凱登先生一下子替我做了那麼多的改變，是否過分，「不會啦，桑尼。」凱登先生說：「如果你每次只改進一樣，你永遠達不到最好的設計。」

我可以接受凱登先生的說法，但那會引發昆庭的抗議。他傾向於每次只做一種改變，如果不幸發生差錯，立刻就可以知道問題出在哪裡。

凱登先生用紅漆順著發亮的箭身一側直寫「海雀二十號」幾個字，另一側直寫「BCMA」四個字母，箭頭的鼻錐更漆上鮮豔的大紅色。我們退後幾步欣賞這件傑作，覺得具有第一流專家的氣派。上學之後，我跟同僚商量，大家同意仍然使用火箭糖做推進劑。昆庭於星期五放學後跟我們搭校車回家，協助我裝藥。他晚上睡在我家裡，星期六就可以一早出發。他看到凱登先生變更的幾樣設計時，果然發作起來。「他可能是一流的技工，可是他對科學原理一無所知。」昆庭說：「我們在每次做修改之前，必須先行小心測試，才能成功。」

我把凱登先生的意見告訴他。我說：「我同意他的話，照你的方法去做，要一輩子才能達到目的。」

「要是這次火箭炸掉了，你有什麼線索知道是哪一部分出了問題。」昆庭臉孔都發紫了。他問：「那你又學到了什麼東西呢？」

「卡納維爾角的人不是說一次失敗所學到的東西，比一次成功能學到的還要多嗎？」我故意拿這話反激他。

「說那種話的人都是廢物！」

「那你認為我也是嗎？」我對他吼起來：「我是個大廢物嗎？」

「不是的，桑尼，」他安靜下來說：「我覺得你有些趕，但是我不知道你在趕什麼。」

我知道使他高興的辦法。「對極了，我是在趕，你也應該趕緊才對。我們明年就要參加科學展覽了呀！」事實上，我這一陣子一個人悄悄在考慮這件事情，特別是萊莉老師動不動就問我決定了沒有。她對我這麼好，又送我書，又幫我許多忙，我的確想以此來博取她的歡心。不過，真正推動我認真面對參展的是我對父親的憤懣，如果我們能在展覽會奪標，那不就是向他證明一切了嗎？我可以拿著贏得的獎牌和綵帶在他面前炫耀。如果我們失敗落選了，最壞也不過是現在這個樣子。

昆庭一聽到參展的可能，馬上就開朗起來了。「你是當真的？那太好了。我們全部都會贏，全郡的、全州的，甚至全國的，我有信心。」

我把用來量取火箭糖成分的量杯放下來，調侃他說：「統統贏過來？我以為你每年只要贏一樣呢？」

昆庭認真的對我說：「桑尼，你的父母有能力送你上大學嗎？他們會嗎？」關於我父母親之間進行中的那種戰爭，我不知道應該告訴昆庭多少。「我媽媽曾經談過這件事，」我還是謹慎一些講話：「我想如果我要的話，她是願意看到我上大學的。」

「那不錯，我父母就不可能支持我上大學的。他們只能勉強讓我和妹妹有衣服穿，有玉米麵包吃而已。我不知道和我們一起的另外幾個男孩子怎麼樣，但是我打賭他們的父母也幫不了他們的忙。可是，我知道，他們也都知道，我們終歸要上大學的，而你就是關鍵所在了。桑尼，你是我們進入大學的入場券。」

「我？」我覺得他把千斤重擔壓在我肩上，「昆庭，我想他們在科學展覽會上不會設立獎學金，甚至在全國性的展覽會上也說不定沒有。我們只會得到一些獎牌和綵帶之類的東西而已。參加科展完全是為了榮譽。」

他像一個很有耐心的教師對我搖搖頭說：「你有沒有注意到我們的勇氣如何受人評價？你有

沒有細想，即使到現在為止，我們已經有了多少成就？我們幾個，本來是上帝深埋在西維吉尼亞煤礦裡的礦工之子，竟然能夠做到這個地步！也許展覽會裡沒有直接頒授的獎學金，但是成功會使人家注意我們。桑尼，那是我們的機會，我個人的機會。」

那想像中的千斤重擔更加沉重了。我原以為我們的火箭是為了協助我們將來在馮布朗博士的團隊中謀求工作的，可是昆庭投入製作火箭是為了更接近不久的未來。我想告訴他算了，那是不可能的，然而我又想起父親和我的爭執，我自己不是也有去奮鬥的重大理由嗎？

我回轉身去繼續對箭筒灌入火箭糖。這時我感到前所未有的憤怒、自信和力量。那是一種天生傲骨，叫人頓生勇往直前的豪氣。「昆庭，就這樣幹了！」我從心底叫出來。

海雀二十號沿導射桿「颼、颼」向上衝、轉瞬間上升加速，到了三十公尺，愈飛愈快，六十公尺、九十公尺，穩健的衝進藍空。昆庭和比利各自操縱經緯儀追蹤上升中的火箭，但突然一聲爆炸，空中冒出一團火焰，炸碎的鋼片先是飛舞，然後像雨點般紛紛灑落在煤林角的廣場上。我們幾個男孩急忙躲進觀察室中，機器廠來的觀眾都盡量退到公路上。等到最後一片殘骸「咚」一聲落地之後，我們立刻跑出去撿拾碎片。機器工人悶悶不樂圍到觀察室周圍。我撿起箭筒的中段，那是殘骸中最大的一截，上面漂亮的紅字已被燒黑，凱登先生看我一眼，怯怯的說：「是不是噴嘴上的錐坑造成了爆炸？」

「我想不是的。」我回答他：「炸開的部位看來是在箭身前面三分之一的地方。」

「現在我們無法知道是什麼原因了。」昆庭發出不滿的聲音：「你們一下子做了太多的改變，誰知道毛病出在哪兒。」

凱登先生難過的檢查箭筒碎片，手指輕輕撫摸他花了許多心血的箭筒兩端。「我想不到你們這炸藥竟然強烈到能夠炸開這種鋼管，至少要有每平方公分一千四百公斤的壓力才炸得開它，即使它上面有銲縫。」

「什麼銲縫？」昆庭詰問。

凱登先生聳聳肩說：「這根鋼管是把鋼片縱向對銲而製成的，我們沒有那種無縫的鋼管，太貴了，上回做那枚火箭把最後一點用光了。」他把箭筒轉過另一側，指著上面說：「這兒就是銲縫。」

我審視那條幾乎看不見的銲縫，發現上面有些深深的裂隙，恍然悟出這次爆炸的原因。所謂「對銲」就是把鋼片捲成管狀後，銜接的兩邊單純壓緊併攏，再以特殊的電銲將接合線銲牢。這種接合的方式太弱，接縫不足承受火箭的內部壓力，我們的推進劑太強了。

其他的機器工人也擠進來看。「克林頓，疊銲的鋼管會強一些。」有一位技工說：「可以承受至少多七百公斤的壓力。」「疊銲」的意思是把鋼片捲成管狀後，將銜接的兩邊做部分重疊，再銲接起來。

「對呀！我還有一些疊銲鋼管哩。」凱登先生很難過的說：「當時我怎麼想不到呢？」

「我們能不能找到無縫鋼管？」我問他們，我不想用任何有銲縫的鋼管了。

「我要請購才有。」凱登先生不太有信心的說：「請購要你爸爸簽字。」

「沒問題。」我有把握的說：「你負責填好請購單，其他的事我來管。」

我想凱登先生會替我填寫請購單，如果父親不批准去買我想要的材料，我仍然會設法獲得，不管用的是什麼手段。可能是騙取、詐取或偷取，就是不要再去求父親。我要把身體裡的憤怒和痛苦統統激盪起來，完全不做任何抑制，我不再自怨自艾，我要振奮起來，像父親一樣強悍。

第17章 凡倫婷

那是搖滾樂的黃金時代，我們這些在西維吉尼亞窮鄉中的孩子也為之瘋狂，晚間時分我們才收聽得到山區外的電台，一般都把收音機調到田納西州的加拉丁市的電台，他們選擇的黑人搖滾樂比較感性，經常播出的歌星有恰克貝利、拉維恩貝克、岸邊人合唱、胖哥三重唱、莎莉姐妹、艾弗利亨特、喬伊透納等等，都很受我們的喜愛，不過我們對歌曲之間穿插的皇冠美髮霜廣告則沒有興趣。有時候我們也聽貓王、卡爾柏金斯、傑利路易的歌，這些歌曲通常在芝加哥市郊的WLS廣播電台播放，不過還是加拉丁電台的黑人歌星最合我們的口味。另外還有艾德為我們選放的曲子。

每逢星期五，大家互相打聽艾德週末會在什麼地方主持音樂節目。他可說是引導大溪高中學生進入搖滾樂的先驅。第二次世界大戰時，他於海軍陸戰隊服役，曾參加過太平洋的跳島浴血戰，從塔拉瓦島打到硫磺島。他二十歲就出去外面看世界，然後回到西維吉尼亞來打算忘卻它。他在礦坑裡工作過一段時間，後來被大溪高中雇用為校警。艾德結過兩次婚，可是我們沒有人知道他有幾個子女。後來，他離開西維吉尼亞搬到佛羅里達，在一次清理游泳池時觸電而死。他在我們這地方是很受歡迎的單人娛樂公司，他穿著V領汗衫和牛仔褲，用自己湊起來的音響設備，為我們的舞會播放最新流行音樂。

艾德最常播放音樂的地方是「隱室」，那其實是夜鷲巢餐室的地下室，就在我們學校的對面。隱室內沒有什麼裝潢，僅僅靠牆放了些高背椅，舞池裡還有幾根柱子，低低的天花板下吊了幾盞粉紅色和深藍色的燈泡，燈光黯淡。角落有一個火爐，旁邊凌亂堆了些煤塊。所以說起來隱室確實沒有什麼東西，我們喜歡待在那裡，是因為它是我們的小小搖滾天堂。如果你想知道一個人在那裡跳了多久的舞，只要把他的襪子拉下來，看看他腳踝上那一團煤屑有多厚。

艾德不喜歡鄉村音樂，他說那種音樂太過忸怩作態，所以我們也不喜歡鄉村音樂。他把快拍子的和慢節奏的音樂互相穿插，而拍子快的還要有韻味。他很少播放貓王的音樂，覺得貓王的曲子快得不易跟著跳舞，並且太通俗。他喜歡的慢歌是那種很抒情的音樂，譬如狄馬汀的「回到我身邊」、比利華德改唱的「星塵」、強尼馬蒂斯的「機會再來」、湯米愛德華的「本來就是一場戲」等等。舞會的最後一曲他一定放傑西貝爾文的「晚安，我的愛」。艾德選曲子非常講究，舞會一開始他會放一些讓你提起情緒的曲子，像是向大家打招呼似的。然後是很富動感的舞曲，中間穿插一些羅曼蒂克的間奏曲，最後總是不可避免的曲終人散，整個過程是如此震撼人心，以致當「晚安，我的愛」歌聲起時，舞伴們會緊緊相擁，他們心中感受的不是舞會的結束，而像是生命的結束。

四月裡的一個星期六，雪曼打電話給我，說我們需要暫時放開火箭去散散心，提議去隱室玩。我馬上同意，因為我自己也為了學父親的強悍和骨氣弄得身心俱疲，正想恢復成一個正常的中學生，去跳跳舞和同學一起玩玩。

我告訴雪曼我哥哥正好也要去，他已經向父親借了別克汽車，也許我們可以跟他一起去。可是當我去找哥哥時，他已經走了。母親說哥哥比平常花更多時間打扮，所以他這個約會一定是很特別的。我心想哥哥的每一個女朋友都是「很特別的」。他所向披靡的不知征服了多少大溪高中的女孩子，弄得滿地都是破碎的芳心。

雪曼和我站在加油站旁的泥地上等，幾分鐘後就有車子載我們到凱列塔鎮，然後在那兒伸出大拇指，又過不了幾分鐘就乘上車直往瓦爾鎮。我們先在街上蹓躂一陣，逛進一家小吃店買熱狗吃，和那臉色紅潤的店員閒話家常，他稱讚我們的打扮，粉紅襯衫、黑色筆挺的窄腿褲、白襪子、黃皮鞋，很適合跳舞的。我們兩個又神氣兮兮的到彈子房打了一局八球的彈子。耗到天黑了，就順著人行道蕩下去。

隱室中的音樂傳到馬路上來，舞會已經開始一小時了，正當最熱鬧的時候。走到門口迎面吹來一陣熱氣，裡面黑影幢幢。艾德向我們打招呼，他叫得出我們每個人的名字，他的最新女朋友是個年輕的金髮可人兒。她向每個人收了二角五分錢的銅板之後，在我們手背上蓋個黑章就讓我們進去了。雪曼看到一個他喜歡的女孩子，過去點點她的背就和她一起滑進舞池裡。他那條羸弱的腿使他跳起舞來有點滑稽，轉起來有點彆扭，可是那些女孩子還是要和他一起轉。這時艾德正進入中段播放些輕快音樂。我注意看看周圍，凱西和珊蒂這兩個啦啦隊員和她們的男朋友正跳得起勁。凱西是個精力充沛、能跳能舞的女孩，她的男朋友吃力的跟著，跳得滿頭大汗。她向我招招手，我也回應她，她大聲問我：「你們的火箭怎麼樣啦？」我點頭說火箭沒有問題，我也很好。總之，我把所有與火箭有關的大小事情拋諸腦後，享受美好時光。搖滾樂和周圍的朋友真是我的一帖良藥。

我四處眺望，發現凡倫婷和巴克在一起。在過去的幾個星期裡，我時常看見他們倆在上午和午餐時都坐在一起，我深覺驚訝。在大溪高中，男生和女生這種樣子表示他倆是在玩真的。我不認為巴克哪一點攀得上她，根本不夠格。可是我沒有權力妒嫉，我的心與靈已經全部獻給了桃樂絲。

我和艾蜜麗跳了一支快舞，接著又和貝姬、悌璇、瑪麗、丹娜一個個跳，後面的一支慢舞是和高一的瑪葳跳，完了又進入舞池跳公雞舞，先伸左腳、再伸右腳，隨著節拍把頭點幾點。在人堆裡轉來轉去，在汗水和香水混合起來的醉人氣味中呼吸，使我不禁陶陶然。雪曼和他的小愛人早已消失在黑暗的角落裡，我則在明亮的地方隨意變換舞伴，就在此時，桃樂絲出現了。

以前，我從未在隱室遇到過桃樂絲，現在她獨自站在入口處，穿著黑裙和淡綠色毛衣，裡面白襯衫的領子翻出外面，腳上穿著跳舞的鞋子。我以為她是一個人來，正興奮的準備走上去迎接。可是，馬上就看見她的男朋友手上拿著兩個銅板跟在她後面。我認識他，認識他平整金髮前面裝飾出的髮圈，他那傲慢的嘴唇，和他那運動員的軀幹。

我哥哥牽著桃樂絲可愛的小手在粉紅和深藍的燈光下，從綠白相間的綵紙中走過，立即隨著艾德排在中段的美妙音樂起舞，我破碎的心也跟著被音樂的拍子震落到水泥地上。

我不記得我的雙腳如何把我拖走，只記得我坐在最邊邊的空凳子上，看著哥哥摟著桃樂絲的細腰，在舞池中搖擺。我看著他們，如同鐵達尼號獲救的生還者看著巨輪逐漸下沉。大家都如常繼續跳舞，有幾位女孩子跑過來邀我參加，可是我不理不睬，我正忙於設法把自己弄死，死一千次、一萬次，我也不會在乎。可是，老天爺，艾德居然還接著放了一首極羅曼蒂克的曲子，湯米愛德華唱的「本來就是一場戲」：

淚珠紛紛如雨滴，
本來就是一場戲，
披起愛情的外衣，
卻是虛情與假意；

桃樂絲已經完全融化在哥哥的臂彎裡了。她的頭緊緊靠著他的胸膛，眼睛緊閉，美麗的嘴唇微微露出陶醉的笑容。噢，我的天哪！

有時他把你忘記，
本來就是一場戲，
手捧鮮花情依依，
說他不能沒有你；

我彷彿看見哥哥向後退，做出獻上鮮花的樣子，她欣然接過那束無形的鮮花。我覺得我的靈魂已脫離了軀殼，全身血液都沉澱到腳底，麻木、痛苦、傷心，統統一起無情的襲來。

「桑尼，」是凡倫婷在叫我：「你要不要跳舞？」

我抬頭看看她，又看看她伸出來的手，本能的捉住她的手，她向後退把我拉起來，撞上了哥哥和桃樂絲，桃樂絲只是半張開她惺忪的眼睛，哥哥卻罵了起來。他們還是跳著舞讓開了。凡倫婷用兩手挽住我的頸，隨著音樂搖擺，又用嘴唇摩挲我的耳朵，像是輕輕叫我不要再想到哥哥和桃樂絲。

他輕吻著妳的雙唇，
手指滑過妳的肌膚，
妳的心啊，已隨風飄逝。

我不太記得我是怎麼樣和凡倫婷離開隱室的。事後努力回想，依稀記得艾德拍拍我的背，像是催促我跟她出去。我們到學校的停車場必須過一道橋，可是我不記得有過橋，就來到巴克的舊道奇車旁邊。凡倫婷打開後座的門爬進去之後，再伸出手拖我進去，她把所有的門統統從裡面鎖上，坐好之後，雙手交叉抓住她毛衣的下緣，向頭上一拉就把毛衣脫了下來丟到前座，又把頭髮甩下來。這時我聞到一股慾望的氣味，不知道是從她身上發出來，還是從我身上發出來的，當時已經弄不清楚了。她張開雙臂擁我入懷。

我想我聽見巴克敲打門窗的聲音，也聽見他在外面哭嚷，但是別的什麼事都不記得了。凡倫婷把收音機調到WLS電台，正播放出一首情歌：

愛是多姿多采，多麼亮麗，
像早春的玫瑰，盛開在四月裡……

我把頭抬起來呼吸的時候，正聽到桑托和強尼合唱的「夢遊」。玻璃窗上蒸汽濛濛，結成水珠，流出一條條彎曲而透明的小河，我靠在她身上，臉孔埋在她的胸前，與她的乳房如銲接般緊貼。著著實實和她溫存了一陣子之後，她把我推開，自己直起身來跪在座位上。「可愛的孩子，」她再抱我一下，又點點我的鼻子說：「你將來還會有別的女人，但是你不可以忘記，我是第一個擁有你的女人。」然後把我推出去，把門關上。我知道我該走了。我搖搖晃晃走到橋上，巴克等在那裡，他把手搭在橋欄上，探頭望著下面的流水，我有如夢遊般走近大塊頭的他。我不覺得他有發出任何威脅，但他應該知道剛才我在他的車子裡和凡倫婷廝混。

在隱室裡，艾德已經放完「晚安，我的愛」了。偌大一個舞池已經沒有半個人。雪曼走了，很可能先搭便車到英格利希的露天戲院，再從那兒找順風車回家。我看看餐室裡的鐘才知道早已過了半夜，當晚還預報過將下大雷雨，不免心慌起來，跑上人行道時第一陣雨正傾盆而降，遠方電光閃閃，看來這場雨相當可觀。有一部汽車正巧經過，讓我搭了一段路，接著再換乘兩次順風車。到達煤林鎮時已是清晨兩點，山上雷電交加，山谷中大雨如瀉。

車子經過堆棧時我覺得情況異於平常，大探照燈直射向乘人吊車，周圍燈火通明，我望望山谷中的宿舍區，每家門前的電燈都扭亮了，許多人影正向礦場移動，礦場已經聚集了不少的人。我家的後門大開。我提心吊膽走進去，母親正坐在壁畫前的桌子旁邊。她看到我，盯著我看好久，才像地獄的守門者般對我說話：「你不可以到礦場去。」一個閃電正照著她的臉，讓她的臉色顯得十分蒼白，而她的聲音更如墳墓般淒涼。「你今天晚上不管做什麼都可以，就是不可以去礦場。」

第18章　坍坑

我好言相慰，請母親慢慢把今晚發生的事告訴我。大約三小時之前，有兩台大風扇被雷電擊中而停掉了。過了半小時，礦面那裡發生坍坑。當然家裡黑色電話的鈴聲大作，父親得到報告說礦面有大石頭落下來，很多人受傷，可能陷在石堆裡，烷氣的濃度不斷增加，若是風扇再發動不了，可能把整條坑道從頭到尾一起炸掉。父親下令所有沒有任務的人都馬上離開，掛下電話後就到地下室去拿他的裝備。

「我告訴他不要進坑去，」她生氣的說：「我說讓救難隊下去就好了。但是不可能，那不是他做事的方法，他說：『我非去不可』。我說他就是受不了別人跑進他那寶貝礦坑去冒險而沒有他。」

「你現在才回家，也不用跟我講整晚野到哪兒去了，趕快進房間睡覺去，哥哥都已經睡了。你們兩兄弟不用管那該死的礦坑的事。」

我聽從母親的話回房間去，走到窗前看到外面許多汽車凌亂的停在礦場附近，又看到自威爾市越山而來的救護車。雷電依然不斷，大雨下個不停。鎮上的人撐著雨傘，或是緊緊捉住雨衣領口，分散在礦場外面各個角落。

我無法忍受躲在自己房間而不知道外面發生什麼事，於是打開窗子攀住屋簷爬上屋頂，再從屋旁邊順著水管滑落到院子裡，縱身跳過籬笆，躲進小徑上的人群中。差不多全鎮的人都來了。堆棧前面架上拒馬，丈夫還在礦坑裡的女人站在拒馬裡邊一個指定的地方。我聽人家說救難隊下坑去已經好幾小時了，現在還沒有消息傳上來。

我藏身在浴室的暗影裡，腦子裡一團混，今晚太多事情發生了。桃樂絲已經永遠離我而去，她跟哥哥要好之後，和我的關係與以前完全不同。凡倫婷給了我第一次和女孩子溫存的經驗，並沒有讓我覺得愉快，反倒有點難過的感受。她對我只是心存憐憫，稱不上是愛。

救世軍的男女隊員在為每個需要保佑的人祈禱，醫生帶著助手守候在救護車裡，范戴克先生和幾個領班及工程師在父親的辦公室門外等待，翟克也在裡頭。孩子們倚在父母親的身邊，和大人一樣安靜。

風雨逐漸平息，終於吊車的轂轆響起了吱吱聲。人群跟著發出緊張的嗡嗡聲。籠子出現了，只上來了幾個灑石灰的工人。他們立即向大家報告下面的情形，救難隊已經深入到礦面那裡，可是坍坑處有一部裝載車遭落石掩埋，擋住整個通道，現在正設法把它拖出來。這消息把坑內災情的輪廓提供給焦急的人群，幾個退休的老礦工向醫生做進一步解釋。我擠到旁邊去聽。「醫生，他們先把石頭挖開，再拿鋼索綁住裝載車，用馬達拖曳出來。」

醫生不太了解，「為什麼不乾脆用火藥炸開石頭呢？」

「不行的，會把那裡的沼氣引爆。」一個老礦工說，他用行話稱呼甲烷。「也可能把坑頂震垮。反正用人工挖是唯一的辦法。」

「那可要挖好久呀？」

「兩個鐘頭吧，更久也說不定，完全看掉下來的石塊有多大。不過被陷在那一頭的人還不致太危險，這礦坑的通風設施還挺靈光的，聽說那兩台風扇已經修好了，他們只要挖開一個小洞，就有足夠的空氣讓裡面的人活了。放心好了，醫生，他們沒有問題的。」

夜更深了，雨也停了，雲層破開之處，露出點點寒星，山風把樹上新葉吹得颯颯作響。雨後的早春，本是山區裡安恬舒適的時光，可是我們大家全都緊張等待轂轆再度發出聲音。井口冒出來的蒸汽，像是寂靜的堆棧的無言嘆息。突然辦公室內電話鈴響起來，范戴克先生進去接聽電話，立刻人群中傳出消息：救難隊中有一人受傷，可是他們已經打開了一條通道，也發現有人死亡。拒馬那邊的妻子們低下頭喃喃禱告。終於轂轆的咯吱聲音再起，載人吊車的鋼纜在移動，大家的眼睛都緊盯著那唯一移動的東西。移動緩慢下來，醫生和兩位牧師走向吊車的門前，馬上就可以看到我們十分不願見的事情了。

籠子裡站著兩位在安全盔上貼著綠色十字標示的救難隊員，合力抬著一副擔架，躺在架上的人由灰色毛毯蓋著。醫生把蒙住頭的毛毯揭開，替他把安全盔脫掉，然後回頭向跟在後面的幾位礦工妻子說了一句話，她們立刻讓開路，輕聲傳話到後面，有一位全身發抖，雙手緊拉住衣襟的妻子走出來。她莊嚴的隨著擔架走往救護車，走過浴室的燈光下面時，我看到了那是白考夫斯基太太。當時一陣劇痛直擊我的心，我大聲呼叫起來：「上帝呀，求求你，快讓這場惡夢結束吧！」

我想要迎上前去，可是突然我的腦後響起阻止的聲音，「不行，現在不要去！」母親說。她從暗影中走出來，狠狠盯著我看。我還想跟她講些話，不外是想請求她了解。我才張開嘴，就被她重重刮了一個耳光，我打得一個踉蹌，驚訝多於疼痛，面孔發燙、熱淚盈眶。她的臉憤怒得扭曲起來。「我告訴過你不准到這裡來。」她從來沒有用這麼凌厲的聲音對我講話。我站穩了說：「我是擔心爸爸。」

「胡說，你根本不關心他，」她的聲音嘶啞：「你只關心你自己，你一向都是那麼自私。」她鄙棄我，轉身走開，在人群中隱沒。

我靠住浴室的牆壁，手像被膠黏在臉上，母親嚴厲的聲音在我腦裡迴盪：「自私、自私、自私！」救護車載了白考夫斯基先生的遺體，緩緩滑下斜坡開上馬路離開了，我低頭不斷向上帝禱告：「上帝呀，請你不要再折磨我吧！請你不要再讓我承受這麼多痛苦吧！」可是，我突然禱告不下去了，面向著救護車裡白考夫斯基的遺體，我的禱告詞怎麼還是為了自己呢！母親說得對，我真的是一向自私，我怎麼會是這樣的人？我更加憎恨我自己了。

豎井上面又咯吱發出聲音，等待中的妻子如受到一陣冷風吹過般顫抖起來。那似乎永遠到不了頂的籠子終於到頂了，裡面站著十幾位面孔黧黑的礦工，中間有些需要別人扶持。打開門，一位救難隊員跳出來，對著那群妻子高聲宣布：「全部生還！」

全部生還！妻子們推開拒馬，衝向她們的男人，有幾個滑倒了又爬起來，找到了丈夫就撲進他的懷裡，根本就不顧汗水與煤灰混合的黑漿把她們的衣服塗汙。孩子們也擠進去緊抱住他們父親的腿。

跟在人群的後面，我父親單獨走出籠子，頭上的安全盔不見了，右眼裹著一條滲著鮮血的繃帶，他行動僵硬的走向范戴克先生，這位總監督走下門階很莊重的握著父親的手。救難隊的隊員在離開之前一個個走過來拍拍他的背，他平靜的接受他們的致意，就拖著像鉛做的靴子，步履蹣跚的走回家去，母親也從人堆裡出來，一言不發跟在後面，我想她認為此時此刻，最重要的是讓他以自己的力量回到家。我等他們下了斜坡之後，撫著還發燙的面孔，緩緩走回家裡。

我走上樓梯回房間的時候，聽見父母親都在地下室講話，又聽見父親淋浴的聲音。我進了房間，聽到他們上來的腳步聲，父親躺下床的彈簧聲，最後母親又到樓下去了。

這時黑色電話響起來了，響聲比平時似乎要大十倍。母親急忙走到樓梯口，卻不是接聽電話。我聽見她把電話線從牆上的接頭扯斷，然後開了前門把電話機扔出去。我擔心她弄傷自己，跑出房外來看。

父親房裡的黑色電話，鈴聲仍響個不停，母親又怒沖沖衝上樓來，哥哥正被這騷動吵醒，搖搖晃晃走出臥房外，被母親一把推開，她又擦過我身邊，推開父親的房門，衝進去把那電話也扯掉丟到窗外。她出來走廊命令我：「去叫醫生來！」我正跑下樓梯，醫生就已經進門了，他看見母親在樓上，立刻跑上樓梯，伸手把母親抱住，輕聲說：「愛西，很快就一切沒事啦！」

「有多快？」母親抽搐著說。他們兩人進了父親的房間，並關上房門。

哥哥和我在樓上走廊等醫生出來，彼此沒有說話，也沒什麼話可說。「我替你們爸爸在前額縫了十二針。」醫生出來對我們兩人說：「拖曳裝載車的鋼纜拉斷了，不幸打中他的頭，把安全盔打成兩半，傷到了他的右眼，可能會失明，明天我會送他去醫院做詳細檢查。」

醫生走到樓梯口又轉過身來，慎重的對我們說：「今天晚上若沒有你們爸爸奮不顧身，恐怕會賠上十幾條命，這點做兒子的應該知道和驕傲。」

我跟著醫生走出後門，才小聲問他：「白考夫斯基先生是怎麼死的？」

「他正在操作那台裝載車，不幸被石頭壓死了。」

太可怕了，我不禁低頭傷心哭起來，醫生把手穩穩壓在我肩上。「這是怎麼啦？」

「醫生，那都是我的錯，不然，白考夫斯基先生不會被派去那裡開車的。」我把事情經過告訴醫生。「如果他不在礦面工作，他現在還是活著的。」說到這裡我已經泣不成聲。

「不許這樣子無謂的哭了。」醫生嘶啞著聲音說：「你難道還不知道這是個什麼鬼地方嗎？老天爺，他們每天下礦坑都是和死神打交道呀！」

我知道，我也想堅強起來，但是那可恥的眼淚，像決了堤的河水一樣，止不住流下臉頰滴到地上，我真恨自己不中用。

醫生耐心向我解釋：「白考夫斯基幫你製作火箭，是因為他把你當成自己的孩子，他要把最好的東西給你。你和煤林鎮上的每一個孩子是屬於鎮上每一個人的，這是我們鎮上的不成文規定，每一個人都認為這是應該的。」

我隨他走到他的車子，他坐進去發動車子之後，又把窗子搖下來對我說：「我所講的也就是你爸爸要對你講的，你不可以像個愛哭小妹一樣動不動就哭了，要是再讓我看到你哭，我要親自揍你的屁股。煤林鎮沒有弱者，如果你是弱者，就偷偷滾到別的地方去，愈快愈好！」

我退後兩步讓醫生把車子開走。堆棧那邊有人已經開始工作，馬路上有幾個工人走過，看他們談話的態度，就像往常一般，偶爾還帶些笑語。白考夫斯基先生已經亡故，我父親仍在昏迷，而這些人都若無其事，甚至於還有一種解脫的樣子，因為只死一個人！麥道威爾郡的許多煤礦裡，常常會死人，所以根本不當一回事。大家圍在豎井口所做的虔誠禱告已經靈驗了，因為只死一個人！我憎恨這些在馬路走過的人，我憎恨他們披著勇氣和堅忍的外衣，裡面其實是冷漠和無情，即使面對死亡也絲毫沒有感覺。我不願意成為他們當中的一個，我要逃出去，永離煤林鎮，絕不回頭。

日班的領班克來德匆匆走來我家後門，像沒看見我一樣就直衝上門階。母親站在門口不讓他進去。「我要跟荷默講話。」他極無禮的看著母親，連個招呼都沒有。「你們的電話壞了。」

「他不在家。」母親也不客氣。

「別胡說了，愛西。」

「他不會在家裡見你！克來德，你不用到家裡來找他，也不用打電話來，我把電話扔到院子裡，那就是它們該待的地方。」

第二天母親開車送父親去醫院，我坐在後門的門階上等他們回來。父親整個頭綁上了繃帶，右眼上厚厚的一大包。他一下車站不穩，靠著車門才找到平衡。母親把父親的手搭在她的肩上，支持著他的身體走過來，我急忙起來開門要上去幫忙，可是母親用眼睛示意叫我讓開。

我看著父母的背影在門內消失，紗門「砰」一聲關上。我想隨他們進去，可是只能站著不動，因為我感覺到紗門關閉的聲音在空中不停迴響，彷彿煤林鎮上每家的紗門在我面前逐一關閉。我一生中總以為能照計畫來實現理想，如今我發現我的想法都是錯的。醫生給我的忠告，不正是指出我過去自以為是的東西淨是些錯誤嗎？這個可怕的發現，令我的元氣消失殆盡，我低頭垂手陷入極端的自憐之中。我感覺有如被小偷把我最寶貝、最神聖的東西偷走，既然什麼都沒有了，我又有什麼好在乎的呢？我抬頭看看醜陋的群山，啊，我已經不再是幾分鐘之前的那個男孩了，我的嘴角似乎露出一抹冷笑。生命中最害怕的東西已控制住我了。我感到全身麻木。

第19章　鍥而不舍

我突然變得遲鈍和呆滯，像有人把我身體裡的電源關掉一樣。在後來那幾天裡，我不再碰火箭，不再看那本寶書，不再弄機械加工。我避免見到父母，避免經過父親的臥房，每天提早出門，在黑暗中站一個小時等校車到來。

是不是我已經變成這些人之中的一個？我心中張惶，不願意承認我已經轉變。白考夫斯基先生是因我而死。他的死亡和父親的重傷卻把我打回原形。是不是我本質就是個魯鈍的西維吉尼亞州乖孩子，一年多來的努力不過是白費心機？是不是我骨子裡的無能和罪惡今天才讓自己認識？我想到教堂去跪在十字架面前，懇求耶穌基督賜給我皮肉的痛苦。祂自己承受過痛苦，那的確是祂賜給世人的禮物。作為祂的子民，我不是也應該感受到痛苦嗎？為什麼又要變成麻木不仁？我真恨我自己。

我騎上腳踏車去教堂，在走上教堂的石階時，佛洛先生把我叫住，他說：「我那些技工幫你做好一枚新的火箭了，你能不能來拿去就在這個週末發射？」

「請您告訴他們我謝謝了，不過我已經不再搞火箭了。」

我繼續走上教堂的石階，可是一想這不過是公司的另一棟建築物而已，又怎能解決我內心的矛盾呢？就轉過身來走開，想去小理查的教堂，那又太遠了一點，我已經沒有興趣長途跋涉。而且，他也不過淨是引用一些我已經知道的箴言而已，又有什麼用呢？

翟克，想到他我的心就活躍起來，還有誰比翟克．莫斯比更能享受生命的歡悅呢？我急忙趕去俱樂部，可是達芬柏太太說他一早就已經出發到俄亥俄去了。

我只好往家裡騎，范戴克先生在他辦公室看見我，就走出來喊我。我過去在他面前聽他稱讚父親，「他的勇敢使我們大家都感到振奮。」這就是范戴克先生的結語。

「是的，先生。」我以煤林鎮好孩子的典型態度來回應。

總監督嚕嗦完之後，我騎上車想到郊外散心，又被杜邦納先生在工會門外看到，「桑尼，等一等。」他叫住我。我把車子停下來，他走過馬路來問我：「你爸媽都好嗎？」

「媽媽很好。」我很禮貌的回答。

「你自己呢？」

「我也很好，先生。」仍然是典型的好孩子。「我有事要趕時間。」我不願多留。

杜邦納先生雙手捉住我的車把。「我知道你對艾克．白考夫斯基有特別的感情，你很愛他，可是你不應該折磨你自己呀！」

「對不起，我真的要趕時間，先生。」

他放開手說：「你愛怎辦就怎辦吧，趕著去折磨自己吧！」

晚上我躺在床上，張大眼睛對著黑暗，阿菊在身旁呼嚕嚕的睡，我伸手摸她的頭，但是不想跟她說話，也沒有什麼可以訴說。我甚至沒有禱告，躺在床上等天亮。

那些日子裡，煤林鎮凌亂不堪，公司派人來拆除火車軌道。成群的工人來拔大釘，橇出枕木，拖走鋼軌。空下來的路基像鎮上的一條黑色傷疤。沒有了拖煤火車，煤林鎮不再被每天飛揚空中的煤塵所覆蓋。我卻依然覺得每樣東西上面，每個人身上，都覆蓋著那永遠清除不掉的灰黑骯髒的粉末。

現在我上學已不在乎成績的好壞，什麼都不在乎了。在校車裡，洛伊請人家讓開，坐在我後面的座位，伸過頭來在我耳邊說：「你怎麼啦，老兄？」

「沒什麼。」我說，就閉上眼睛假裝睡覺不去理他。

上課之前和午餐時候在大禮堂裡，昆庭想坐到我旁邊來。我大吼一聲，「不要過來！」他像被我踢一腳似立刻跳開。

我看見凡倫婷和巴克坐在一起，話說個不停，她眉飛色舞說完一段話之後，注意到我在看她，就向我溫柔的笑笑。我沒有理她。

桃樂絲和哥哥牽著手在走廊與我面對面走過，她跟我打招呼，「嗨，桑尼。」我不理她直衝過去，她閃開才沒有被我撞到。

「真是吃錯藥了。」我聽見哥哥在後面說。

萊莉老師叫我下課後留下來。「桑尼，你爸爸怎麼樣啦？我為他受傷感到難過。」

「他很好。」我站在那兒等她說完該說的話，我好快點離開。

她憂心忡忡望著我一陣子，「聽說你不再碰火箭了，你是怎麼啦？」

我很驚訝我竟然有了一點感覺。「是的，」我說，心頭感到微痛，站在那裡像站在馬上要裂開的薄冰上，屏住氣不敢動。

「為什麼呢？」

「不為什麼，反正沒人在乎。」

「我在乎，昆庭在乎，大家都在乎。」

「那就叫他們自己去做火箭好了。」我很傲慢的叫起來：「沒有我他們不能自己做嗎？」

「你在為自己感到難過。」她很平靜的說：「還混雜一些傲慢。這兩種東西加在一起的反應不太好。」

我像被一股電流通過全身，脾氣忽然引爆起來。身體裡的自憐、齷齪、卑鄙，統統都任性的攪成一團。「妳又哪裡知道我有什麼感覺？」

老師對我這小小的爆炸連眼睛都不眨，她說：「把手伸出來。」

「幹什麼？」

她伸出手來捉住我的手，我則握起了拳頭。她把我的手打開，她的手柔軟、溫暖，我的手卻冰冷，自從那事件發生之後，我一直覺得身體很冷，晚上蓋幾條毯子都暖和不起來。

「桑尼，」老師說：「你最近遇到很多難過的事情，也許比我所知道的要多，但是，我要告訴你，如果你因此而放棄掉火箭，你一輩子都會後悔的。」

我把手抽回來，我不能讓她又打亂我的思維，我要堅持我的新方向。這是我從自己造成的紛擾之中走出來，糾正過去錯誤的唯一方法。「你要把所有的痛苦和憤怒擺在一邊，去完成你的任務。」老師這樣教訓我。

這就是了，她也把西維吉尼亞州的偉大任務搬出來教訓我，我該早就知道了。哦，是的，我們為了這個州每個人都有任務。這任務是把我的腰壓彎了去，把我們的寶藏運到全世界去，每天辛苦勤勞，周而復始就是為了完成這項偉大的任務。「我的什麼任務？」我有點無禮的詰問她。

她忽略我的無禮。「桑尼，你的任務是製作火箭。」

「為什麼？」

「即使不為別的，也是為了你和學校的榮譽。」

我不要聽，我想跑出去，跑到教室外面永遠不要回頭。「我不喜歡這個任務又怎麼樣？」我的爭辯已經軟弱無力了。

她盯著我看，目光可以射穿我的身體。「就這樣不喜歡嗎？」她說：「尤其是在你已經付出這麼多的心血之後嗎？」

雪曼打電話到我家來，「桑尼，我想你最好趕快去小店的巴士站。」

「怎麼回事？」

他告訴我是怎麼會事，又告訴我該怎麼辦。勇敢又善良的雪曼，如果他說該這麼做，我相信就應該這麼做，於是我衝出家門。

白考夫斯基太太孤單的站在小店對面的路旁，身邊擺著兩個廉價行李箱。范戴克先生特准她留住宿舍一個月，可是她決定依照規定只留兩個星期，雪曼告訴我她要搬去本州的北邊，靠近她女兒養病醫院的附近，和親戚一起住。我走上前去。「我來跟您說我非常對不起您。」我哀傷的說。她只是看著我沒有回應。我很嚴肅的站得挺直。「那完全是我的錯才使白考夫斯基先生在礦面工作。」

她微微一笑使我一怔。「艾克要回去機具間工作的話，他隨時都可以回去的。他說你爸爸有時候會生氣，但是最後還是對大家很公平。事實上是他不要回去，我也不要他回去，我們需要多賺點錢。」

「但是那是因為我——」

「艾克愛你，桑尼，」她很平淡的說：「你是知道的。」

「是的，我知道，夫人。但是——」

「好了，」她再度打斷我：「不要再說了。」她嘆一口氣，又望望大街的兩頭。「這是一個美麗的地方，又乾淨，又安寧，真希望能夠長住下去。」

我聽著她說，心痛如絞。

巴士已經在路口出現了。「但是，唉，這一切都是命。」她再深深的嘆氣。

我提起她的行李箱，幫司機擺進行李廂裡，她站在車門對我說：「不要忘記艾克。」

「我不會的。」我發誓。

她找到座位坐下，拉開車窗，俯頭微笑看著我。「你可以做一件事。」她說：「我想艾克會很希望你做這件事。」

「什麼事？」我殷切的盼望著。

「繼續發射那些火箭。」她關上車窗，露著淡淡的笑容，掩蓋不住那份寂寥與悲哀。巴士緩緩開走了，我眼睛不離的目送她，一直到巴士消失在山腳下的轉彎處。

山坳裡吹起一陣清風，半山下的茱萸樹隨風招搖，像是叫我好好欣賞大自然的繁榮。滿樹的白花，襯托在古老的橡樹和胡桃樹的頂梢上，有如上帝鋪在上面的花球，和周遭的綠色嫩葉互相輝映。我聽見一種聲音在呼喚，回頭向大路的兩端尋望，那不是一種單調的聲音，那是煤林鎮上人們的走動聲、交談聲以及各種街聲，合奏成的生命與工作的永恆交響樂。我站在路旁傾耳靜聽我的家鄉所表演的工業進行曲。

海雀二十一號在礦災之後三個星期發射升空了。差不多同一時間，我父親也離開床鋪開始上班了。他的右眼鈍滯，看不清東西，前額上血紅的裂口還有密密的縫線。可是他不理醫生的吩咐，堅持要去工作。母親看著他離開家，就回去坐在海灘壁畫前的老位子上，公司派人來重新裝設黑色電話，她也假裝與她無關。我沒有跟他們說什麼話，大家各忙著自己的事。

母親每天照常幫我們準備晚餐，做好之後就留在爐子上，自己進臥房去躲起來。哥哥和我餓了就從鍋裡取些食物，各人帶到自己的房間吃。父親很少回家吃飯，如果他回來吃就單獨吃冷飯剩菜。我想今後我住在煤林鎮日子裡的生活，大概就會像這樣子繼續下去。哥哥已經獲得了大學的足球獎學金，七月就要離家上學去了。我還有一年，到時不管怎麼樣我也要離開這裡。上大學也好，幹別的事也好，我不打算花父母親一毛錢。翟克老是說陸軍或者空軍會歡迎我，加入他們也是可行的辦法，反正可以申請退伍軍人補助金去念大學，等以後時機到了再去卡納維爾角。

我請凱登先生採購的無縫鋼管早就送來了，他說父親沒問什麼就批准了申購單。昆庭和我還沒有能力應用火箭書上的方程式來設計戴拉華噴嘴，只好請機器工人另外做一個新的噴嘴，把錐坑的部分切得深一點，至少這樣子的噴嘴有先向內收縮再向外擴張的戴拉華噴嘴的模樣。

在大禮堂裡的一次大溪飛彈署早晨會議中，我向社員宣布：「大家留意看這枚新的火箭，這一次會真的很棒！」之前我已經向大家道過歉，請大家原諒我被這次礦災分了心。而他們卻做出完全沒事的樣子，那是西維吉尼亞州的態度，他們都做得比我強。

從我按下電鈕的那一剎那，就知道這枚火箭的確是我們做過最好的一枚，海雀二十一號點火之後，躍起離開發射台，底部噴出錐形的高溫火焰，推著火箭加速上升，像飛鏢似直衝上藍天，後面拖著長長的白色尾雲，非常壯觀。我們多了兩位大溪高中的同學，狄恩和朗尼，參加我們這天的發射場活動。杜邦納先生、機器工和三十位左右煤林鎮居民在場為我們歡呼。巴西爾繞著他的古董車跳舞，一切都非常順利，海雀按計畫路線墜落在發射場的下方，我特別愛聽那「咚」一聲的著地聲。「一千兩百公尺！」昆庭在發射場邊緣的觀測位置大叫。

「我們增加了三百公尺，」洛伊說：「下一次就可以到一千六百公尺了。」

「到得了的，沒問題。」我說：「但是這次是最後一次用火箭糖了。」我已經和昆庭討論過用新的推進劑：鋅粉加硫磺，相信可以達到最大的高度。

雪曼皺了一下眉頭，「我們知道鋅粉加硫磺的特性嗎？」

「不多，可是我們可以逐步學習呀！」

「但是，火箭糖不是很好了嗎？」比利提出他的看法。

「是呀，」奧德爾也加入抗議。「我認為我們不應該改變。」

「鋅粉加硫磺。」我專橫的說：「下次就這樣，你們要是不喜歡就請便。」

「誰請你來當皇帝的？」雪曼不客氣的質問。

「我是負責人呀，」我在學做一個強人，我用毫不妥協的口氣說：「我說這樣就這樣。」

其他的社員氣呼呼走開，洛伊留下來對我說：「看老天爺的分上，桑尼，你別那麼緊張好不好？」

「洛伊，別跟我來這一套了。」我跟他說：「昆庭和我正在設計新的噴嘴，必須使用好一點的推進劑來配合。」

「好嘛，為什麼你不跟大家這樣解釋呢？」

「因為我已經來不及再慢慢解釋了。」

「來不及？你有什麼好急的？」

「我——，我們打算明年贏得全郡科學展覽會的冠軍。那必須要比威爾市的學生好上一倍才有希望。參加展覽會之前還有很多事情要做，還有很多東西要學。」

「你為什麼想要贏得全郡科學展的冠軍呢？」

「是不是我做每件事都要跟你們說得一清二楚呢？難道我沒為我們的研究社做了所有的事情嗎？」

洛伊兇起來了，「去你的，你沒有，就算你有，我認為你也不應該對大家這種態度呀！」

「你的想法不值一文錢。」我咬牙切齒說出每個字。

洛伊突然向我的胸口使勁一推，把我推個四腳朝天，胸口也被他那一下捶得好痛，他兩腳分跨在我身體兩邊，高高在上的在我臉前舞著拳頭，「你這個混蛋，」他氣呼呼的說：「我們為你的火箭幹得魂都沒有了，而你卻把我們當不值一文錢的對待。你若還是這樣以為，站起來，看我不把你再揍下去。」

我坐了起來，手還揉著胸口，「我只不過想試一下鋅粉加硫磺而已。」我的聲音在發抖。

「天啊，你真是個蠢材。」洛伊搖搖頭說：「你想試就試吧！」他伸出手把我拖起來，我拉住他站起來之後，他說：「我很抱歉揍了你。」

「我不抱歉。」我說，我不覺得我有錯。

第20章 奧德爾的寶藏

父親雖然保住了眼睛，可是已經不可能痊癒了。受過傷的眼睛經常流淚，不可能閱讀，威爾市的醫生說他以後都只能這樣子過了。父親在看電視、報紙時，都要把那隻眼睛遮住。他和母親之間很少談話，在我看來他們至少還保持和平，也故意不再提起這件礦災。父親和我仍沒什麼可談的，母親還是對我很慈愛，時常問問我學校的情形，也只有如此而已。哥哥則是不必提了，對我而言，他不過是家裡的一個魅影。現在已經很少全家聚在一起吃晚飯，即使難得坐在一起，也只有刀叉碗盤碰撞的聲音，好在家裡還有阿菊，她是我談心的密友。

母親在早晨都不離開房間，讓我們自己打點上學。哥哥不需要人催促，每天準時起床，但仍花一小時在浴室裡打扮。我就差得多了，沒有母親盯著就有兩回沒趕上校車，搭順風車趕到學校結果遲到，被叫進校長室挨罵。校長警告我如果再遲到，會有我想像不到的麻煩。偏偏在五月中旬我又沒趕上校車。其實我已經向奧德爾借了鬧鐘，那天早上還是睡過了頭。我只好到對面的加油站等往瓦爾鎮方向的順風車。好在運氣不錯，翟克開了他那輛小跑車過來停在我旁邊。「要去哪裡？」他問我，接著把車門打開讓我上車。自從礦災之後，不知道為什麼他一直留在俄亥俄州沒有回來。我真高興又見到他。

「去大溪，我要遲到了！」我立刻跳進車裡。

翟克的眼睛閃過一道亮光，「好的，走吧！」他大喊一聲，把門關上就用力一踩油門，車子飛快擦過礦場，往煤林山上衝。他拿出酒瓶來對著嘴巴喝，然後就遞過來給我。「你喝不喝？」

「我上課之前不喝。」我回答，這樣講也沒錯。

趕到學校之後，我謝過翟克就急忙跑去化學教室上課，進了教室之後才發現我把書留在翟克的車子裡了。萊莉老師正在點名，我不好馬上往外跑，結果翟克把我的書送進來。萊莉老師抬起頭來望著他好一陣子，然後又低下頭點名。我覺得通常她不會看人那麼久。

我向翟克招招手，他把書送到我座位上來。「你的老師叫什麼名字？」他好像很想知道。我介紹他們兩位認識，他們握握手之後，萊莉老師問：「我想你是工程師吧？」她的聲音非常悅耳，以前好像從沒那麼好聽過。

「我倒有個學位，可是人家總是不相信我是工程師。」他回答得十分自然。「這些火箭小子告訴我，妳是他們最喜歡的老師，他們的眼光挺不錯的。」

她的臉紅起來，眼睛看著手上的名單，她說：「歡迎你再來，莫斯比先生。」

「叫我翟克。」他回答，眉飛色舞的說。「我絕對會再來的，萊莉。」

他走出去之前，彎下腰對我說：「不要坐校車了。任何時間你只要叫一聲就有人做你的司機。」

我不記得從什麼時候開始就發覺翟克和萊莉老師約會的蛛絲馬跡。有一天下課之後她叫我留下來，問我一些問題，想多知道一點莫斯比先生的資料，例如他交些什麼樣的朋友、人家怎麼樣看他之類的事情。當然我稍微撒了一點謊，因為我至少欠翟克一個好的評語，所以我說莫斯比先生在煤林鎮如何受人尊重和敬愛。說來讓人不可思議，我為翟克塑造的人品，好得連我都妒嫉起來。

一個學年快結束了，我們高二生經過走廊時，都有一股即將成為老大的氣勢。下學校開始就是屬於我們的好時光了。學校放假的前一天，大溪飛彈署來我家開會。我們有幾個討論題綱。首先是錢，我們需要錢買更多的鋅粉，還需要錢來償還范戴克先生，付清我們購買電話設備的債務。

奧德爾發言之前緊張的看看四周以防被人偷聽。房間裡除了我們幾個成員之外，只有小快活和阿菊，而且牠們也在睡覺。他覺得不會洩漏機密之後，叫大家靠攏一點。「我知道有一個地方埋有許多鑄鐵，」他悄悄說：「各位，那簡直和黃金一樣，只要挖出來就可以賣了。」

他開始向大家解釋，煤林鎮的鐵路被公司拆除之後，西北鐵路公司只好把大叉口那邊的支線放棄掉，那是在煤林角以西約八公里處，是個更加偏僻的地方。在路基的下面埋設有一條鑄鐵的排水管。「我打算這樣子，」奧德爾說：「我們去把水管挖出來，砸成小塊，分批送去廢物收購場，可以賣到成噸的鈔票，而且完全合法。」

「幹嘛不乾脆拆了鐵軌去賣呢？」洛伊覺得那個邏輯不通，「拆鐵軌會簡單得多。」

「如果我們去拆鐵軌，廢物場的人認出來，去報告鐵路公司，我們就完蛋了。」奧德爾回答。

「他們去告又怎麼樣呢？」雪曼跟著又提出一個問題：「你說挖水管完全合法，那麼挖鐵軌也一樣合法囉！」

「不一樣！」奧德爾這次回答得更簡單，他認為雪曼和洛伊的疑慮是多餘的。

籌備這次遠征花了一個月的時間，一直到六月底才就緒。昆庭和比利都到別州的親戚家度暑假。奧德爾的父親開了垃圾車送我們四人到廢棄的鐵路支線，放我們下來就走了。我們攜帶了食品和工具，包括帆布帳篷、睡袋、野餐爐子、四大袋的罐頭食物（多半是紅燒牛肉）、幾箱瓶裝汽水、很多條白吐司麵包、兩大盒甜糕點心、幾盒火柴、一輛手推車、兩把大鐵鎚、一把尖嘴斧。所有工具和手推車都是從我們各個家裡借用的，食物是大家把微薄零用錢湊起來買的。我們在一處空曠一點的地方搭好帳篷之後，就迫不及待去找排水管。在一道拖運木材的陸橋走過去不到九十公尺處，果然發現一段水管伸出在山溝上面。「我的天，」洛伊發出痛苦的呻吟，「上面有三公尺的泥巴蓋著呀！」

「你以為怎麼樣？」奧德爾質問：「你以為鐵路公司就那麼把水管擺在地面上嗎？」他把鐵鏟往地上一插，只插進去不到兩公分。「還滿硬的。」他自己也承認了。

我們開始挖，挖了一整天，第二天又一整天。那幾天每天下雨，弄得我們全身泥濘不堪，營帳裡東西都發霉了，食物也開始腐臭。我並不在乎。每天做完苦工後，我們跳進山溪裡洗乾淨，升起營火，大家圍坐一起，靜聽密林中傳出來的聲音：風吹過林梢的沙沙聲，小鹿啃食野蘋果的咀嚼聲，浣熊在灌木叢中穿行的唏嗦聲，和貓頭鷹每晚必唱的哭調聲。經過幾個月來的緊張和焦慮，暫時離開煤林鎮和所有煩惱，令我心曠神怡。沒有來到這大叉口的荒野之前，我不知道我的心靈曾經是如此孤單和可憐。這裡沒有別人，只有我的摯友，洛伊、雪曼和奧德爾與我作伴，我又恢復成從前那個男孩了，我不去想煤林鎮，不去想父親，甚至不去想母親，盡情享受上帝創造的大自然，享受它的美景、聲響和芳香。這是長久以來，我第一次感到真正的快樂。

天黑了，星河在我們的頂上緩緩的流。我們攤開睡袋，躺下去無所不談，談完了女孩子就談未來，談將來的出路。大家都同意將來要從事太空的工作，美國需要我們這種人從事拓荒和探險，我們必須及早準備。躺在那兒有時會看到人造衛星劃過天空，也不知道是蘇聯的還是美國的。每次看到都會叫我心跳加速。

挖了五天之後，終於能夠在用力一鋤之下，聽到打到水管的噹一聲。把水管挖出土後，我們身上已沾滿泥巴，活像婆羅洲土著膜拜的泥菩薩。雪曼舉起把大鐵鎚猛擊那該死的大水管，只聽噹一聲水管卻紋風不動。我接手錘了好一陣，一次又一次使出全身力氣，才出現一個小裂口，輪到奧德爾錘的時候，才終於被他敲下一塊來。我們統統跳進洞裡欣賞那片三角形的碎片。做了將近一個星期的苦工，才弄下來那麼一片。不過，我們一天比一天強壯，一天比一天高明，過了兩個星期的野外生活，奧德爾的父親也運補過幾趟食物，我們的廢鐵寶藏已經堆得有帳篷那麼高了。

我們在伺候第十段水管的時候，輪到我爬下洞裡用鐵鎚把它敲碎。起先進行得不錯，錘下來一大堆鋸齒狀的鐵塊。我正爬上來準備換人接手的時候，腳上滑了一下，連忙伸出左手撐住身體，卻一下插進碎鐵堆裡，立刻感覺到手腕被鋒利的鐵片割到了。我並不覺得痛，洛伊看見我摔跤就大笑起來，並不是我跌倒的樣子滑稽，而是人在極度疲勞下就容易傻笑。我把左手從碎鐵堆裡抽出來，奇怪怎麼會變得染成通紅，才看到一股血從傷口噴出，一下停、一下噴，那種情形我還是第一次看到，覺得很好玩，不禁也跟著笑起來。奧德爾和雪曼看我笑也跟著笑。「你們看！」我還是傻笑著舉起手來說：「我要流血致死了！」

洛伊笑得坐下來，面孔漲紅的說：「你會，你一定會。」

「讓我看。」奧德爾首先清醒過來。他捉住我的手腕看，傷口大約橫切了三公分長，我都可以看見切開的血管了。突然我感到一陣昏眩，坐下來呆呆望著那紅色的噴泉一下下的向外噴，不知如何是好，又傻笑起來，大家也跟著傻笑。「我們必須把出血止住。」奧德爾終於採取行動。他把自己的汗衫脫下來壓住我的傷口，又撕下一長條當止血帶，在傷口上方約十五公分處把手臂緊緊捆紮起來，撿起一根粗樹枝把捆紮的布條絞緊，「我們要馬上去找醫生。」

我不再笑了，大熱天裡我居然覺得冷了起來。我瑟縮成一團坐在鐵軌上，頭垂下來，腦海裡轉個不停。「你們去找醫生，我在這裡等。」我說著，眼皮漸漸沉重起來。「也許我就躺在這裡先睡一會兒。」

「我們要花半天的時間才走得回去。」奧德爾看看太陽的位置。「到那邊都天黑了，再趕回來的話……」他看我一眼。「桑尼，醒來，你要跟我們一起走回去。」

我躺了下來，在泥地上打了個滾，好讓太陽曬到我的臉，感受一點陽光的溫暖。「哦，我不想走。」我昏昏沉沉的說。

雪曼和洛伊又想笑起來，但是奧德爾不准他們笑。「你們兩個傢伙，這不是開玩笑的，要趕快送去醫生那裡。」他把止血帶再絞緊一點。「趕快了，不然，他會死的。」

「死？」我精神抖擻起來，「誰會死呀？」

「你會死，你這個白痴！」奧德爾說，撐住我的胳肢窩拉我站起來，另外兩個人也回過神來幫忙拉我起來，我靠在雪曼身上沿著軌道走回去。

走了六小時，天快黑了，才走到青蛙坡，奧德爾跑去找他父親，我就在路中間躺下來，一下子看見天上好多人造衛星，紅的、藍的、綠的、白的，什麼顏色都有，一個接著一個流過。我感到那大碗似的天空在旋轉，愈轉愈快，雪曼和洛伊輪流把我用各種方法弄醒。奧德爾趕回來的時候，我已經完全不省人事了。奧德爾的父親讓我平躺在垃圾車後面，盡速開到醫生的家，醫生的妻子掩著鼻子打量我，叫我們立刻趕去診所，醫生大概還在那裡。醫生果然還在診所，他也掩住鼻子（我們營地裡帶來的霉土味加上垃圾車後面的餿水味），帶我到診察室，叫我坐在手術檯，打開我的克難止血帶和浸透血水的汗衫，很小心的檢查我的傷口，那時我身上剩下沒有多少血可噴了。他拿出縫合手術包問我：「你要不要在手腕上打麻藥？」

「喔，醫生，要啊！」我坐不穩的說。

他聳聳肩，「你爸爸在額上縫了那麼多針，他可沒有上什麼麻藥啊。」

我聽到就接受了挑戰，「那我也不上麻藥。」

醫生一針插進肉裡，好痛！我大叫起來：「麻藥、快、麻藥。」

「不行，太晚了。」醫生說。他愉快的一針一針縫，我額上的汗大顆大顆的落，他插一針我的身體就震一下，最後又幾乎暈過去了。

「好了，桑尼。」彷彿過了一輩子的時間，他才說出這句話來。「縫完了，跳下來！」

我一跳就完全暈過去，再醒來的時候，我已經躺在一張小床上，母親掩住鼻子俯視著我，「謝謝上帝，桑尼，你可真把我嚇死了。」

「嗨，媽。」我虛弱的笑了笑。

醫生探個頭過來。「幸虧他那些朋友架著他回來，他們紮的止血帶可救了他一命。」他輕輕抬起我的手，檢查手腕上的紗布。「小傢伙，你會有一條漂亮的疤，好隨時提醒你這次精采的冒險。」

母親扶我走出去，我的夥伴還在候診室等著，一看到都跳起來迎接我，陪我一起走到停車場，我上車時喘著氣跟他們說：「去把鑄鐵弄回來。」

母親要我先去地下室淋了浴才准我上樓，我躺上床之後，聽見父親回家，接著我的房門被打開，他和母親都進來了。「你沒有問題吧，小傢伙。」

又聽到父親對我講話真好，「我很好。」抬頭望著父母，見他們又在一起，頓時感覺到溫暖又幸福，使盡全身力氣才止住眼淚沒流下來。「我很對不起，總是出事情。」

「沒有什麼對不起的——」父親話還沒有說完我就睡著了。那一覺充滿了五顏六色的夢，我像坐在一個大萬花筒中隨著打轉，既看見圖形在變，又看見自己在變，我甚至看見哥哥在我房間裡，坐在書桌前的椅子非常關心的看著我，把我嚇了一跳，到底我是不是在做夢？

第二天我仍然躺在床上休息，我的夥伴又開了垃圾車到大叉口去載運鑄鐵，卻把工具和手推車忘在那裡了，過了好多天記起來，東西已經不見。我們把廢鐵送去威爾市的馬特尼廢品收購場去賣。馬特尼先生小心的過秤，一百八十多公斤，他計算之後只付給我們二十二元五角。我們原以為可以賣到四公斤半一塊錢的，可是他說不行，價錢跌了，扣除我們那幾天在食物上的費用之後，只剩下四塊錢，還要賠上遺失的工具和損壞的睡袋。另外醫生還寄給我一張醫藥費帳單，我要付五塊錢的「縫線加人工」。

翟克向我們伸出援手。如果我們一輩子幫他洗車和打蠟，他就幫我們把債還清。我們接受了條件，把欠范戴克先生和醫生的債務還清了，各人借用的工具也買來補回。

結果我們還買了四公斤半的鋅粉。

第21章 鋅光散

現在該是邁開步子的時候了。學期開始，昆庭和比利都已經回來，我們就聚集在煤林角試射第一枚使用鋅和硫磺的火箭。機械工人來了，還有小理查牧師以及至少一百位煤林鎮居民。牧師招手叫我過去，他說：「孩子，我已經為你祈禱了，我想你需要的。」

接著他告訴我他做了一個夢，夢見許多人在月球上，我也在裡面。他醒來之後，隨手翻開《聖經》，一看是〈新約．彼得後書〉的一段話，「但我們照他的應許，盼望新天新地，有義居在其中。」他把《聖經》的話引給我聽。

「牧師，我希望如此。」我這樣說，他很高興。

我們把火箭倒過來放在發射台上，一邊灌進灰色的藥粉，一邊輕敲箭筒，使藥粉在裡面塞緊。可是當我一按發射電鈕，海雀二十二號立即在發射台上爆炸，一股綠白色的煙直衝天空，鋼管炸成碎片，有些深深插進砂土中，我真是無法相信，我們不是已經通過這種新推進劑的基本測試了嗎？一定還有什麼地方不對。

許多人都跑過來幫忙研究這些茶葉般的碎片，我手上拿著一片鋸齒形的鋼片，尋找一些造成爆炸的線索，小理查牧師走過來跟我說：「大概上帝不要這枚火箭飛吧！」

觀眾走了之後，大溪飛彈署立即召開會議，討論結果是我們對新的推進劑還不十分了解，反正就是那麼回事，大家也沒有互相指責。

一九五九年的秋天，電視上、報紙上到處都充滿了美國火箭成功升空的報導，許多火箭工程師慣用的名稱也變成我們的日常語言，譬如「A—OK！」、「我們騰空啦！」、「發射成功」等等。

煤林鎮上大多數人還是比較關注生計上的問題。鋼鐵公司不單是決定出售員工宿舍，連自來水系統、汙水處理系統、教堂等等都在出售之列，下一批是不是連礦都要賣掉了？范戴克先生和父親到工會大廳和工會領袖開會，正式通知他們公司的出售計畫。父親在廚房裡告訴母親會議的詳細情形時，我坐在餐廳裡聽他們談話。父親說：「杜邦納一直在追問我，礦工要如何付款買宿舍和其他的一些問題。」

「是嗎，他們要怎麼付呢？」母親好奇的問。

「公司會先貸款給他們，分二十年歸還，利率低到幾乎等於零。」

「那還是要他們從口袋裡掏出錢來呀。」母親一針見血的指出，「而且付了二十年買下房子之後，等他們退休或要搬走時，又要把房子賣給誰呢？你有沒有靜下來想一想，公司要把一切賣掉的原因呢？是不是他們也認為這個礦已經沒有希望了？大家都這麼說。」

父親用單眼盯著母親看，有點懷疑的說：「妳跟什麼人談過了？」

「這是常識嘛！」

一個星期之後母親告訴我，范戴克先生被公司開除了，她猜想是因為他堅持反對出售房地產的緣故，不過也不太確定。總而言之，煤林鎮會有一位新的總監督來執行出售宿舍、教堂、公共設施等等。父親躲到礦場裡去，工會充滿了憤怒的聲音，我騎踏車經過機器工廠時，聽見一片「罷工、罷工、罷工」的呼叫。

鋅和硫磺的混合粉末太乾鬆了，我判斷因為裡頭含有太多氣泡，才使得上一次的火箭發生爆炸。我們最先的黑火藥和後來的硝酸鉀加糖都經驗過爆炸。過去使用膠合劑解決了黑火藥的問題，後來又使用熔化的方法製造出可靠的火箭糖。現在，熔化鋅和硫磺我認為不可行，大概不等到熔化就先爆炸掉了，於是我用右旋葡萄糖加水來做膠合劑，將做好的混合物丟進熱水爐裡面，也不知道什麼原因，只燃起微弱的火花。昆庭說：「大概是水分子先把鋅元素氧化了吧！」

「將它和在汽油裡好不好？」奧德爾提議。

「太危險了，」昆庭說：「而且我想汽油和鋅會產生化學反應。」

我們又提出了幾樣化學溶劑，「萘」怎麼樣？礦場有很多煉焦時提煉出來的這種溶劑，不過它太容易揮發了；柴油？揮發性又嫌不足；像石蠟這種半固體呢？黏答答的不好。比利提出酒精，昆庭的眼睛一亮。「對，酒精很穩定，揮發得又快，好極了！」

我們一起轉過頭來看尋寶大師奧德爾，他裂嘴一笑。煤林鎮只有一個地方可以買得到百分之百純酒精。

我們坐了洛伊的車子在往蛇潭坳的崎嶇山路上行駛，我在後座被顛得直要吐，可是還是不放心的問：「你們真的相信泰格不會把我們捉起來嗎？」這趟洛伊、奧德爾和我的三人尋寶之旅一開始聽起來挺不錯，可是我愈走就愈擔心。

「泰格不會跑到這裡找麻煩啦。」洛伊說。他把駕駛盤轉來轉去想躲開路上的坑洞。

「可是他在騾廄那裡捉到過你們兩個呀。」

洛伊聳聳肩說：「那次不一樣。這是古老的傳統，鎮上每個男孩子遲早都會到約翰這裡來一趟的。」

因為這是星期五晚上，我們還不容易找到停車位。約翰．比利文的「私酒宮殿」前面連水溝邊都停滿了車子。我們躲在暗影裡，手裡緊張的握住大家湊起來的四塊錢，這四塊錢可以買到一加侖約翰做的上等貨色。等到那邊的顧客有空檔的時候，我們三人迅速走上木頭門階，那木頭長年被很多人踏過，已經磨得很光滑了。

門口突然出現一個龐然大物，把整個門口擋住，「你們這些小鬼要些什麼？」那聲音像是從深井裡冒出來。我把錢遞上去，「要這麼多。」

約翰蹙起眉頭看我們，好像難以決定要不要理我們，然後伸出手來掌心向上。我把四塊錢數給他，他點點頭就一拐一拐穿過珠簾走進去了。我知道約翰的英勇事蹟，有一回在礦坑裡他那小組做工的地方，木架子支擋不住，他用背頂住坑頂讓別人統統逃開，接著坑頂崩塌下來，有一塊大石頭把他的腳從腳踝處切斷。這就是為什麼公司和我父親容許他在他家後面崖邊上，造個蒸餾鍋來維持生活的原因。

約翰從後面拿了四瓶透明的液體出來，洛伊做出內行的樣子，拿起一瓶在燈下面照一照，「那裡頭沒有摻水吧？」

「我的威士忌不摻水，」約翰有點不高興的說：「絕對貨真價實，要不要喝一口看看？」

洛伊面露喜色，「要！」

「我想不必了。」我快快打斷，「反正那不是買來喝的，是做實驗用的。」

約翰縮手收回那幾個夸脫瓶子，「你說什麼？你們不打算喝我的東西？這是全郡最好的玉米純酒，你不喝它，你真是凱子了。」

「噢，約翰，他只是開玩笑。」洛伊說著，把我拖到一邊，悄悄跟我耳語：「這些傢伙身上都帶了刀子的，把他們惹火了，給我們一刀就完了。我們不是也要看看這貨色是否很純嗎？那就試試嘛。」

「可是——」

「你從來沒有喝一杯，是不是？」

洛伊對我豎起眉毛：「這傢伙，你以為馮布朗在卡納維爾角那裡不喝一杯的嗎？我跟你打賭，幾乎所有搞火箭的傢伙發射完飛彈後就去喝上一杯，喝酒和追女人。」

我似乎無法反抗他的邏輯，只好點頭同意。「約翰，A—OK！」洛伊向他大叫。

主人大樂，即刻跑進廚房，傳出來打開碗櫥的吱吱聲，和拿出玻璃杯的叮噹聲。約翰用托盤帶了三只盛滿酒的高腳杯出來，我們學著擺樣子拿起杯子敬酒。洛伊最先提議，「為馮布朗乾杯！」然後一口喝下去，「他媽的，真——真棒！」

奧德爾也跟著一飲而盡，然後眼淚滾滾而下。「好啊！」他也叫了一聲，可是發出來的聲音像小公雞在學叫。

現在輪到我了，每個人都盯著我看，我心想一切都為了馮布朗，於是仰起脖子一灌，根本不讓舌頭有嚐味道的機會，酒液直落五臟六腑之中，立刻全身著火。我的胃燒得難受，整個人像蝦米一樣彎腰拚命吸氣，可是一點用都沒有。

「發射——成功！」我終於鼈出一口氣來。

「再來一杯吧？」約翰開心的笑，張大了嘴，金牙閃閃發光。

我們三個小子互相看看，一起伸出杯子來，口齒不清的說：「敬風不弄（馮布朗的諧音）！」

稍後，洛伊在蛇潭坳的泥土路上横衝直撞開下山來，我們一路唱些亂七八糟的歌，到了直通教堂的柏油路面才被泰格攔下來。洛伊把車窗搖下來，一股甜美的酒氣醺得泰格直搧鼻子，「不得了，嘿，洛伊、奧德爾、桑尼，你們三個幹什麼呀？」

一個半小時之後，我在廚房站在母親面前，身體搖搖欲墜，臉上擠出很難看的傻笑。「你喝醉啦？」她難以置信的說。

我不知道我是不是喝醉，我只知道全身難受得要命。母親在那兒審視著我，我雙手抱住一個紙袋，裡面裝著那四瓶寶貴的私酒。真令人想不到，泰格聽我們說明那些酒精的真正用途之後，竟然相信我們，沒有將它們沒收。他還叫道：「老天爺，你們這些小鬼怎麼不早跟我講呢？我可以去買給你們呀！」

我還沒有醉到或難受到忘了如何應付母親。「媽，我真的、真的、真的很抱歉！」

母親笑了起來，「討厭鬼，這次不行了。你不能用洗盤子、收拾自己房間或者打雜什麼的就想逃脫懲罰。你先把約翰的私酒，噢，我知道那是用來做火箭的，拿到地下室去，和那些可以把房子炸到中國去的亂七八糟東西一起收好。然後你給我上去洗個澡，刷刷牙，把酒精氣味清除掉，然後上床睡覺。」

「就這樣子啦？」

「暫時就這樣子，等我好好想個什麼辦法來修理你。」

「但是我想要趕快了結呀！」我簡直是在耍賴。

「那，對不起，我就是要你不好過。好了，趕快走開，我受不了醉鬼。」

我跪下來把頭埋在她的腿上，「我很抱歉。」我在她的衣服褶縫裡說：「對不起、對不起、對不起。」

母親摸摸我的頭，開心的笑起來。「桑尼，我不會懲罰你的。」她說，我抬起頭擠出生硬的笑臉。「你這個小無賴，我真應該賞你一頓棍子的。現在，你答應我再也不去喝這種鬼東西，我們就扯平了。」

設立在俄亥俄州楊斯鎮的鋼廠派來了一位臨時總監督，名叫富勒，這人說話有如機關槍，待人也急躁如是。他不願住在山丘上的堡壘式房子，為了強調他是專為公司解決問題的臨時性角色，他住在俱樂部的臨時宿舍裡。他召集了杜邦納先生等工會領袖，告訴他們公司決定立刻出售宿舍，如果員工要繼續在宿舍住下去，可以照公司提供的優厚條件購買，如果不願意，只有搬家一途。富勒警告工會不得罷工，他揚一揚手中公司與美國礦工聯盟的合約說：「這裡面沒有明訂公司要提供免費宿舍、水電或其他任何福利，如果有人不同意，他就是該死的渾蛋白痴。」

杜邦納先生他們只好退讓，出售作業開始進行。藍野市的自來水公司立刻買下自來水和排水系統，一個月之後，煤林鎮的居民收到原本認為自然免費的水費通知單，教堂也都掛出了出售的招牌，我在大店聽到大家挖苦說，公司連上帝都要趕走。

我則什麼都不管，繼續做我的火箭，我在鋅粉和硫磺的混合物裡加進私酒，得出來一種有如瓷土可以揉捏的灰白色複合物，我把這濃稠的東西擠進捲草紙的硬紙筒裡，放在熱水器的底下，一直擺到週末讓它乾透，就召集社員來共襄盛舉。我把這桿灰棍子丟進熱水器的火爐裡，才把爐門關了一半，就聽到很大的「呼噓」一聲，整個燒起來了。燃燒之快把爐門一下推開，把連接的水管震脫，冒出一股白煙把我們趕到後院子裡。更要命的是，在我折回廚房看看的時候，裡面已是白煙滾滾，白煙還源源不斷自地下室冒出來。我急忙到處跑，把房子的全部窗戶打開，夥伴也進屋來用雜誌、毛巾揮舞，把白煙驅趕出去。

父親和母親都不在家，父親當然是在礦場裡，母親去了威爾市採購。一些在加油站沒事幹的人看到濃煙以為是失火了，跳過籬笆跑過來，還大叫要打電話通知威爾市的消防隊。「叫他們回來，別打電話。」我大聲哀求，「沒有失火，沒事啦！」

我聽見後門一陣重重的腳步聲，泰格帶了一個看似火藥桶身材的矮個子男人進來，我雖然沒有見過此人，但我知道他是誰，他嘴上咬著大雪茄，擠出一句話來：「這兒發生了什麼鬼事情啦？」他就是富勒先生。

「噢，是他們這些火箭小子。」泰格笑了笑說。「你們這些小鬼沒有故意燒烈酒吧？」

「燒烈酒？」富勒先生咬咬他的雪茄，對我狠狠看了一眼。

我們大夥兒還忙著把房子裡的煙驅散，我於是匆匆向這位新任總監督說明我們的製作火箭計畫以及這些酒精的用途。他拉長了臉說：「你們在哪裡發射這些玩意兒？」

「離鎮很遠的地方。」我不想他來找麻煩，就先誇張的說：「很遠很遠的地方。」

「還是在公司的土地上？」

「幾乎是在外面了。」我不情不願還是實說了。我立刻在他拉長的臉上看見「不行」兩個字。

富勒先生轉身就走，警佐緊隨其後。母親先回家來了，聞到硫磺的臭味就皺起鼻子來，不用問就先到地下室看看是怎麼回事。她看到熱水爐被炸毀，不發一言看著，昆庭陪著我站在她身邊聽候發落。她的肩膀抖動，我心想這次太傷她的心了，走近一看，原來她不是哭，而是在笑。她用手攬著我的腰，又把昆庭牽過來。「你們兩個孩子真是我的可人兒，我一直想把這個燒煤的舊爐子丟掉，已經好多年了。現在你們幫我解決了。我可以叫荷默幫我裝一個用電的，打開龍頭熱水就來的那種。我要多少熱水就有多少，多好，就像洛克斐勒家族一樣。」

昆庭回去的時候，站在門口跟我說：「你有一個世界上最偉大的母親。」

富勒先生絕對會向我父親嚕嗦關於火箭的事情，不過父親卻絕口不提我們這次嚴重的失誤。第二天大店的俊尼爾就把電爐熱水器送來了，我正在旁邊的洗衣機頂上為海雀二十二A號裝填推進劑。我把這種鋅粉、硫磺粉和私酒三樣東西調和成像軟膠的東西，取名為「鋅光散」，並做成幾公分長的小段，每次塞一段入箭筒，用掃帚桿壓緊，然後放在風扇前吹乾。約三小時之後再塞入一小段，這樣子慢慢進行，一個星期之後才把一枚火箭完成。我們發出了告示，也通知巴西爾在他的報紙上報導。到了週末有兩百多人來參觀。他們聽說這次發射可能是一次了不起的成功，也有可能把煤林角像愛西的熱水爐一樣，炸個一塌糊塗，總而言之，十分值得一看。

海雀二十二A號沒有讓大家失望，它渾身是勁自發射台躍起，順著導射桿「鏘」的一聲衝上天空，把山谷震得有如雷鳴，觀眾不由自主的「啊！」了一聲往後退好幾步。火箭在一束滔滔白煙的頂尖上消失了。昆庭從觀察室跑出去用經緯儀向天上瞄，只聽見他大叫：「在哪裡？我看不見！」

我們大家都看不見，它已經飛出我們的視線範圍，而它那股濃濃的尾雲早就停止噴出。我開始擔心它會在哪裡掉下來，也許已經太晚了，我急忙對觀眾揮舞雙手，大叫：「快躲到車裡面去！」而他們有些只是跟我招招手。

「計時！」昆庭也在大叫。

「我在計。」雪曼回應。雪曼跟他父親借了手錶，正聚精會神的記錄時間。

我繼續望向天空搜尋那枚火箭，但是我心裡有數，我那雙可憐的眼睛不可能會第一個看見它。對面的觀眾也都在向天空找火箭，沒有聽到我叫他們躲起來，我緊張得冷汗都冒出來了。可千萬別砸進人堆裡。比利第一個發現它，他大叫：「那裡！」我跟他手指的方向望過去，還是什麼都看不見，可是我聽見了，那一陣呼嘯聲好像就在我們頭頂。一下子大家都跳進觀察室裡，先是我們背後響起樹枝斷裂的聲音，然後「砰！」一聲，我們熟悉的鋼管砸在山上硬土的聲音。

「三十八秒！」雪曼說。

洛伊好奇的問雪曼。「知道時間能有什麼用？」

雪曼把我們的新計算方法向洛伊說明。萊莉小姐開始教了我們一點牛頓物理，昆庭和雪曼和我三人就討論過怎麼應用。自由落體向地球墜落時是以每秒鐘九點八公尺來加速，計算落體從多高掉下來的公式是$S=1/2at^2$，也就是把落體墜下的時間平方後乘以四點九。我們假設火箭發射之後達到頂點用掉的時間，和自頂點掉到地上的時間一樣。在我們的情形，這個假設大致不差，因為我們用的「鋅光散」在發射之後很快就燒完了，燒完之後就不再有推力，本質上可算是無推力飛行，上升的時間和墜落的時間一樣。所以我們將全部在空中的時間除以二，平方起來，再將結果乘以四點九，就可以粗略估計出高度，三十八的一半是十九，平方起來是三百六十一，乘以四點九就是……「一千七百六十八公尺！」雪曼歡呼起來。

成功了，我們成功衝破一千六百公尺的籓籬！比利跑去撿回火箭，把它高舉在頭頂上涉過溪水跑回來。觀眾在路上歡呼，我們跳舞，一起高唱：「一千六百公尺！一千六百公尺！我們飛過一千六百公尺！」

「我們會進入太空的。」昆庭對大家說：「真的會進入太空。」

我叫大家圍過來。「我一直想要把這點告訴大家。」我說：「我曾讀過太空是從四十八公里開始的，我想我們可以達到。」

就在那一剎那，這個觀念貫穿了我們每一個人，連洛伊都感受到了，他仰天長嘯：「咱們一起上太空！」

「棒透了！」昆庭跟他對吼。「我們一定會上《生活》雜誌的封面，一定！」

銀灰的長箭噴出烈焰與濃煙，呼嘯入長空與強風爭先，那是大溪少年射出的戰書，要使用他們的頭腦，燃燒阿波羅的智慧之火，不必羨慕肌肉發達的足球隊員。啊，飛行中的火箭，你的怒吼直達谷底，驚嚇了小鹿和山野中的居民，多高？觀眾在歡呼，會飛到多高？少年們跳出壕溝，競相奔往發射場的邊緣，青春與科技的喜悅充滿他們快樂的臉。噢，火箭少年、噢，火箭少年，淡藍色的天空襯托出他們甜美的火箭歡顏。他們高叫，我們已飛過一千六百公尺！

——《麥郡旗幟報》，一九五九年十月

我們必須照我那本火箭書的方程式來計算噴嘴，才能繼續進行後面的步驟，但是我們還缺少一個重要的數字，「鋅光散」的「比衝」。我那本書上說，比衝是火箭燃燒一公斤燃料於一秒鐘的時間所產生的衝力。要求出這個數值，必須要把火箭先固定住，再來測試它的衝力。奧德爾向大店的肉販費爾滋先生借用彈簧秤，是那種掛在天花板上用來秤半隻牛的大秤，條件是還給他的時候不可有半點刮傷。

我們在煤林角用兩台拒馬架住一根橫木，把大秤夾在橫木下面，用鐵絲從秤鉤連接到火箭的尾端，把火箭放在稍微大一號的空管內，這空管用鐵夾死死夾在同一橫木上。這是昆庭設計的，當火箭引燃之後，它在管內向前衝，尾部則被連接住的彈簧秤扯住，最後完全停止下來，彈簧的另一端固定在一根垂直插在地上的柱子上。我們從遠處用小型望遠鏡觀察秤上的刻度，測到火箭產生的衝力，以這衝力除以燃燒掉的推進劑重量和時間，結果就是比衝的數值。

這個構想是不錯，可是結果卻很差，這種糗事大溪飛彈署常做，在我們點燃那枚火箭（我們稱為海雀二十二B號）之後，火焰與濃煙齊噴，火箭向管裡面一衝，連管子帶橫木一起拖著，先俯衝到煤渣地上，反彈之後居然調轉頭來，不偏不倚向我們飛來，呼咻一聲在觀察室上方飛過，尾巴的鐵絲牽著彈簧秤和木柱，重擊小溪裡的一塊大石頭之後，轉個彎又向樹林飛去，最後命中那裡面的一個黃蜂窩，黃蜂被惹火了，成群飛過來找我們算帳，嚇得我們拔腿往另一邊的山上跑。最後我們總算逃過大劫，躲在山邊看著那群黃蜂像龍捲風一樣在發射場四處掠奪，一直到暮色蒼蒼牠們才收兵回巢。彈簧秤已是支離破碎，大溪飛彈署連著四個星期六的下午，負起清洗肉攤來償還秤債。富勒先生從他的辦公室過來看我們的勞動服務，他光是看，一言不發，當然我們明白他知道我們做了什麼好事。

下一次測量衝力的方法完全改變，這次我借用母親的浴室秤。我絕對有把握可以絲毫無損物歸原地，因為這次的測試架構設計得十分完善（碰巧是我的主意）。我們用在機具間後面撿到的一些鐵管搭起架子，像伸出長臂的袖珍油田抽油機。長臂的底下是磅秤，磅秤放在發射台上，長臂下固定一根長管一直延伸到磅秤。火箭安裝在長管裡面，長臂上還裝上一面鏡子，我們可以用望遠鏡看見鏡子反射的磅秤讀數。我們把海雀二十二C號頭朝下安裝在管子裡，一點燃之後，火箭就往下衝，壓在發射台和磅秤之上，這樣就可以測出衝力來了，我知道這絕對沒問題。一開始的幾秒鐘果然沒有問題，我們記錄到了火箭衝出磅秤的力量，可是，那根管子和火箭立刻就變成氣錘那樣，火箭在管子裡一上一下錘打磅秤，沒幾下只聽到「砰」一聲，磅秤被打散了。最後推進劑嘶嘶冒完最後一口氣時，母親的浴室秤散落在發射台上。

我盡所能把磅秤拼湊回去，總算把它的「內臟」統統裝了進去，再把變了形的外殼敲打成原來的樣子，悄悄放回原來的地方，求神保佑母親不會發覺。廁所裡面的沖水聲剛起，我的房門就被衝開來了，母親跑進來大聲宣布：「我要一個新秤，一天之內給我買來。」

奧德爾給我母親送來一個新的浴室秤，我不知道他從哪裡弄來的，也不必知道，不聲不響把它放進浴室就好了。

我們於是又惹了一次麻煩，那時候惹上麻煩是正常，可是我們很得意測出了鋅光散的比衝數值，現在幾乎任何事情都可以做到了。

「海雀」二十二D號是使用錐坑噴嘴的一系列試飛中的最後一個。我曾在用舊式火箭糖推進的火箭飛行時，注意到它們飛出周圍山頂的高度之上，就會受到山脊上方的強風吹得搖擺不定，我想這和尾翼大小有關，所以就把海雀二十二D號做了小小的修正，請機械工人把尾翼做小一點，我以為尾翼小一點受風的影響小一點，也就飛得平穩一點。沒料到奧德爾和雪曼也注意到風對飛行的影響，他們在發射台架設火箭的時候，針對當時的風向與風速，調整發射方向來補償風的影響。偏偏那天我們試飛的時候有強風，呼呼刮過發射場，看看天上的雲都被吹向同一個方向，那是向西，正是與煤林鎮中心相反的方向。

奧德爾和雪曼為了抵消向西的強風影響，把導射桿設得向東方多傾斜一點，我正在觀察室裡忙得不可開交，沒有注意到他們兩個在發射台的一些細節。我連接點火線路，催促昆庭和比利架設經緯儀，又叫洛伊去檢查我們新的豪華發射盤裝得對不對，然後通知大家各就各位。

上次發射之後，外面盛傳我們最新的大火箭對觀眾十分危險，但那並沒有阻止大家來參觀，只是有些礦工戴著安全盔來看。發射之前，洛伊跑去升上大溪飛彈署的署旗。旗幟在強風中發出啪啪啪的聲音，給我一種不祥的預感。

那是一枚又大又重的火箭，應該能夠不受強風的影響直飛，好像沒什麼好擔心的。我進入觀察室中跪在木頭儀錶板後面，那是雪曼和奧德爾造的，他們還從一個舊電車變壓器上拆下一具閘刀開關裝在儀錶板上。我推上閘刀，這枚裝載著鋅光散推進劑的火箭發出一聲巨響，它向上直飛，毫不畏縮的超越山頂的假想平面，雪曼數著計時：「十、十一、十二……」

我注視著海雀噴射出來的尾雲，愈來愈遠，終於看不見了。怎麼啦，它一直朝煤林鎮飛，「糟了！」我慌得大叫起來。

雪曼抬起頭來看我，「怎麼啦？」

洛伊立刻看出我為什麼慌張，也叫道：「啊，完蛋了！」

我們大家，連觀眾一起，看著火箭衝往山谷的方向，都發出「完蛋了！」的叫聲。我們匆匆跑向洛伊的車子，觀眾紛紛讓路。我們跳進車子衝上公路，高速往鎮上開，一路上我們把臉貼在車窗上，尋找出走的海雀蹤跡。「你曉得吧，」昆庭心有所悟的說：「我懷疑火箭的速度在最大應力的瞬間，也會影響其穩定性。」

「昆庭，住嘴。」

「也許空氣壓力對速度的比率可以用數學計算出來，有意思。我想──」

「昆庭，住嘴！」

青蛙坡那邊很平靜，我們繼續往前開，再過去一點到了中途鎮，我們就看到有一堆人聚在路的旁邊，持續有人跑來看看發生什麼事情，洛伊哀叫起來，「我們殺死人了！」

海雀二十二D號墜落在小理查的教堂旁邊一塊空地，那片平坦的空地時常有人玩橄欖球和壘球。心想有那麼多人圍在那裡看，必定是哪個無辜的遊戲者被我們殺死了，我們慌張極了，急忙推開人群擠進裡頭，只見我們的火箭深深埋入草地中，僅露出尾翼和噴嘴，硫磺的氣味強烈散發在空氣中。當緊張得到紓解，我們禁不住大笑起來，周圍的人也跟我們一起大笑。

洛伊去車子的行李廂拿出鐵鏟把火箭挖出來，人們還在繼續談論火箭掉下來的聲音有多大，以及把地震得多厲害。富勒先生從他的小卡車走出來，他看了我們一下就宣布說：「你們這些頑童是他媽的危險份子，不許你們再在這個鎮裡發射火箭了。」

我心裡在嘀咕，又來這一套了。

「喂，你聽到，」理查牧師對富勒先生說：「這些孩子很了不起，你少來這套不准這樣、不准那樣的規定。」

「你不能禁止我們的火箭小子，」湯姆說：「別管他們啦，又沒有人受傷。」

人群裡面響起一片不滿的迴聲，富勒先生指著我們說：「他們在公司的土地上試飛，並且就我所看到的，他們使用了公司的財物，我就是公司，我告訴你，他們不准再飛。」

「嚇！」理查牧師說：「你可以是公司，但是周圍的男人和女人，他們是煤林鎮。」

「小子們會繼續飛，」湯姆向前對著富勒說：「我們的房子你要賣掉，我們呼吸空氣你大概也想要收費，但是你可別想阻止我們的孩子。」

我一回到家，父親就打電話來叫我去礦場找他，我深深吸一口氣之後，就大步走上小徑。他辦公室的門是半掩著的，自門縫看見他正用一隻手掩著他那受傷的眼睛在看一張礦場圖。我輕敲一下門，他抬頭看我把我嚇了一跳，並不是被他那炯炯的眼睛嚇到，而是他憔悴不堪的樣子使我驚異。自從他宣布公司要出售宿舍之後，我就很少見到他。他看見我就起身去拿帽子。「我們去開車兜一下風。」他說完就帶我到他的小卡車那裡。我注意他走路有點跛，可是據我所知那次礦災沒有傷到他的腳。反正，他好像比從前矮了一些。

我抑制住自己不去問他去哪裡和幹什麼。他一路慢慢開，經過我們的家和煤林學校，穿過路兩旁的宿舍來到鎮的中心。我們又經過社區教堂，屋頂的十字架歪掉了，兩扇大門仍然用一把大銅鎖鎖住，我心想用這麼大一把鎖來鎖住一間西維吉尼亞州的小教堂，還不如用它來鎖住天堂或者地獄的大門來得恰當。我們的車子又經過小理查的教堂和青蛙坡，到此我已經清楚他要帶我去煤林角。「我認為你應該親自來看看，桑尼。」父親看到我詫異的看著他，就告訴我說：「比僅由我告訴你要好些。」

當我看到煤林角的時候，首先看到是一部推土機正在推土埋起我們的發射台。富勒先生在推土機旁指揮操作員。大溪飛彈署的觀察室已經不見了，路旁堆積著從木屋拆下來的木板，在棄土場的進口處設立了一道鐵刺網，正中間掛著富勒先生，也是擁有我們公司的鋼廠所宣示的公告。那是一面四方形的木板，上面寫著：不准通行。

我全身的血液沸騰起來，「爸爸，這塊地是您給了我的！」

他眼睛盯著那推土機，手緊緊抓住駕駛盤說：「你答應過絕不會有火箭掉在煤林鎮的。」

「那是工程上的失誤，我們已經糾正了。」

「富勒先生做的決定，」他說：「他絕對有這個權力。」

「什麼權力？木板是您給的，又不是偷的，修發射台的水泥也是您給的。」

父親把我的抗議考慮了一陣，像是十分左右為難。「聽著，年輕人，我現在根本無能為力。你不喜歡現在發生的許多事情，你就上大學去，回來之後，我敢打賭，要不了幾年，這地方就由你來管了。」

我潛在的傲氣在我身體裡作怪，我說：「爸爸，等我離開了這個臭坑，八匹馬都拖不動我回頭。」

我講這話就是有意要刺激他，他果然舉起了手要揍我，我坐著不動，自知說得太過分了，可是那一巴掌沒有打下來，他又把手放在腿上。「我簡直不能相信你對煤林鎮講這樣的話。」

其實我一說出口就後悔，恨我自己的伶牙俐齒。就在那個時候，洛伊和奧德爾坐了洛伊的車飛快趕來。他們下來看看周圍的情形，望著我等候指示。我下了父親的小卡車走向那堆木板，我們每人拾起一塊板，我說：「我們去把觀察室重建起來。」

又來了一部車子，是雪曼父子兩人的。然後再來一部，載來了幾位機械工人，又再來一部，杜邦納先生、湯姆和一些礦工都來了。他們統統站在鐵刺網的前面。父親也從他的車子下來，跛著腳走到我們站的地方。「荷默，這樣子是不對的。」杜邦納先生對父親說。

「這是公司的事情。」父親回應他說，已經沒有平日的熱情了。

「我們不是公司，」湯姆說：「我們是工會。」

「你們大家回家去吧！」父親說，但是他的話顯得軟弱無力。

「等我們幫這些孩子造好觀察室才回去。」湯姆說。

這些人拖開鐵刺網，拿起木板就往棄土場走。富勒先生跑過來對他們嚷，被他們一把推開。杜邦納先生叫住那推土機，跟操作員講了一句話，操作員立刻把埋上發射台的煤渣土推開。我走到觀察室的地點轉過身來看父親，他正在走向那位亂叫亂罵氣喘呼呼的富勒先生。父親用手碰碰富勒先生的肩膀，他立刻轉過身來，踮起腳尖對著父親的臉大叫，父親讓他叫了一陣，突然伸手去捉住那矮個子的皮夾克領子，把他舉起離地三尺。洛伊指著他們說：「我猜你爸爸正在跟他談判。」杜邦納先生也看到了，大家都哈哈大笑起來。

富勒先生氣呼呼離開了棄土場，父親走過來把我拖到一邊。「你現在有了空曠的場地。如果你要鋼管、鉛板、機械加工，儘管去找佛洛，我會批准所有的請購單，如果你以後失敗，不能再怪我，只能怪你自己了，你懂嗎？」

我高興的對他笑，「我懂了，爸爸。」

第22章 數學難題

過沒幾天，富勒先生突然走了，籬笆通訊社的傳言說他被父親逼走，但是我的看法不一樣；他是公司派來的劊子手，到此地大砍大殺，完成任務就走啦。一個星期之後，新的總監督邦迪尼先生走馬上任。邦迪尼先生和范戴克先生一樣是君子，但是他自鋼鐵公司帶來了更多的壞消息，公司命令礦場改為一週上班四天。父親召集領班開會，告訴大家，連他自己在內每個人減薪兩成，並且立即執行。

秋天一到，冷風接踵而至，院子裡的楓樹先是染成發亮的橘紅色，接著葉子就掉下來了，有點過於匆忙。以前打掃落葉是哥哥的工作，如今這差事落到我頭上來，卻也提醒我，哥哥真的已經離家了。他的房間靜得出奇，也令人覺得家裡少了一個人。

哥哥和桃樂絲第一次約會之後，過沒幾個星期就不再邀她出去了。他一向是追求重於保有，所以這一點都不稀奇。他得了足球獎學金在七月裡就離家上大學，從他的家書和電話得知，他在球場上幹得不錯，但是常常要家裡「輸血」來充實他的衣櫥，好趕上大學的水準，母親只在認為有必要時才開支票寄去。

我們班成為學校的最高年級是個重要的變化，除此之外還有些不同的地方，大溪高中恢復了足球聯賽的資格，但是蓋納教練另有高就，轉到北邊一所較大的中學當教練。大溪高中已不再是一支勁旅，開季頭四場比賽中我們校隊輸了三場。

桃樂絲獲選為軍樂隊的領隊，在球賽的中場表演中，她很神氣的走在樂隊前面，領著樂隊在球場中走來走去，模樣更是漂亮了。有一次早晨我和她狹路相逢，被她牽到走廊角落裡說話。她說她真的不知道她和我哥哥在一起會令我那麼難過，我一言不發直望著她。等她走了之後，我又到處尋找她的背影，像隻尋找主人的哈巴狗。我想念她，但我不敢向人承認，特別是向她承認。

正如父親承諾的，大溪飛彈署要用的材料，比如無縫鋼管、鋁板、SAE一〇二〇號特殊鋼柱等等，無論多少，只要向佛洛先生說一聲，他就會送貨來。當然佛洛先生也不再跟我要東西交換了，所以一切具備，只待我們跨出下面的一大步：設計新的火箭。我們已經有了萊莉老師送的火箭書，昆庭上哈茨菲老師的課學會了微積分，我自己也學到不少，再加上兩年來各次成功或失敗的經驗，統統累積起來，是進行設計海雀二十三號的時機了。

十一月的一個星期六，昆庭搭順風車到我家來，在我房間一起研究那些方程式。昆庭用他乾瘦的手指順著萊莉老師的火箭書，逐行把方程式大聲唸出來。使用設計火箭的方程式需要一些預知的條件，把這些重要的條件先解決了，才能套用方程式來計算，昆庭和我逐項討論，直到我們兩個都認為了解為止。當火箭的箭筒內燃燒推進劑的時候，會產生大量高溫高壓的氣體，要從噴嘴射出箭體之外，噴嘴的前半部是由大變小向中間收縮至一個窄喉。窄喉之後又由小變大向外擴張至箭底。箭筒內的氣體受高壓流進噴嘴的前半部，穿過窄喉之後，從後半部逸出。如果穿過窄喉時氣流的速度低於音速，進入後半部時氣流會不順暢而成為亂流，工作效能會很低，但是，如果穿過窄喉的氣流速度超過音速，那麼在噴嘴後半部的氣流就以超音速逸出，這才是好設計。要使窄喉內的氣流達到超音速，就要使用這一系列的方程式。先求得衝力係數，預設燃燒室的橫切面積，窄喉的橫切面積，各種推進劑產生燃燒氣體的可能流速等等，使用這些參數才能解算方程式。

書中還要我們預設一些先決條件：我們要火箭達到多高、速度多少、負載多少？這些問題是互相關聯的。不過，我們首先不考慮負載，我們要爭取的榮耀純粹在於火箭能飛多高。昆庭說：「我們訂三公里為目標。」

「為什麼不訂三十公里呢？」我質問他。

昆庭比較心細，「我們先看看升高兩倍需要什麼條件嘛。」

我打開抽屜拿出一疊練習紙，一開始還是用我們一直用來以時間換算高度的公式：$S=1/2at^2$。我在練習紙上計算，假設火箭一發射就達到它的最大速度，若要達到的高度為三公里，也就是三千公尺，結果得到速度為每秒鐘二百四十二公尺，時速就是八百七十二公里。再算一遍，仍然一樣的結果。那是我在小賽車場飆車速度的五倍，我們的火箭不可能飛那麼快，我把鉛筆一丟。「這根本不對嘛！」真洩氣，我連最簡單的問題都不會算。

昆庭拿起我的計算一看，略為檢查一下，把它還給我。「完全正確，繼續算下去，要有勇氣！」

「誰說我沒有勇氣！」事實上我的確沒有勇氣做下去。下一步就要應用微分方程來計算戴拉華噴嘴。我看到那些方程式就打心底裡害怕起，那兒有十幾個方程式，一個套一個，既複雜又難懂，一處不小心算錯就要重新算過。「昆庭，你上過微積分，你來算。」

「不行！」他給了我一個硬釘子，「這本書是老師送給你的，微積分你也一樣會，別再要賴了。」

我完全沒有信心，計算那些方程式就像限定四分鐘內跑一英里一樣，都不是我這號人物做得到的。

昆庭靠過來湊上我的臉說：「你聽著，老小子，如果你不用方程式來計算，那麼我們辛苦到現在都變得沒有意義了。我們照目前這種方式做，也許會製作出一枚飛得很高的火箭，老師會說好，人人都稱讚。天曉得也許能唬到展覽會的評審委員，但有什麼用呢？你知道、我知道，我們的社員也都知道，那是靠運氣，不是科學。如果你沒有失去勇氣，那我們就不會只靠運氣，我們能真正製作出一枚偉大的火箭。」

「你那偉大的火箭的定義是什麼？」

他交叉起雙手，撐著下巴很慎重的說：「是一枚能精確達到你設計功能的火箭。你如果設計只飛六十公尺，它就只飛六十公尺，那麼它就是一枚偉大的火箭。」他又指指火箭書說：「我們要造一枚指定飛三公里的火箭，使它飛三公里的設計公式就在這本書裡，走，把它算出來！」

我看看組成這些方程式的文字和符號，馮布朗也用同樣的方程式，這些文字和符號好像已經含有馮布朗的魅力。可是第一個方程式是要計算出衝力係數來，我不知道從何下手，昆庭伸手過來敲敲書本。「我們是不是要坐在這裡耗一個晚上？」

「好了，你真是個王八蛋，我做。」我咆哮起來，昆庭卻靠在椅背上笑。練習紙上寫滿了我的草算，我不停的算了兩小時。算完之後，我再依據所得的結果，用直尺、曲線板和圓規很謹慎畫了一張箭身和噴嘴的尺寸圖。「好了，總算有結果了。」我畫好之後得意的宣布。

昆庭把我按回座位不讓我去休息，低下頭來逐頁逐行檢查我的演算，花了大約一小時，他把筆記本一丟。「你不可以把乘冪上的小數統統丟掉只用整數，」他指責我：「你這圖是廢紙一張。」

「我忘了怎麼算那種帶小數的乘冪。」我為自己提出辯護。

「你應該用對數，你這渾球，怎麼連這個都忘記了。」

「對數！」我對著天花板大叫，氣自己怎麼那麼笨。可是我好睏，想倒下頭來睡大覺。

「從頭再算起。」昆庭不客氣的說。

我根本沒有聽他話的道理，可是我只是嘆一口氣，拿出一本有對數表的微分方程，重新再算一遍。昆庭坐在那兒昏昏欲睡，乾脆躺在床上，不久居然鼾聲大作，我辛辛苦苦重新計算完，再畫工程圖。母親一再催我們下去吃晚飯。昆庭從床上跳起來，打個哈欠、伸個懶腰、再檢查一遍我的演算，然後把那些計算紙疊好，用他那高人一等的姿態對我說：「桑尼，棒透了！」

「你真的這樣認為嗎？」

「我想這會是一枚偉大的火箭。」

星期一，我拿了整理好的演算和設計圖給哈茨菲老師看。「對一個連簡易代數都不會的學生來講，」他在仔細審查每頁的演算之後，還是無法忘懷我的數學原罪，「這是很了不起的了。我問你，你要做這個幹什麼？不怕炸掉你自己嗎？」

「不會的，老師。」

他笑了起來，老天，我不知道他居然還會笑。他說：「我相信你。」

我又把作品拿去給萊莉老師看，她的稱讚對我更加重要。她正在教室裡一面吃午餐一面批改作業，這個學期一開學的時候，我就覺得她瘦了，臉色也不好，從前她的眼睛總是明亮的，如今好像蒙上了一層陰影，不過她仍然很高興教我們物理。她常從自己微薄的薪水拿錢來買材料展示實際的物理意義，譬如講波以耳定律她就用氣球來解釋，講阿基米德原理就用玩具木船和鐵片，講向心力和離心力就用溜溜球，同學們都能吸收她所教的東西。她看完我的作業之後非常稱讚，「你想不想拿這個去參加科學展覽？」她立刻問我。

「我們是這麼想。」我說。

她抽了一張擦面紙擤擤鼻子。「對不起。」她說著把毛線圍巾往脖子包緊一點。

「您沒問題吧，老師？」我有點擔心。

「沒關係，只是有點傷風，每年這個時候我都容易傷風。走，我們去見校長去，請他看看你努力的成績。」

老師帶我進校長室，我把演算和圖都攤開在桌子上，「這水管炸彈看來不錯。」他說：「聽說幾個星期前你們把煤林鎮的壘球場轟炸掉了，到底有多少傷亡？」

「沒有，校長，不過我們把火箭挖出來之後，留下了一個小坑，卡森先生晚上在那裡散步，黑暗中踩到那個坑，把腳踝扭傷了。」

「命中注定的事，逃也逃不掉。」校長若有所悟的說，並用一隻眼睛瞄一下萊莉老師。

「我們郡的科學展覽會在三月舉行，萊莉老師認為你這些東西可以代表我們學校。郡裡的評審員認為我們學校除了出產足球隊員之外，別的什麼也做不出來，他們會對你這個作品提出嚴格的問題來問你，他們會懷疑你的東西是老師或家長做出來的，而你只是裝個樣子在前面站一站。你能夠回答他們的問題嗎？」

「可以的，校長。」

「好的，那麼，我們先來一次口試。火箭為什麼會飛？」

「牛頓第三定律，對於每一個作用力，都同時產生一個大小相等、方向相反的反作用力。」

他點點圖式上的噴嘴，「這種特殊的形狀，有什麼作用？」

「這是戴拉華噴嘴，它用以聚集低速度而高壓力的氣體，轉變成高速度而低壓力的氣流，如果該氣流以高速穿過窄喉，在後半部噴嘴的擴張部分，氣流可達到超音速，就能產生最大的推力。」

「你看。」萊莉老師開心的笑起來。

「是妳教他的嗎，萊莉？」

「不是，那是他自己學來的。」

校長用手指在發亮的桌子上敲小鼓，再慢慢逐頁研究我的數學演算，「威爾市高中的校長是個很無聊的傢伙，他總是在科學展覽會上和人家打賭，說是他需要錢，當然我不想輸給他。好吧，萊莉，這由妳來決定，妳要這個年輕人參加，那妳就要監督他按時把報名的資料填妥。」

「是的，校長。」

我們一起回教室去的時候，下午第一節課正要開始。化學教室在三樓，在樓梯上，萊莉老師停下來靠牆休息。「我不知道為什麼近來一點氣力都沒有。」我關心的伸手扶她，被她拒絕，她笑一笑說：「對了，你見到翟克時幫我打個招呼，告訴他我還在等他帶我去藍野市玩。」

翟克夏天的時候就被公司召回俄亥俄去了，他把望遠鏡留下來給我們用。但是我不知道他會不會回來。我告訴她我會留意翟克的跑車是否出現，她聽了也不再說什麼，進了教室之後，她急著去坐下來，像筋疲力盡的樣子。

我把用科學計算的結果繪製出來的工程圖送去給佛洛先生，他問了幾個問題就叫凱登先生進辦公室，交付他做這件工作。我每天放學回家之後，就騎腳踏車去機器工廠去看看工作進行的情形。凱登先生通常在晚上做我的噴嘴，沒有加班費，有一晚他打黑色電話來找我，跟我訴說那噴嘴太複雜太難做了——兩個大小不同的內角，在窄喉交會的地方，要精確達到我規定的直徑。是否可以通融一點，我大聲向他解釋不可以的道理，母親來到樓梯口的電話旁邊說：「有其父必有其子，是不是？」

複雜的戴拉華噴嘴做好後，凱登先生很驕傲的拿給我看他的傑作。「你看馮布朗會不會要我去卡納維爾角幫他工作？」我認為有這可能，但是我希望凱登先生不要去。

「去了就失去替你做免費服務的機會了！」他笑著說。我第一次注意到他有一顆金牙。

我們選擇在感恩節週末進行這次新設計的試飛。在箭筒內裝填鋅光散是件繁冗費時的工作，黏土似的火藥每次塞進筒裡的長度不能超過三英寸長（約七點六公分），還要花四小時用電扇把這一小節吹乾。箭筒有四十五英寸（約一百一十四公分）長，若要在一星期之內做完，就是說我這個星期要花六十小時裝藥。每天早晨我上學之前填三英寸進去，放學回家再填三英寸，睡覺之前又再填三英寸。天天調藥，把整個地下室弄得酒氣四溢，母親對鄰居說：「如果你們到我家，千萬別回去散布謠言說我經營烈酒批發的生意。」

我幾乎用光了所有的鋅粉來裝填海雀二十三號。大溪飛彈署的財務困難，無法繼續採購，然而我並不太擔心，我有信心每當我造火箭缺少什麼東西的時候，那位專責照顧大溪飛彈署研發計畫的蠢天使或者上帝自己，總會想出辦法來供應我們。奧德爾說他有個弄錢的主意，我說我希望這次的算盤打得精一點，不要像挖水管那樣白費功夫。

週末又到了，這次有三百多人來到煤林角，熱熱鬧鬧的，我們第一次有這麼多觀眾，有些甚至遠從威爾市來。從青蛙坡上來還不到一半的路，兩旁已經停了很多的車子，我們的車子從中間穿過，我在後座把海雀二十三號放在大腿上。這枚火箭有一百二十公分長，又大又重，如果成功了一定非常壯觀，我心中十分希望白考夫斯基先生或者他太太能看到。

倒數計時的時候，我又緊張起來，對這枚巨大的火箭我一直都不放心，昆庭卻是信心滿滿。我看看手中這具控制盤，心想比利和雪曼的共同作品很有點水準，然後深吸一口氣，輕輕按下發射鍵。

海雀二十三號噴出大量火焰和濃煙，掙脫導射桿，發出深沉如雷的巨響，很快就衝出視線之外，而山谷中不斷迴盪著隆隆的聲音。觀眾抬頭張嘴，我們幾個社員也一樣，窮追火箭的蹤影。如果這個時候有一群幽默感不足的小鳥在我們頭上飛過，被這麼一嚇，我們可要倒楣了。火箭好像就那麼消失了，這邊沒有人看見，昆庭打電話過來報告他那邊也看不見，天上只剩下塔形的白煙慢慢飄過。海雀二十三號到哪兒去了呢，我擔心如果它垂直掉到棄土場中，砸中觀眾那可完蛋了。

「我看到啦！」比利大叫起來，比利的眼睛好尖。

「在哪裡？」

「那裡！」

開始只看到一個點，愈來愈大，看出來是墜落到棄土場下方，偏往火箭山的山邊。它擊中一棵大樹，大樹搖擺起來，像棒球員接到球之後揮手示意。我們拿起鐵鏟迅速往棄土場的下方跑，觀眾不斷向我們歡呼。

「四十二秒。」洛伊跑得氣都喘不過來，還興奮的向我們報時間。

「二千二百五十公尺。」現在昆庭和我都以用心算很快的把上升的時間換算成上升的高度，異口同聲喊出答案。那是我們飛得最高的一次，可是比我設計的目標高度還差了一大截。「怎麼回事？」我擔心的問昆庭。「依照方程式的計算，它應該還要再升高九百多公尺才對呀！」

「不曉得，」昆庭吹一口氣說：「等看了火箭再說。」

比利領頭爬上火箭山，穿過一些大樹和石南花叢，到達一面絕壁下面較為空曠的綠地，海雀二十三號斜插在那塊柔軟潮濕的沃土中，只剩尾翼露出在外。奧德爾向周圍看看，舉起右手發出停止的信號。「不要動，大家不要亂踏這塊地。」

我們立刻停止不前，「為什麼？」有人問。

奧德爾單膝跪在一棵大橡樹的前面，很小心的用鏟子挖掘一枝帶節的樹根。挖出來之後，他問：「你們知道這是什麼嗎？」

我們都聳聳肩。他得意的笑笑，「鈔票！」

「別又來老套了。」洛伊不高興的說。

「不是老套，這真的是錢，這是人參，這塊地上有好多，我第一次見這麼多。」

「人參又是什麼鬼東西嘛？」洛伊問。

「印第安人草藥，亞洲人也愛透了這東西，認為可以醫治百病。」

「它值幾個錢？」

「這個嘛，」他又挖出來一條根，「我想我們可以不必擔心沒錢買鋅粉了。」

昆庭和雪曼合力把火箭從泥巴裡挖出來，拖出來之後，昆庭拿起火箭對著噴嘴瞄一眼，又伸手指進去摸一下，挖出一些黏黏的殘餘物，「侵蝕！這是最嚴重的一次。」

我辛辛苦苦設計出來的噴嘴，以及凱登先生和他的夥伴仔仔細細加工出來的精密圓孔，現在變成布滿坑洞、不成形狀的醜陋怪物了。「這種腐蝕把一〇二〇號鋼條都吃掉，像燒掉硬紙板一樣輕鬆。」我真是驚嘆不已。

「我們必須想辦法控制住，」昆庭還是說得十分扼要，「不然別想幹下去了。」

洛伊看著我們兩人沮喪的樣子有點大惑不解。「你們兩個神經病，這枚火箭飛了兩公里多那麼高，我們從前的火箭跟它一比，好像都是躺在那兒直放屁一樣。」

我把火箭掉轉頭來將尾巴對著他說：「你自己看看，」我的聲音充滿痛苦，「侵蝕！」

他拿走我的火箭，輕輕拍拍我說：「好啦！知道了，是侵蝕，想辦法吧！」

威爾市有人在報上登廣告，願以高價收購人參，於是奧德爾總算揚眉吐氣一番了。我們賺到足夠的錢去買了九公斤的鋅粉。三個星期之後，海雀二十四號就準備完成了。它是二十三號的加長型，多了三十公分長來測試長度對高度的影響。事實上我沒有因此而多裝填三十公分的鋅光散，我只多填了十五公分，把最前面多出的十五公分塞滿鋅粉和硫磺粉的混合劑。我試驗過把三分之二的硫磺和三分之一的鋅粉調和，會燃燒緩慢並產生大量黃煙，我利用這樣能追蹤火箭最後一段的飛行，但這等於加了兩百公克的負荷，相信會減少火箭上升高度。

我們也想出辦法解決侵蝕問題，凱登先生仔細觀察遭侵蝕的噴嘴之後，建議把窄喉加長和曲度減緩，他認為我的設計使窄喉的前沿尖薄，構成熱點，一旦溫度超過金屬熔點，前沿開始熔蝕，整個窄喉就很容易被侵蝕掉。我覺得言之成理，可是這樣加工起來比較困難，既然他不在乎多費功夫，我當然同意。

我們下一次的試射就訂在大溪高中聖誕盛會同一天的上午。當學校裡的男生忙著洗車，翻山越嶺趕去威爾市替女友買襟花，我們火箭小子正在煤林角胼手胝足，積極準備發射最新的海雀，只有洛伊約了舞伴，我們其他幾個都是單身。我故意拖延不去邀請女孩子，自己告訴自己，有沒有舞伴不要緊，因為真正的火箭科學家是沒有空搞這一套的。「我跟你講了多少次，那些老小子啥都不幹，只會去追女孩子？」洛伊不耐煩的說：「在卡納維爾角那邊有好多穿比基尼的小妞到處招搖，老馮和他的那群傢伙就在那兒向空中亂丟火箭。我問你，每次我們發射成功時你有什麼感覺？」

「感覺到很痛快呀！」

「哪，那就對了，那些火箭科學家也覺得痛快呀，如果你不去和女孩子共享這份感覺，你要跟誰去共享？」

「當然在火箭發射成功之後，找個人談談是不錯的。」我只好承認他講得對，卻又不禁想起桃樂絲來了。我多麼想去告訴她，我這些火箭的成功故事，可是現在我只能告訴阿菊了。

「如果你今晚能有舞伴，你就可以用你的火箭把她唬得五體投地，巴不得要和你趕快上床呢！」

「洛伊，你真是下流。」

「我也許很下流，」他笑笑說：「但是我得到我要的呀！」

冷風向山谷中吹，我們升上了觀察室上面的發射旗，依據它所指示的風向來豎立導射桿，這次改由比利守在遠處的經緯儀旁。洛伊到場邊趕觀眾回到路邊。我們的火箭發射快要成為鎮上的唯一活動了，人愈來愈多，連泰格都要出動來維持交通秩序。

我們倒數完畢，由我揿按發射鍵，只看見火箭底部「噗」的一聲冒出一股煙，完全靜止不動，我檢查一下觀察室裡的線路再試，仍然毫無反應，又再試用一條裸線跨接電瓶的兩極，如所期待的發出火花，所以問題不在這邊的控制。「你不能過去，」昆庭看我走出觀察室用望遠鏡觀察，緊張的說：「可能裡頭在燃燒。」

在路那邊的觀眾有些不耐煩了，我看到卜奇從人堆裡走出來，吃力的扛著一支來福槍，他走到一塊石頭後面跪下來瞄準的樣子，「老闆的兒子，要不要我射下來？」短短幾個字，我一聽就知道他喝醉了。

我不理卜奇，心想我知道是哪裡出了毛病。「我猜木塞大概掉下來了，那圓渾的喉部大概卡不住那軟木塞。」

「那麼你要怎麼辦？」奧德爾很擔心。

卜奇又走近一點，手上端著槍像準備發射的樣子，大概是怕我們那老海雀突然跳起來咬他。「他媽的你這荷默的兒子，根本沒有一樣事情做得對。」他又在亂罵。

「我必須到那邊去弄好。」我不理卜奇。

「你要把屁股炸掉嗎？」洛伊說：「我看還不能過去。」

「我有辦法。」雪曼說。他真的是有辦法。雪曼和我用屋頂的鐵皮浪板做盾牌，肚子貼地匍匐前進，慢慢爬向發射台。卜奇看了指著我們笑，他的那些同黨也跟著起哄。「你們兩個小鬼就像背了銀殼子的烏龜。」

我緊張得根本無法欣賞他的幽默。我們爬到可以搆得著火箭的位置，我先抬頭望一望火箭的底部，有一些灰燼散布在周圍和尾翼上，沒有冒煙，大概沒有繼續燃燒。鎳鉻線和軟木塞的殘骸躺在外邊，若不是自己掉下來就是一點火立刻被震下來。我小心的把點火線拉過來檢查，看來已經氧化掉了不能再使用。我身上準備了一些舊的鞭炮引線和火柴。只有這個最原始的方法可以用了。我把鞭炮引線小心插進噴嘴裡，一直插到感到確實碰上鋅光散了，再輕輕扯一扯沒有問題，回頭說：「雪曼，我現在用三年前的引線，它可能燒得很快，我一點火我們就要馬上跑開，你準備好沒有？」

雪曼點點頭，「準備好了。」

我開始點火，馬上強光一閃，完全沒有時間做任何動作，只好把頭一低，臉緊緊貼到煤屑地。卜奇那時已經逐步走近我們，完全沒有時間躲開，被起爆的震波打翻在地，連滾帶爬逃回觀察室裡。海雀二十四號很快就衝得不見蹤影了。在觀眾的「啊！啊！」驚呼聲中，夥伴們馬上跑過來看我們有沒有受傷。我爬起身來大叫：「計時！」耳朵還滿是嗡嗡的鳴聲，臉孔也沾滿了煤屑。

「已經三十秒了，還在繼續。」洛伊回應我。

「還是看不見。」比利從經緯儀那邊報告過來。「等一等，看見了！」

我抬頭一看，果然有一條淡淡的黃煙在天空中，是火箭前面那一截含高量硫磺的鋅光散發揮了追蹤功能，顯示出火箭的位置。它還在繼續上升。最後，火箭墜落下地之後，洛伊宣布「四十八秒！」它觸地的地方是在棄土場的下方不處遠。

我心算了一下，告訴大家二千九百五十公尺。昆庭在棄土場下方對我叫，我趕快跑去，他已經把火箭挖出來，也檢查過噴嘴了，我拿過來貼緊眼睛看，裡面還是有些缺口，但侵蝕已經大大減少了。我們相視高興的笑起來。昆庭吹了一聲口哨，大叫一聲：「超級棒透了。」

過年之後，一九六〇年的正月裡，報紙上電視上充塞了關於競選的報導。有一位名叫甘迺迪的麻州參議員競選總統，來到查理斯敦市訪問，另外一位名叫韓福瑞的明州參議員為了相同的原因也要來，媒體說西維吉尼亞州的民主黨初選，勢將成為這兩位參議員的主要戰場。從相片看來，甘迺迪有一張小孩子的笑臉，頭髮蓬鬆，和西維吉尼亞州的人在一起我覺得不太相襯，尤其是查理斯敦市的那一群人都是響噹噹的人物。有幾次從查理斯敦和亨丁頓市現場播出的記者招待會中，我聽甘迺迪回答問題時帶有濃重的鼻音，腔調很特別，也不像標準的北佬口音，我想不出怎麼有人會放心投票給他。在二月的一個雪夜裡，雪大得連父親都不得不留在家裡看報紙，忽然他發起牢騷來。「老喬伊．甘迺迪靠賣私酒發財，想用這些錢把西維吉尼亞州買下來給他兒子。算盤打得真不錯，他大概買得下來，因為我們這個州的民主黨員本來就是那麼賤，大概他很便宜就能把他們買去。」

我突然有所感觸，父親和我沒有什麼可以共同討論的題目，也許可以談談政治。「既然他那麼有錢，也許他可以送點錢給我們州。」我接著他的話題發揮，指的是喬伊．甘迺迪或者約翰．甘迺迪，反正他們父子一條戰線，都是一樣。「我們這兒用得上那些錢。」

「這些人是世界上最壞的那一種，」父親說：「他們的錢都又髒又臭。」

我覺得真不錯，父親和我居然能共同討論，就繼續下去吧。我說我認為世界上最壞的人是俄國人，害我們每天在街上走路都要擔心天上會掉下氫彈來炸我們。連住在西維吉尼亞南部的偏僻地方都不得安寧。說完了就靜待在那裡，希望聽聽他對俄國人的看法，沒想到他對俄國人沒有興趣。

「有些美國人比俄國人更加可怕。」他說：「這些人以為他們可以用政府的力量強迫你做違背自然律的事情。」

「什麼自然律？」我不明白的問，可是很糟糕，父親激動了起來。

「你要小心那些貪婪的人，他們把公司買下來，然後把你壓榨得乾乾的，他們只准你一週做四天工，卻要求有七天的產量。」

我知道父親談的是現實，正想開口回應，他已繼續發牢騷。「有人說貪心的人和熱心的人在互相競爭，說世界上有壞人也有好人。但是我現在告訴你，他們絕對不是兩種不同的人，都是些壞蛋，為了達到自私的目的不惜把這個國家毀掉。」

我想起樓上的書架有些書他不讓我碰，正如他腦子中也同樣有些地方不讓我進去，我也不想進去。眼前的討論變成聽他發牢騷，就想找個藉口離開。他又俯身向前跟我說：「以後在很長很長的時間之內，都不會再有像艾森豪這樣的好總統了。」

就在那一瞬間，一顆子彈「乒」一聲穿過客廳窗子上的一格玻璃，擦過父親剛才坐的沙發頂上，一直穿入後面的牆壁裡。

第23章 科學展覽會

槍聲響過後，緊跟著一陣汽車輪胎急速摩擦地面的聲音。聽來是開槍的人開車向山谷方向逃走了。父親和母親看看牆壁上的小洞，又看看那一格打碎了的玻璃，兩人鎮靜的商量如何修補被打破的地方。「拿一點石灰和油漆就可以補好了。」父親摸摸牆壁上的洞說。「堆棧的木工場裡有玻璃板，明天我會交代麥道夫切一片下來換上。」

我簡直無法相信他們竟然那麼鎮靜，我是又懼又怒，全身發抖，那是有人要謀殺我們。「我去打電話給泰格。」我提出我們該急迫做的事情，「他會找到是誰幹的。」

父親看看我，對我的意見頗不以為然。「根本不必去找，那一定是卜奇，或是整天跟著他喝酒鬧事的那些傢伙中的一個。我不要泰格去管這件事，免得泰格被他們打傷。」

母親把客廳收拾完畢之後，到父親的座位前面站著，那時父親已經移到比較安全的位置，重新看他的報紙。「荷默，我們需要去一次蜜桃灘。」她的宣布有如晴天霹靂。

父親蹙起眉頭望著母親說：「礦工休假的時候我們就會去呀。」

「我的意思是在礦工假期之前。我們可以在這個星期六去，星期日留在那兒一天，星期一才回來。」她說：「這麼點時間你不在，礦場不會停工的。」

父親摸不清到底怎麼回事，就問道：「為什麼我們現在就要去蜜桃灘？」

母親兩手向腰上一搓，「我要去那裡買房子。」

很少見到過父親會這樣子驚惶失措，他手上的報紙滑落到腿上。「為……為……為什麼要去蜜桃灘？我們為什麼要去那裡買房子？」

「不是我們要買，是我要買。我只是要你一起去簽約，沒有你的簽字他們不賣給我。」

「愛西，我們不可能在蜜桃灘買房子的，我們在哪兒都買不起房子。」

母親從圍裙的口袋裡拿出來一本黑冊子，丟到父親的腿上。「這是我在威爾市銀行的存摺。二十年來你把薪水袋交給我，由我應付所有的家用，於是，我打點了一切開支，還盡量省下錢來投資股票，這就是我的成績，買兩棟房子都沒問題。」

父親打開存摺，看完每一頁的記載。「我的天，愛西，妳怎麼會有那麼多的錢？」

「跟你講過了嘛，股票賺來的。」

「股票？就是紐約的那個股票市場？」

母親點點頭。「住藍野鎮的哥哥幫我投資的，這些年來我們都在你上班時打電話聯絡。」

顯然父親對這個新聞很感興趣。「妳買了什麼股票？鋼鐵股？還是煤礦股？」

母親開心的笑起來，「荷默，你幫幫忙好不好，別什麼都是鋼呀煤呀，我也有點功勞的。我沒有買那類股票，我有興趣的是對小孩子有用的日用品，比如做ＯＫ繃的這些公司，產品做得好的，我就大量買它的股票。」

母親終於使父親明白這不是做夢。「哦，原來這這樣。我總以為等退休之後——」

「我可不能等那麼久。」母親淡淡的說：「反正你是可以待在這裡一直到做不動為止，我可不行，我要搬去蜜桃灘。」

父親震驚起來。「什麼？妳要離開我？」

「不如說是我先去把我們退休的家準備好，在你真正需要我的時候，或者假期中，我會來這裡陪你。」

「可是孩子們怎麼辦？」

「吉姆已經離家了，如果桑尼要上大學，我有足夠的錢供他上，等他也離家之後我才搬走。」

父親仍然無法接受這種方式。「那煤林鎮的人會怎麼說？」

母親的回答叫我們父子倆都嚇一大跳。「荷默，」她用很可愛的音調說：「我才他媽的不管人家怎麼說呢！」

第二天，大溪飛彈署在學校大禮堂舉行晨間會議的時候，我和比利爭著發言，都認為自己的新聞比任何事情都重要。我告訴社員關於昨晚的槍擊事件，最後我說：「子彈震碎了整個玻璃窗，穿過我父親的沙發，在牆壁上鑽了一個大洞。」當然內容是稍稍誇張了一些，不過母親要搬去蜜桃灘的事我省略不提，因為我覺得不會成為事實。

「那是什麼樣的子彈？」奧德爾問我。

「母親把子彈挖出來了，是點二二口徑的。」

「點二二口徑？」奧德爾笑起來，「那是空氣槍嘛！」

「可是，它幾乎打中我爸爸的腦袋呀！」我對於奧德爾沒有重視槍擊事件深感不悅。

我正在考慮如何繼續強調這事件的嚴重性時，比利趁機切入，報告他的消息，「你們知不知道萊莉老師生病了？她得了一種什麼癌症。」

我頓時張口無言，有如被人重擊一拳，不知道是被打昏還是被敲醒了。

我聽到這不幸的消息之後，當天上物理課時，禁不住一直瞪著萊莉老師看，她的臉無血色，眼睛發腫。好幾次她注意到我出神的樣子，下課後她就叫我到前面去。「你今天好像心不在焉的樣子。」

我抑制自己不問她關於癌症的事情，這是母親的教誨：不得打聽別人的隱私。如果老師想要讓我知道，她會自己講的。「我在想科學展覽會的事情。」我說。這樣講並不是完全在撒謊。我的確是一直在考慮要展示些什麼東西，和怎麼樣來展示。

「我總是找不到時間和你談談。」她說：「你曉得每件作品只能報名一個學生參展。你把你們社員的名字統統寫上去了，我只好把其他名字劃掉，只剩下你一個。」

「可是我們大家一起製作火箭的呀！」我提出抗議：「只有我一個人代表參展，我覺得非常不妥當。」我考慮到昆庭一直希望會受人賞識，得到獎學金上大學。

「由你代表參展。」她不容討價還價，「因為你懂得最多。」

「昆庭也可以代表，」我說：「他比我懂得還要多。」

「可能。」她淺淺一笑，「但是你也曉得昆庭，他常常過分了一點，他的用辭可能會把評審員弄糊塗了。」這話說得不錯，我只有呆呆望著她。她收起了淺笑說：「我猜你大概已經聽說我生病了。」

這句話有如坍坑一樣，似乎有成噸重的煤向我壓下來，我使勁抗拒似的說：「我不知道，您是怎麼了？」

她心平氣和的跟我解釋：「我得到了霍奇金氏症，那是癌症的一種。癌細胞會攻擊我的淋巴腺。這裡。」她提起我的手摸摸她頸子的右上方。「就是這裡腫起來我才開始注意到。你摸到那淋巴腺沒有？那是身上好幾個淋巴腺中的一個。我整個學期都委靡不振，心想一定有什麼地方不對了，醫生做了許多檢查，結果證實我得了這種病。」

我把手縮回來，不敢碰她身體裡那可怕的東西，我只知道癌症會致人於死，其他則一概不懂，可是我記起父親得過結腸癌，不是治好了嗎？也許老師的霍奇金氏症呀什麼的也可以治好。「您是不是可以治得好呢？」

她把雙肘撐在桌上，兩手托著頭，豎起眉毛盯著我看。「我不知道，霍奇金氏症有時會減緩，但那不是痊癒，只是沒那麼難受。現在我還受得了。」

聽來還有點希望。「要不要動手術呢？」

「不，沒有什麼手術可做，醫生說要盡量維持身體健康，多睡眠、想吃什麼就吃，諸如此類的事情。不過，最糟糕的是科學展覽會的事我幫不了忙。上完一天課，我就累得眼睛都張不開了，只好讓你們自己去準備，你做得來嗎？」

我不知道做不做得來，但是我還是說：「可以的，老師。」下一堂的上課鈴聲響了，她揮揮手叫我離開。「不用跟別人說。」她吩咐我。

「桑尼，工會通知我不能再幫你造火箭了。」凱登先生用黑色電話打來告訴我。「我們明天就要開始罷工。」

我怔住了，「你把我的東西做好沒有？」

他應該幫我做參展用的海雀二十五號和各種式樣的噴嘴，以及一些箭身、鼻錐等展示用的硬體。

「沒有，佛洛先生聽說要罷工，就要我們先趕做礦裡要用的急件。」

「這次罷工會拖多久？」

「大概二十四小時吧。」父親說，他剛好經過樓梯口，「他們支持不了多久的。」

凱登先生從電話中聽到父親的評語，他說：「桑尼，你爸爸錯了，這次不會是短命的罷工，工會總部已經為這次罷工策劃很久了，會拖很久的。」

我跟凱登先生說再見之後，就去找父親。他坐在安樂椅裡看報，看見我過來，不等我開口就說：「別來煩我，我沒有發動罷工，也無力取消罷工，但是機器工廠的門是開的，凱登或者任何人都可以進去工作。」

「他不能違抗工會呀。」

「那，顯然我也不能。」

「爸爸，我需要您的協助；下星期就是展覽會了，而我還沒有準備好，凱登先生幫我做的東西都是我非有不可的。」

他繼續看他的報紙，只能用一隻眼睛看，另一隻閉得緊緊的。一年前全鎮的人都為他的英勇行為喝采，現在局勢困難了，很多人對他不滿，都叫他卑鄙的獨眼老頭子。「對不起，年輕人，我不能讓工會無理取鬧，動不動以罷工要脅。」

第二天早晨，我在大溪飛彈署向大家報告現況，我們終於商量出一個辦法，成功率不高，可是別無選擇。

現在機器工廠晚上都不鎖門，那天晚上我騎腳踏車去那裡，雪曼在門前等我。我們把門一推就開，進去把日光燈打開，明亮的日光燈之下，一排排的車床、鑽床、銑床和擠壓機安靜的站立著。我走到凱登先生使用的車床，模仿他取了一短截的鋼柱，插進旋轉頭的活動夾口中，再從他的工具箱裡找到他特別為製造噴嘴而設計的輔助工具，把切削刀嵌進輔助工具中，一起安裝在車床的切削架上。完全依照他的方法一步一步裝好，然後打開電源，旋轉頭就發出嗚嗚聲轉動起來，到達定速之後，先把鋼柱前端削平，自己覺得不錯，接著就開始在中心開孔，可是切削刀馬上就被鋼柱咬住了，「王八蛋！」我輕輕罵了一聲，把車床停了，從旋轉頭取下鋼柱扔到地上。

雪曼從地上撿起那截鋼柱，摸摸切壞的缺口說：「真沒想到這材料會那麼硬。」

我換上另一把切削刀，重新裝上一截鋼柱。第一切仍然順利完成，一開始向內斜切中心孔時又立刻出毛病，鋼柱、切削刀，統統都打脫下來毀掉了。花了一個小時，完成了兩截破鋼柱，折斷了兩把切削刀。

像電影故事一樣，就在這個時候，機器工廠的大門打開，凱登先生出現在我們面前。凱登先生把手指放在嘴巴上，做出一個不要大叫的姿勢，撿起地上我那可憐的成品，輕聲說：「你做得算不錯，那個內斜角的確很難切。你們兩個小鬼不如回家去睡覺，我幫你們做，絕對不要跟任何人講，知道嗎？」

我們當然沒有問題，立刻跑出來，外面又冷又濕，我騎了車子回家，看到有一群人聚集在卜奇家的門前，有些坐在石階，有些坐在停在路邊小卡車的引擎蓋上。我聽見有人在叫「荷默的兒子」，我低下頭使勁踩動車子，跟著又聽到汽車開關車門的聲響，後面有人追上來，我的心砰砰跳，一會兒腳步聲停止了。

我仍然快快踩車脫離那個地方，突然一部汽車從我後面趕上我，斜插到我前面停住，有三個男孩子跳下車來，我統統認識，都是最近被裁礦工的兒子，帶頭的是卜奇的兒子卡爾文。他就是從前在小學時期，每逢礦場罷工就來修理我的幾個小孩之一。可是年代已經不同了，要再修理我沒那麼容易，只是三個對一個太多了一點，於是我騎著車子直衝他們，趁他們閃身一躲，我丟下腳踏車往黑黝黝的山坡上跑。那兒我知道有一條泥巴小徑可以通到煤林學校，我可以躲在小徑旁的樹叢裡。我拔腿直奔到小徑上，躲進樹叢的黑影裡，聽到他們三個人跑過，他們找不到我就叫：「桑尼，我們只是想跟你談談。」

一九六〇年的春天裡，雨季的雨量充足，我們這裡人人擔心淹水，問題是在上游的山坳裡堆積了很多棄土，裡面聚集的雨水無法排洩到河裡。一個星期六的早上，一早醒來就看見山上流下來的水淹過礦場，沿著大路流下山谷的大店旁邊再流進河裡。馬路上的積水並不很深，我騎了腳踏車去凱登先生的家，抵達時全身都濕透了，我向四周看看，沒有什麼人注意，就繞到他家後門敲門。凱登先生出來交給我一個麵粉袋，裡面是他幫我做好的噴嘴和鼻錐。「箭筒放在廠後面的小巷子裡，和那些普通鋼管混在一起。」他悄悄的說。

我點點頭說打算明天再叫洛伊開車去拿，擺在汽車後座不會被看見。

我回去的路上，經過卡爾文家門前，他和他的兩個死黨又衝出來追我，赤腳在積水的路上跑，濺得處處水花。他們幾乎捉到我的時候，我揮舞那個裝了東西的麵粉袋打他們，使他們不敢靠近。我舞了幾下袋子，結果一失手袋子滑脫手中，飛到小溪裡去了。

我跳下車來，一拳結結實實打在卡爾文的胸脯，他吃了一驚跌坐在馬路中，看著我跑進打漩渦的小溪裡，發瘋似的彎身向溪底摸，急湍的溪水幾乎把我沖倒，可是摸到的不是石頭就是泥巴。我空手爬回岸上，又直走向卡爾文揮拳就揍，他的鼻子流血倒了下來。另外那兩個男孩快跑過來，我也向他們猛揮拳頭，卡爾文站起來之後自後面抱我，我給他一拐子痛得他唷唷叫。「你吃錯藥了？」他喘著氣說。一邊用手擦掉鼻子上流的血，左眼上腫了一個包。

「你害我把噴嘴和鼻錐弄丟了。」

「你那些火箭上的東西？」

「是呀，你這白痴，當然是火箭上的東西。」

這三個工會的孩子和我站在潺潺流水的馬路當中，彼此觀望不知所措，卡爾文肯定會有幾天的黑眼圈。「卡爾文，你在那兒抓蝦嗎？」卜奇站在他家門口對著他兒子叫。

「卜怪，看樣子你兒子被小桑尼修理過了。」一個礦工哈哈大笑的說。

「你混蛋，卡爾文，揍他，狠狠的揍他一頓。」卜奇又對著兒子大罵。

卡爾文不理他的父親。「我非常抱歉害你丟掉火箭配件。」他很誠懇的向我道歉，「我們只不過想跟你談談。」

我還是不相信他，握緊拳頭說：「過來吧，讓我們一次解決掉。」

「水退了之後，我們會去幫你把袋子找回來。」他說著，用手抹抹他的濕頭髮。

我終於認定他沒有打架的意思。看看湍急的流水和小溪，我說：「算了吧，都已經沖走了。」

卡爾文幫我扶起腳踏車，怯怯的對我說：「桑尼，你離開這裡搬去卡納維爾角住之後，可不可以幫我們在那兒也找個工作？」

那兩個男孩也跟著點點頭。在他們潮濕的臉孔上明顯透出期待的心情。我說：「要過好一陣子我才會到那裡去。」

卡爾文放開我的車子，「那沒關係，我們不是在這兒就是在軍隊裡，你會很容易找到我們的。」

第二天母親告訴我，她聽到前面有輕輕敲門的聲音，她去打開門，看到卡爾文的背影。門前地上有一個沾滿泥巴的袋子，裡面正是我的噴嘴和鼻錐。

下一星期的星期四下午，母親開了車子送我到山那邊的威爾市，參加麥道威爾郡科學展覽會。我們的別克汽車裡堆滿了展示圖板、相片、貼紙、新的火箭和一些硬體，幾個社員也借了洛伊的車子攜帶了許多軟硬體隨後跟來。我把這次參展的標題訂為「業餘火箭技術的研究」。展覽會場是在威爾市高級中學的體育館裡。透納校長給我們六個人半天的假。只有母親一個大人帶領我們，萊莉老師因病請假沒能一起來。

我們把展示品安排出來，展出的主體包括一個由三塊硬紙板連接起來的大圖板，上面貼了我設計噴嘴所應用的方程式和演算，火箭飛行的拋物線軌跡圖形，用以計算高度的三角學公式和範例。另外又有噴嘴、箭身等的設計工程圖和設計原理，馮布朗的親筆簽名相片放在正當中的榮譽席位，相片前面是海雀二十五號火箭，旁邊擺著凱登先生偷偷幫我做的噴嘴。這個噴嘴做得漂亮極了，細緻的線條在燈光下閃閃發亮。

我們對我們的競爭者做了一次快速的檢閱，最大的競爭者當然是威爾市高中，他們展出一些自礦坑中發現的植物化石。「只是一堆老掉牙的石頭而已。」奧德爾看了之後發表感想說：「沒什麼好擔心的。」

我倒是很擔心。他們把每一顆化石都辨識出來，還做了一幅植物的演化圖，把植物自恐龍時代演化到現代的過程展示出來，我覺得製作得十分夠水準，相信評審員也會作如是想。

主辦展覽會的玻加宏達工商教育委員會，是由威爾市的商會和郡內幾家大煤礦公司共同組成的機構，奧德爾說那些評審員都是「威爾市法院大樓的政客」，那只有他自己知道是什麼意思。評審員共有六位，到我們的攤位來看的時候，站成一個半圓形把我圍在中心，每人手上拿著一塊記錄板。「孩子，你是代表哪一所學校的呢？」

「先生，是大溪高中，萊莉小姐是我的物理老師。」

一位評審員斜瞄了火箭一眼，問我：「你有沒有炸掉什麼東西？」

「我們一向都非常小心，先生。」

「大衛山上的森林大火是不是你們引起的？」

「不是的，先生。那是一枚航空信號彈引起的。」

「這個是什麼？」另外一位評審員指著噴嘴問。終於讓我逮到機會表現一番，我把它的用途、形狀尺寸的設計、功能和成效等，滾瓜爛熟一口氣說完。

有一位評審員端詳了馮布朗的相片一陣，他說：「我在一份街頭小報看過有關你們的報導，看來你們這些孩子滿大膽的。」

「它能飛得多高？」另外一位指著海雀二十五號問我。

「我想大約五公里。」然後又說明我為什麼能夠預期它升得那麼高，以及發射後我們怎麼追蹤和測量它的高度。

這六位評審員一面聽，一面前後晃動身體，同時還發出「嗯，嗯！」的同意聲，並且互相對視。「這件研究計畫我看來真是挺危險的。」那位說我們「滿大膽」的評審員最後加上這句評語，皺起眉頭在記錄板上寫了些東西，就晃到別的展示攤位去了。

「那些白痴不會讓你贏的。」奧德爾從攤位後面走出來，憤憤不平的說：「我看，你一說是代表大溪高中，就已經注定是輸了。」

「這件研究計畫我看來真是挺危險的！」昆庭喃喃的學評審員說話。「在科學領域中，有哪一樣研究不危險？」

到那時為止，我為了能應付過去就很高興了，我覺得我已經盡力了。母親帶我們大家去「鐵板」餐廳吃午飯，吃完飯回來發現全體評審員在我的攤位前面等我。主評審員過來握握我的手，交給我一條藍色緞帶。「希坎姆同學，恭喜你。」他說：「看來你要去藍野市參加區域決賽了。」「我早就知道我們會贏的！」奧德爾高興得大叫。一把從我手中搶過緞帶，當著評審員面前就表演他拿手的印第安人舞。

母親在一旁站著，露出驕傲和快樂的微笑，昆庭走過去讓母親擁抱他。

我還沒有能夠接受這個事實，還不能完全相信我們已經獲獎。我們贏了！我等不及要去告訴萊莉老師，還有要告訴父親。

父親整晚都在礦坑裡監督他的領班做安全檢查，母親說明天一早她就會把這件好消息告訴他。一到學校，我跳下校車就跑去找萊莉老師。她在教室裡坐在她位子上。我告訴她我們贏了，她對我笑得開心極了，馬上派一個同學去報告校長，我上歷史課的時候校長找到我，叫我出來走廊，他盯著我看了一下才說：「我剛才贏了郡督學五塊錢。」他幾乎笑出聲音來。「下一次比賽在什麼時候？」我告訴他兩星期之後在藍野市舉行區域決賽。「我趕快把賭金押進去才行。」他說著以小跑步的姿勢快快回到他的辦公室。

郡科學展覽會獲勝使我們的名氣略增，煤林鎮婦女聯誼會在郵局的樓上開每月例會時，邀請我們去發表演說，我們小學裡的全體老師都來參加，臉上綻放出驕傲的光采。昆庭和我兩個講得最多，把計算的艱苦和火箭升空的壯觀滿天亂蓋，唬得她們沒命的鼓掌。

母親和父親在接下來的那個星期五出發去蜜桃灘，家裡就剩下我一個人。那天正巧是高年班畢業舞會。我邀請曾經在聖誕盛會和我跳舞的高二女生蜜兒芭作舞伴，她高興得在大禮堂當眾跳到我懷裡來。桃樂絲獨自一個人坐在一邊注意我們，一看到我看她，就立即扭轉頭去。洛伊告訴過我，桃樂絲又有一個念大學的男朋友，可是他又說她好像和他分手了。我向洛伊強調我根本不在乎。我計劃在畢業舞會當天發射火箭助興，巴西爾用他熱情洋溢的短文再度招來許多觀眾：

本星期六大溪飛彈署又將自煤林角基地發射火箭。誠然，那是一項值得親睹的榮耀，本記者曾於本欄報導過該署成員的英勇事蹟，不過仍可再強調一下，在火箭發射的瞬間，任何事情都可能發生，你也許會親眼看見我們兩位無畏的孩子，在一次發射後從簡陋的盔甲下匍匐爬出……。

像以往一樣，人們聚集在路旁，但這次我注意到他們分開公司家庭和工會家庭兩部分，相互保持冷冰冰的距離。我們如常升旗之後就立即發射海雀二十五號。它依照設計目標升高到四千五百公尺，才乾淨俐落的墜落到棄土場的下方，著地時「咚！」的一聲清晰可聞。箭筒打彎了，木製鼻錐也碰掉了。我事先在噴嘴內部塗上薄薄的一層水膠，由於一種突發的靈感使我覺得這樣可能產生一點防熱的保護作用，果然如我所望，窄喉的周圍只被侵蝕了幾個小孔。昆庭瞄了一眼噴嘴，拍拍我的肩膀說：「棒透了，桑尼，棒透了！」他露出欽佩的眼神看著我。「你曉得嗎？我一直都認為你是個真正的火箭小子。」

星期一當晚，母親和父親在我睡著了才回來。第二天我從學校回家，看到母親愉快哼著小調，臉上抹不去笑容，父親則在地下室裡翻東西，還吹著口哨，我從來沒聽過他吹口哨，也不知道他居然會吹口哨。我問母親怎麼父親會那麼高興，她說：「你爸爸打算辭職，他準備搬去蜜桃灘做房地產生意。我們正在看看什麼東西要帶走，什麼東西可以丟掉。」

母親一定看出來我一副難以相信的表情，因為她立刻強調說：「他真的決定了。桑尼，他在這兒受夠了，巴特勒先生說願意和他合夥做生意。」

這部分可能沒錯，巴特勒先生本來是我們公司的工程師，辭職之後在蜜桃灘開了一家房地產仲介公司。父親一副興奮的樣子，上樓梯都是兩級併成一步。這種樣子除了今年初西維吉尼亞大學的教練來看哥哥那次之外，我還從沒有見過。「我想下面沒有什麼東西要帶走的了。」他在地下室對母親嚷。「連洗衣機都可以不要，桑尼已經把蓋子弄得一場糊塗，我們到那邊再買一個新的吧！」他居然伸出手去摟母親，著實嚇我一跳。

藍野市舉行的區域科學展覽會是由洛伊開車帶我們大家一起去的。大家同心合力布置攤位，很快就準備就緒了。跟上次一樣，我的同夥躲在攤位後，由我一個人面對評審員的質詢，我做了扼要的說明之後，就開始回答問題。午餐之後回來參加頒獎儀式，主評審員先宣布第三名的得主，跟著是第二名，都不是我們。我的胃又疼起來，我心想，老天，這一次完蛋了，我們什麼獎都得不到了，兩手空空回去大溪該是多麼沒面子呀！走出了我們那小小的郡，我們只是無名小子罷了。終於主評審員俯靠在講台上宣布：「第一獎頒給——是這所中學的頭一次，有史以來的第一次，女士、先生，大溪高級中學。由小荷默．希坎姆代表提出的『業餘火箭技術的研究』奪得頭獎。」

昆庭完全失去控制，跳起來高呼「唷——嘿——」，奧德爾站在人堆裡舉起雙手轉圈圈，像得勝的拳擊手。洛伊拉動我的手臂哈哈大笑，雪曼也鼓掌歡笑，比利跌坐回椅子裡，解脫似的擦拭前額上的汗。我只是坐在那裡傻傻的笑，難以相信我們又贏了，取得參加全國科學展的資格。

「我說過的，我說過的！」昆庭對著我喊了一遍又一遍。

安靜下來後，我們又得到另一項獎。一位空軍少校站起來宣布，我們以「噴射推進領域中的傑出成就」贏得頭獎，發給我們證書。他讚揚我們的成就，認為是卡納維爾角之外所能見到的最精緻的火箭。「你講得對極了，少校！」奧德爾用手圈著嘴向他叫。

頒獎典禮之後，少校過來跟我們握手，他希望我考慮以投效空軍為志願。我把夥伴們叫過來逐個向他介紹。他興奮的說：「美國空軍會十分高興有你們每一位來參加。」他顯然沒注意到雪曼的瘸腿和昆庭的猶疑神態。

我們回家的路上一直都在下雨，經過彎曲的山谷。途中有一輛大型巴士超越我們，巴士的旁側掛了「韓福瑞當總統」的橫幅。走到我們前面，把泥漿濺起潑到我們的擋風玻璃上，洛伊把車子慢下來保持較遠的距離。又前進了幾公里之後，看到巴士停了下來，有人從巴士走出來，對路旁的一小群人揮舞帽子。韓福瑞參議員是位矮壯的中年人，他的下巴和手臂都好像是用繩索牽連起來的，手臂一揮就嘴巴一張，揮動得愈快就講得愈快，後來他激動得哭了起來，向群眾承諾如果他當選總統，就會讓聯邦政府來為我們解切一切問題，必要時由聯邦政府直接來照顧大家。「我們問問他關於太空的意見。」雪曼提議，於是對著他招手，但是韓福瑞參議員根本沒有看我們這邊，還是滔滔講個不停，我們就先離開了。

隨後的星期一，透納校長叫我到他辦公室向我握手致賀。「你超過了我們的期望，我的孩子。我會召集全校為你前往印第安納波利斯送行。」

在送行大會中，大溪飛彈署的全體社員站到前面來向大家一鞠躬。校長叫我站在最前面致詞。「我要盡最大的努力來為大溪高中爭光。」我說。舞台燈直照著我，讓我的眼睛無法張大，剎那間，肚子痛、頭暈、噁心，統統都來了。

萊莉老師興奮的站起來說：「這次證明了我們大溪高中的學生能夠做到任何我們要做的事情。我深信桑尼到印第安納波利斯之後，能使大溪高中更感自豪。」

萊莉老師身染重病還能如此進取與樂觀，我這麼年輕卻一身病痛的樣子，叫我真是羞慚得無地自容，我真是個軟弱的妹子。

那晚，我心中極度不安，就到後院子走走，希望能定下心來。

外面是如此的黑暗和幽靜，只有微風吹動蘋果樹葉的窸窣聲。我遠離自廚房照射出來的燈光，寂然不動的站著，連呼吸都輕悄悄的，沉思我為什麼如此忐忑不安，希望發現某種可以讓我振作起來的力量。晚上的空氣如此清涼，我抬頭望望天空，只見星光像一道藍白色的閃亮拱橋，把前後兩座山連結起來，我逐漸覺得鬆弛，任心靈在星河中漫遊。

我深吸一口這山區裡的特殊空氣，想起兩年前的一天，杜邦納先生在老軌道那兒跟我講的話，他說我生長在這山區裡，就屬於這個山區，無論我的人到哪裡去，從事什麼工作，身屬此山區是永遠不變的。那時我不太懂，現在我懂了，煤林鎮、鎮上的人、周圍的山，都成為我體內的一部分，而我也是他們的一部分。我也想起父親去克利夫蘭回來的第二天晚上，我們起了很大的爭執，他從我房間出去之後，我看著窗外的工人走進和走出礦坑，我羨慕他們知道自己是誰、知道什麼事是自己該做的。如今我領悟了不必再羨慕他人，我已經知道了我是誰、該做什麼。剎那間，像有人扯動一根操縱的繩子，我的胃痛、頭痛立刻消失得無影無蹤。

第24章 參展的西裝

「我會好好照看他的，希坎姆太太。」艾蜜麗坐在我家別克汽車的乘客座上對母親說。我坐在駕駛座上，低下頭一肚子氣。艾蜜麗和我正要出發去威爾市，準備為我去印第安納波利斯參展選購一套西裝。我完全看不出來有這個必要。我原本打算穿去展覽會的衣服有什麼不妥？方格子襯衣、棉布窄腿褲、帶環扣的皮鞋，誰說不宜？我是年輕的科學家，不是電視上的明星。況且，要帶去參展的圖表和展示品還沒有準備好，哪兒有那種時間去威爾市逛服裝店？

艾蜜麗自以為是成年人，跟學校裡像我這樣的學生不一樣，她覺得有責任保證不教我到外面去丟大溪高中的臉，甚至丟掉整個西維吉尼亞州的臉。偏偏我的穿著一向不甚考究。這就成為她最關心的事情了。艾蜜麗的母親應她之請，開車越過兩座山，帶了她來向我母親請願，聲稱我去參加全國性的展覽會應該穿得體面些。我正在地下室製作新的展示牌，忙著在板與板間的絞鏈上旋緊螺絲。母親叫我上來。「帶她去威爾市。」她對我說，頭偏偏指向艾蜜麗，她坐在沙發上得意的笑。「請她幫你挑選一套新西裝。」

「我幹嘛要買新西裝？」我沒好氣的問母親。

「因為我們不能讓你到全國科學展覽會上穿得像個山地佬呀！」艾蜜麗討厭的插嘴說。

母親抬高了臉說：「不是，艾蜜麗，我有一個好理由。」

「什麼理由？」我問。

她直視著我說：「因為我要送你一套新西裝。」

經煤林鎮到威爾市的山路，一共有三十七個彎轉。我一個接一個熟練迴轉。跑彎路是正常，直路反倒稀奇，大約在第十二次迴轉的時候，我用最挖苦的語氣對艾蜜麗說：「這次真謝啦！」

「很樂意服務。」她回應說。

至少我可以趁此機會打聽一下桃樂絲的近況，她們倆還是常在一起的密友。「嗯，妳們榮譽生學社的同學都好吧！」這是我常用的不點明方式問法。可是艾蜜麗太精明了，她立即幫我點明。「你是問桃樂絲？她還好，很想念你，也因你對她生氣而難過。但是我相信她不會因此而半夜睡不著覺的。你呢？是不是還要打著燈籠找她？」

「找桃樂絲？別讓我笑掉大牙了。」

艾蜜麗靠近一點看我。「你知不知道你撒謊的時候，眉毛會豎起來的？」

一直到威爾市我都沒有跟她再講話。

那天是星期六，威爾市挺熱鬧的。艾蜜麗帶我到菲利浦服飾店，那是家專賣男裝的店。我站在門口略顯猶豫。「現在你又有什麼問題了？」她有點不太高興。

「我不要妳跟我進去。」

「為什麼？你怕他們認為我是你的女朋友嗎？」

「我只是覺得不好意思。我會挑自己喜歡的衣服。」

她滿臉狐疑的望著我。「哦，好吧！」她嘆口氣說：「一小時之後在停車場等我。穿上你的新衣服，我要看看合不合身。」

我只好同意。鬆了一口氣走進店裡。菲利浦服飾店雖然小，在郡裡卻有最佳男人服裝店的令譽。靠牆的一排排架子上放滿了外套和長褲，聞起來有乾洗店的藥水味。我找了一位店員告訴他我想要的衣服。他問我是不是吉姆．希坎姆的弟弟。我說是的，他就打電話到樓上請老闆下來，結果來了一對夫妻，男的粗壯，女的玲瓏。他們看到我，有如獵犬看到菜園裡來了一隻小兔子，眼中閃耀著美食當前的喜悅。我告訴他們，我想買去全國科學展覽會參展時要穿的西裝。他們就把咖啡色的、藍色的和銀灰色的三套西裝拿出來讓我挑選。那些衣服都像煤林鎮的大人上教堂穿的那種。我抓抓頭髮不知道怎麼辦，因為我的衣服一向都是母親幫我買的。正在不知如何是好時，奧德爾走進店裡來了。他是來威爾市賣人參，籌款來買鋅粉的。他說正巧在街上看到我，就進來找我了。我把我這丟人的事情告訴他，他居然大叫起來：「艾蜜麗完全正確，你需穿些名牌精品。」

奧德爾對老闆拿出來的西裝直搖頭。「這些都是老先生穿的。」說著，他就跑去架子翻，一直翻到最後一排才找到他喜歡的，「好傢伙，你穿上會帥極了。」他說，我碰巧也同意，那是我見過最好的西裝了。

我試穿奧德爾挑選的衣服，覺得非常合身。「我要這一套。」我轉來轉去照鏡子，非常滿意。老闆夫妻互相對看，聳聳肩膀。

我穿著漂亮的新衣裳離開服飾店，急著想讓艾蜜麗看看。奧德爾提了兩袋人參繼續去找他的顧客，他向我誇口說：「等我把這兩袋子人參賣掉，我們就有錢買足夠的鋅粉，想射到月亮都可以。」我祝他好運，跟他揮揮手再見。

離約好見面的時間還早，我就順著主街蹓躂。街上擠滿購物者，我注意到我吸引了不少的目光。我在人堆裡擠來擠去，看到路旁有個攤位貼著「甘迺迪當總統」的大幅標語。有幾個人在架設擴音器，架好了就開始播放「美國海軍進行曲」，接著放法蘭克辛納屈唱的「厚望」。「這裡要做什麼？」我問一位正在電線桿上貼海報的工作人員。

他以奇怪的表情看著我，好像我是個雙頭怪物似的。然後他說：「甘迺迪參議員要來威爾市演講，馬上就會到這兒來了。」

音樂把人群逐漸吸引過來，碰巧艾蜜麗也經過那裡看到我，連忙走過來看看我的新衣。「噢，我的媽呀！」她嘴巴閉不起來了。

我回頭看看，以為我後面有什麼東西使她嚇了一大跳。可是，什麼也沒有。「怎麼了嘛！」我回過頭來問她。

「那是什麼顏色呀？」她的嘴巴依然張開。

「妳是說我的新西裝？」我看看袖子說：「我叫不出來，看起來是金黃色嘛！」

「金黃色？你買金黃色的西裝？」

我聳聳肩說：「是呀！有什麼不對？」

那時，一隊林肯和凱迪拉克轎車魚貫駛進停車大廈。輪胎磨著光滑的水泥吱吱喳喳作響。艾蜜麗和我要躲開幾步才不致被車隊碰到，就這樣擠到人群的最前面了。

艾蜜麗一直盯著看我的衣服，絲毫不注意當前的汽車和人群。「妳不喜歡我的新衣服？」我問她。「奧德爾幫我一起選的。」

她緩緩搖搖頭，過了一陣子才說：「那就怪不得了。」

有一個男人從林肯轎車走出來，人群立刻響起一陣禮貌的鼓掌聲。他向大家招招手，我猜想這個人就是甘迺迪了。他被隨行的人抬上一部凱迪拉克的車頂。果然是甘迺迪參議員。他瘦瘦的，頭很大，頭髮很多，臉曬成棕褐色。甘迺迪參議員站穩在車頂之後，又向群眾揮手示意。他清清喉嚨，有人遞給他一杯水，他喝了一口就開始演講，群眾還在擾攘不安，他仍然講他的。他說每一句話都揮舞拳頭來加重語氣，他談論阿帕拉契山區的發展問題（我很驚訝他竟然把我們也涵蓋在內）。說政府必須救助這個區域，也許舉辦如田納西流域河谷灌溉計畫之類的大型建設計畫。我在高中歷史課裡聽說過這個計畫，瓊斯老師說那是羅斯福總統為了協助田納西州和阿拉巴馬州一帶山區中的經濟而建設的。有一次聽父親跟肯恩舅舅說，田納西河谷計畫純粹是社會主義的措施。肯恩舅舅說不對，那是政府照顧小老百姓的建設。父親回他說，政府只照顧自己，不會照顧小老百姓。

甘迺迪參議員承諾建立一種糧食券制度。可是威爾市的群眾對這種救濟制度並不熱中，只靜靜聽著。那些坐林肯和凱迪拉克跟來的隨員對這個建議鼓掌支持，但只引起極少數的群眾響應。參議員甚為緊張，停頓了一下搔一搔頭髮，又說：「我認為這個州的人民需要援手，我將會全力促使聯邦政府援助你們。」他大聲疾呼，還是得不到群眾的反應，他蹙起眉頭甚為著急。我也為他難過，眼看群眾正開始離開。「問我一些問題怎麼樣？」他近乎絕望的叫起來。

我立即舉起手，不知道什麼原因他居然馬上看到我。「請講，那位男同學，穿金黃色西裝的那一位。」

「老天爺！」艾蜜麗在旁邊呻吟，「你會讓我們整個郡丟臉。」

我不理他。「先生，您以為美國在太空應該做些什麼事？」

「噢，求求你不要再說了，老天爺！」艾蜜麗的呻吟更加痛苦。

群眾中起了一點騷動，甚至有人發出嘲笑的噓聲。可是甘迺迪笑了一笑，「這個嘛，我有些對手主張先把我送上太空。」他說，這個幽默立刻引起相當大的善意笑聲。可是他看著我，很機靈的問我：「但是讓我先聽聽你，這位年輕人，你認為我們在太空該怎麼做。」

剛巧我近來想到很多關於月球的事情。在春雨暫歇的日子裡，翟克的望遠鏡協助我用想像來遨遊月球表面的黑原、雄山峻嶺、溪川河谷。在憂慮父母親遷居蜜桃灘的分合情緒中，以及對於未來不可預知的惶恐中，我常常以眺望月球來紓解心胸。所以月球變得與我接近和熟悉。於是我脫口而出說：「我們應該上月球！」

參議員的隨從在笑，他對他們搖搖頭，對他們的嘲笑顯得不高興。「為什麼你認為我們應該上月球呢？」他繼續問我。

我看看周圍的人，有些頭上還戴著礦工的安全盔。因此我就說：「我想到月球上去看看它有些什麼礦藏，我們可以上去採礦。就像我們在西維吉尼亞採礦一樣。」

更多的人笑起來，後來有一個礦工講話：「這個男孩說得對，我們可以上月亮去好好挖他一挖。」

「他媽的！」又有一位礦工叫起來：「西維吉尼亞人去哪兒都能挖。」

一陣同意的喝采聲在群眾中迸發出來，大家高興的笑，再沒有人離開。

甘迺迪參議員被這氣氛加了一把勁。「如果我當選總統的話，我想我們就會上月球。」他用眼睛橫掃群眾一遍，群眾也靜靜的聽他講話。「我很喜歡這位男孩子說的話，重要的是我們要使這個國家再運轉起來，讓我們的政府和人民恢復元氣，增加力量。如果登陸月亮對這些有幫助，也許那就是我們該做的事。同胞們，讓我們一起為這個國家再出發而努力。」

這時候艾蜜麗拖著我離開。「妳幹什麼？」我甩開她，「我正來勁呢！」

「我們要趕快回去服飾店，都快要打烊了。」

「回去做什麼？」

「你不能穿這套金黃色的西裝去印第安納波利斯。這是我見過最適合慶典遊行的服裝。」

我站著不肯動，「我喜歡這身衣服。」

她還想爭辯，但是她改口說：「好的，我知道你喜歡。」說著雙手就在我背後推我走。

回到家裡天都黑了。我穿著一套深藍色的西裝進門。艾蜜麗的母親和我的母親都說它好，但是我還是覺得差勁。母親說她從未看過我穿得那麼帥，我巴不得她看見我穿上奧德爾幫我選的那一身才真的叫帥呢。我告訴她關於甘迺迪參議員的事情。艾蜜麗插嘴進來：「您真不會相信桑尼跟甘迺迪說些什麼鬼話。」她還嘆了一口氣。

父親進客廳來對我的新衣做了一次快速檢閱。我把參議員的事情告訴他。「甘迺迪？」他不屑的說：「一個大左派，比誰都左。」

艾蜜麗走了之後，我到樓上把那套非我所喜的新西裝掛進衣櫥裡。不過，我另外買了一樣得意的東西。我趁艾蜜麗不注意的時候，買了一條領帶偷偷塞在上衣口袋裡，那領帶有十五公分寬，底色是光亮的淺藍色，上面畫了一隻西維尼亞州的紅冠鳥。牠張開金黃色的嘴巴對著天空唱歌，色彩與圖形都醒目極了，從老遠老遠就會被注意到，我認為那是十分重要的。雖然我不能穿上奧德爾協助我挑選的參展西裝，至少大溪飛彈署的雄姿還是會在全國科學展覽會上展示出來。

第25章 全國科學展覽會

在藍野市的科學展中得勝後，時間似乎過得特別快，一個月閃電般過去了，需要準備的工作非常多。不過令人欣慰的是，萊莉老師因春天的來臨而煥發起來，臉孔恢復了血色，眼睛也重見明亮。她協助我改進說明的技巧，又打電話向一些有學生參加過全國科學展的中學老師請益，打聽一些如何展示和如何說明的現場經驗。我推銷知識的能力每天逐漸增強，可以迅速而清晰的說明用以設計戴拉華噴嘴的數學，如何定義和演算比衝值及質量比，以及我們在業餘火箭試驗場上使用於測量高度的三角學。

昆庭週末到我家來，幫忙製作各種圖表和說明。包括有噴嘴的透視圖和功能說明表，火箭飛行軌跡圖、尾翼的功能等等。奧德爾找來了一塊藍色絲絨，應該不是從垃圾桶裡翻出來的，用它來做了一個漂亮的展示盤。他又用木頭做了箱子，裡面用舊報紙做襯墊，給我用來裝運展示。雪曼和比利到煤林角拍攝發射場的設備、我家地下室的調配推進劑現場、機器工廠的火箭生產機等等，將相片裝訂成冊。洛伊為每一樣展示品製作三寸乘五寸的說明卡片，詳細記載尺寸大小與性能用途等等。

凱登先生一再向杜邦納先生要求，才得到這位工會領袖的首肯，准他為我製造參展所需火箭的各項硬體。另外又專做一組噴嘴，從單純的錐坑開始，一直到我們的最新設計。此外，還有加上絕熱保護膜的窄喉等等以展示大溪飛彈署的演進過程。這些東西都是珍品，特別是做了一個展現噴嘴窄喉前後收縮和擴張的內部構造，把外部的材料切削掉一部分的剖切體，讓氣流通道的漂亮曲線一目瞭然。那個模型是他十分自豪的代表作。我真的認為這些噴嘴比卡納維爾角實際發射火箭的噴嘴還要好。

我去工會謝謝杜邦納先生允許凱登先生幫我的忙。「你就告訴觀眾來賓：這是美國礦工聯盟製造的火箭硬體。」他態度冷酷的說。我了解他這種態度的原因。罷工基金已經用光了，州裡來的救濟食品也逐漸不繼。這種情況之下，我還為了火箭的事情去麻煩他，是不近人情的。但是，我也是無可奈何呀！

我出發前的那個週末，聽到母親又在催促父親，問他有沒有通知公司當局他要遷往蜜桃灘的決定。「愛西，我要等罷工結束之後才通知公司。」他說。

「為什麼呢？」

「因為我不想被人家看成我是被工會踢走的。」

母親的無言似乎是接受了這樣解釋。但是我卻有所懷疑。首先，什麼時候開始父親會在乎工會的想法。其次，我無法想像父親會貿然離開公司而不親自挑選和訓練接班人。要培養接班人必須老早告訴公司他的意圖。我到現在為止還沒有聽到籬笆那邊有什麼關於父母親行動的傳言。我知道母親不會對任何人講，因為她認為那是穩私。父親如果要辭職就不可能不向任何人提起或者做一些安排，一旦有點蛛絲馬絲，整個籬笆就會像戳破了的黃蜂窩一樣。但是現在周圍靜悄悄的，若是有點風吹草動，我的幾個夥伴就會趕來通知我。到底父親作何打算，我忙得只能詫異而沒有功夫去打聽。

出發的前一晚，昆庭又來我家過夜。他不准我睡覺，一直在操練各種有關的三角、微積分、物理和化學的細節。到清晨三點，我倒在床上用枕頭蒙住耳朵，求他放我一馬休息休息。「夠了，老昆。」我說：「看在上帝的分上，夠了。」

他清清喉嚨，聲音貫穿枕頭：「桑尼，我的好朋友，你是不是打算讓你的粗心大意使整個西維吉尼亞蒙羞呢？」

我拋開枕頭，嘆口氣說：「那就繼續吧！」

「這才像個樣子。」他高興的說：「老兄，給你一個簡單的。請說明比衝的定義。」

「比衝是每公斤推進劑的推力大小，除以推進劑的消耗率所得的商。」

「比衝有什麼用？」

我吐了一口長氣說：「比衝可以用來判斷推進劑的相對價值。使用比衝的數值才能計算出火箭排出氣流的速度，決定火箭的效能。」

「好的，下面一個，什麼是重量流動係數？」

我發出一聲呻吟，眼望天花板繼續回答。跟昆庭比起來，印第安納波利斯根本是小事一樁。

在威爾市的巴士車站，我把木箱和圖表板統統交給長途客運汽車公司裝進大巴士的行李廂中。我的火箭成員、母親和父親、凱登先生、佛洛先生、杜邦納先生、蜜兒芭和透納校長都到車站來送行。巴西爾也來了，正急於向各人進行訪問。

艾蜜麗也來為我送行，她堅持要我打開箱子，讓她看看那藍色西裝確在裡頭。然後像個男生一出拳捶我的胸脯。她說：「我看你站在那兒一定很人模人樣的。」

我準備上車時，好高興看到翟克的那部小跑車正把車篷捲起來，更叫我喜出望外的是萊莉老師坐在跑車裡面。翟克下車過來拍拍我的肩膀，「我聽說你幹得很不錯，桑尼，我就非要趕來送行不可了。嘿，你認識這位女士嗎？」

我立刻跑去萊莉老師身邊。她打開了車門，還是坐著沒有出來，大概是趕路使她疲倦了。我跪在她的身旁，她伸出手握住我，「桑尼，讓人家看看我們西維吉尼亞人是絕不輸給任何人的。」她懇切的說。

「我會的，老師。」我鄭重的承諾她。緊緊握著她的手。我看著她，她也看著我，然後她把我抱進懷裡，緊擁著我。

長途汽車在黑夜中疾馳，我陷入椅中一路沉睡。第一道陽光出現時把我照醒，我向窗外看看，家鄉的層巒疊嶂早已失去蹤影。極目所視是一片平原，這使我有赤身裸體般的感覺。巴士於中午時分抵達我的目的地。我到印第安納展覽大會堂的多扇門前放下我的參展品，然後被引導至會場內靠近外緣的一個區域，那是屬於噴射推進的展覽區。已經有一些參展者比我先來，我立即迅速瀏覽一下別人的作品，沒有看到能與大溪飛彈署的精心設計抗衡的東西，心裡覺得輕鬆不少。我的隔鄰攤位是個來自德州勒波克的男孩，他有一個燈籠型的下巴，頭戴德州牛仔帽。他的展品有兩組，一組是用自來水管做的火箭噴嘴，另外一組是一種用電磁力的發射器，倒是滿有意思的。我們兩人立刻成為好朋友。他的名字是俄維爾，但是他要我叫他塔斯。塔斯告訴我一些內幕消息，「我們在這兒得不到獎的。桑尼，你隨便到處看看，有好多花大錢的作品，獎都由他們包了。」

我和塔斯在龐大的展覽廳漫步，置身於熙來攘往的人群中，有渺小和迷失的感覺。確如塔斯所言，場中有許多顯然花錢不少的展示品，既巨型又複雜。其中有一個很大的密封塑膠籠子，裡面關著兩隻猴子，種植了一些產生氧氣的植物，裝置了自動供應食物丸的機構，成為一個自給自足的生物圈。我從來沒見過活的猴子，這個研究計畫裡就有兩隻當成展示品。「往火星之途」！我嚇了一跳。原來是這項展覽的標題。我開始領悟到，做這種大手筆研究的男孩子和女孩子，就是我們西維吉尼亞的窮小子出來世界上要面對的競爭者。突然間，我的未來蒙上了一層陰影，那漂亮的新噴嘴也變得粗糙不堪。

「這些大手筆的東西多半是從紐約州和麻州來的，是砸下很多鈔票才弄出來的。而這些傢伙更是聰明絕頂，得獎有如探囊取物。另外，評審員不喜歡搞火箭的，他們認為火箭太危險了。我來之前就知道不會有機會得獎。」塔斯說。

「那你為什麼還要來呢？」我衝著他問。被他這麼一說，我覺得要為大溪高中的錦標展示櫃裡加上一座錦標的希望十分渺茫。

「那是為了好玩，你等著瞧吧！」

塔斯說的不錯，真是滿有趣的。觀眾來到我們兩個攤位時，都對我們的展示品感到興趣，然後我們說明研究過程中發生的困難，以及形容發射火箭時的刺激感受，把他們唬得「哇！哇！」的叫。我使用很多的手勢，也發出許多「呼——呼——」的模仿聲，像演員一樣，在舞台上盡情享受觀眾的注意，只要他們不要太過靠近就好了。我有一種與陌生人保持距離的西維吉尼亞特性。我向塔斯指出，「我們吸引了很多觀眾看我們的作品，比那些大型攤位的昂貴展出所吸引的人多得多。「不錯，我們的確很受觀眾歡迎。」塔斯說：「可是我們得不到評審員的歡心。」

評審員預定在展覽期的第四天到各攤位面試。在第二天的晚上，大會以盛宴招待我們，飯後就把我們直接送回旅館。塔斯與我已經把原來的室友交換掉，兩人共住一個房間，就一起上街去逛逛。對我而言，印第安納波利斯是個大都會了。車子開得快，路上行人多，人們很友善，但是人多使我覺得不自在，對都市的空間也覺得不太習慣。後來才發覺我原來是在思念群山。在西維吉尼亞到處都是山，那些山為市鎮和民眾設下堅固的界限。在印第安納波利斯這裡，感覺到隨時隨地都可能有人在你不備中侵犯你。

我把這些感覺告訴塔斯，他笑了起來說：「老兄，你覺得這裡是一片平原，請到德州來看看才知道什麼才是真正的平原。」他告訴我一些德州的風土人情，我告訴他更多西維吉尼亞州的生活情形。他聽我說完之後，說他有點為我擔心。「你來這裡不單是為了參加比賽。」他說：「還要為你家鄉那小鎮所有的人贏得比賽。如果最後你兩手空空回去，那要怎麼辦呢？」他搖搖頭繼續說：「老兄呀老兄，我可要看你傷透腦筋了。」

第二天早晨，塔斯和我搭公共汽車來到會場，與高采烈準備和昨天一樣展示表演，來到攤位我才發覺，擺在桌上的箭身、噴嘴、鼻錐等統統不見了，令我震驚得不知如何是好。

我簡直無法相信，一輩子都從沒有應付這種事情的經驗。它們是怎麼不見了的呢？誰會拿走它們？為什麼呢？塔斯過來看看，「你沒有把你的東西鎖起來嗎？」

「沒有人告訴我應該鎖起來呀！」我哭起來了。

「你從哪裡來的？桑尼，噢，對了，是西維吉尼亞州，我差點忘了。」他讓我看他的帶鎖木箱。「這兒是大都市，什麼東西都要上鎖的。」他深表同情的看著我。「你該去報告安全警衛。走！我帶你去！」

好不容易才找到一個警衛，他聽完我的報告，就說前一天晚上有一群小孩子到會場來，他們可能順手牽羊把我的展示品拿走了。我聽他那樣講簡直無法置信，「可是，他們為什麼要那樣子做呢？」

警衛不解的看著我。「你是從哪兒來的？孩子。」

「西維吉尼亞。」塔斯幫我回答。這似乎把一切都說清楚了。

我完全絕望了。回到自己的攤位檢查一下，剩下來的都是些相片：火箭小子的合照、萊莉老師上物理課的獨照以及與全班同學的合照、機器工廠、白考夫斯基先生、佛洛先生、凱登先生和機械工人的各類相片。貼在展示板上的相片也還在：礦場的堆棧、我家宿舍、地下實驗室。這些都在馮布朗博士的簽名和噴嘴設計演算紙的周圍。奧德爾做的黑絲絨盤子沒有被拿走，洛伊做的說明卡片也沒人感到興趣。可是沒有箭體、噴嘴和鼻錐，這個攤位就等於沒有東西，明天評審員來面試的時候，沒有實際的硬體可以展示了。塔斯忙著布置自己的攤位，開始有觀眾進來了。我卻癱瘓般坐在木箱上傷心。過去的種種努力，我的火箭、白考夫斯基先生、煤林角、微積分，一件接一件的成功、失敗、爭取、犧牲連貫起來，才導致今天的參展和接受評審。現在我知道這樣子的競賽是不可能獲勝的了。但是我所恐懼的已經不是勝敗的問題，是在這種環環相扣而造成各種命中注定的因果鏈條中，一個環扣中斷了，什麼結果也達不到了。「塔斯，我該怎麼辦？」我不禁痛哭起來。

塔斯放下手中的工作走過來，「我猜你們那小鎮有電話吧？」

我一生中從來沒有打過長途電話，塔斯帶我到電話亭，教我要先撥「0」，然後告訴接線生我要的電話號碼，對了，講明由對方付費。母親接聽電話，我告訴她這裡發生的事情。她聽完了一言不發。我說：「媽，我無論如何要有那些火箭的東西。您能不能跟父親或者什麼人談談？」

母親考慮了很久才說話。「桑尼，這個星期罷工的情況愈來愈糟了。昨天一些工會會員把一個領班逐出礦場，泰格現在守在礦場那裡，你爸爸威脅要打扁杜邦納的鼻子，我聽見他說公司可能要召請州警來。」

我感到沒什麼希望了，「媽，我需要您幫我忙。」

她嘆口氣說：「好吧，我來想想辦法。」

突然我覺得自己既愚笨又自私。她告訴我整個鎮都已經鬧翻天，我父親和杜邦納先生都準備決鬥了，馬上州警就要來維持秩序，我卻像豬叫般哀求我要的東西。「媽，」我勇敢的抑制自己，不再又哭又喊又求。我說：「算了，沒問題，真的，我不該打電話來煩您。」

「不，不，桑尼！」她急忙叫起來。「你打電話來是對的，我會去想辦法的，但是我不能先做任何承諾，你懂我的意思嗎？」

我掛上電話，回到自己的攤位。人們經過只瞄一眼就走開，到別的攤位去參觀。塔斯說的對，反正在噴射推進的展示區裡不會有人得獎，這注定了我回到家裡接受籬笆通訊網對我的批評，指責我也不過是和父親一樣，是個妄自尊大的傢伙，活該得到老天爺的報應。

當天晚上，塔斯叫我接聽房間的電話，是母親打來的。「明天早上你能不能在八點鐘以前趕到印第安納波利斯長途汽車公司車站去？」

我的心跳少跳了一兩次。「我想可以呀！」

「我們託一班車送一個箱子給你。」

「怎麼回事？」

她笑了，但是聽來不像快樂的笑。「桑尼，等你回來再談吧！」

翌晨，我穿上藍色新西裝，打上紅冠鳥的領帶。第一次坐上計程車，去巴士車站領取注明我是收件人的木箱。然後請計程車司機趕快送我回展覽大會堂。司機以印第安納波利斯八百公里跑車大賽般的速度穿過都市街道，直奔展覽中心，在大門前來個緊急剎車。他幫忙和我一起抬著木箱到我的展示區，塔斯看到連忙過來協助我開箱布置。我伸手進口袋掏錢給這位好心的司機。他看到我的展示圖片，搖搖頭說：「我也是從西維吉尼亞來的，我不要你付錢，只要你好好幹！」

「我要告訴你一個好消息，桑尼。」塔斯說，他看到了我的新領帶就眼睛一亮。「我跟負責展覽會的委員會談過這件事情。你在忙你的事的時候，我們大家去講的。我們告訴他們，如果我們得不到公平的待遇，就要學歐洲和日本的學生一樣，在會場舉起標語牌子遊行抗議，這可把他們唬住了，就同意把噴射推進單獨設立一個類別。」

這實在是意外的驚喜，我不禁脫口而出說：「塔斯，我希望你贏。」

過不了一小時，有十二位成人來到我們這個展示區，他們就是評審員。其中有一位比較年輕的人說話帶有德國口音，當他說起他在馮布朗團隊工作時，我簡直要昏倒了。「您是說您真的認識馮布朗博士？」我喘著氣說，這是多麼不可思議的事情啊！簡直如同聖保羅或者哪位耶穌的門徒從《聖經》跳出來和我說話一樣！

他笑了起來：「當然，我每天跟他一起做事呀！」接著他問了我一些很難的問題。但是我有備而來，應對自如，在解釋比衝和質量比的定義時，尤其令他印象深刻。

等所有的評審員統統問完我之後，這位年輕的先生對我說：「你知不知道馮布朗博士今天來會場了？」

我張大了嘴巴。「真的？他在哪裡？」

他隨便指一下大廳的中央，「我上一次看到他時，他在生物類展示區那邊。」

我急急跑去找那偉大人物本人。跑到大廳上，又到各個展示區裡鑽，把自己都弄迷失了。逢人就問馮布朗博士在不在附近，每次似乎都失之交臂。跑了一個多鐘頭都找不到，只好回到自己的攤位來。可是塔斯使我更加難過，「真是別提了，他剛才來過這裡，還拿起你的噴嘴看。」塔斯指著那個凱登先生精心特製的剖切型噴嘴。「他說那個設計十分了不起，很希望見到做這研究計畫的年輕人。」

我照著塔斯告訴我馮布朗博士離去的方向追去，再問之下才知道他已經走了。失望之餘，緩緩踱回攤位，發覺我又錯過了一群重要的訪客。這次是那幾位評審員來頒給我得獎的獎狀和漂亮的金銀牌。他們把獎牌留在我的攤位上就走了。塔斯在我背後猛推我一把，他獲頒了第二獎。不過，對我而言，我們兩人都得到第一獎。我急急忙忙跑去打我生平的第二個長途電話。

在藍野市的長途汽車公司車站，我高舉著贏得的獎牌，踏出巴士，走進熟面孔的人海和歡呼聲中。我聽到的第一句話是凱登先生高喊：「罷工結束了！」在我還來不及問是怎麼一回事，以及那些火箭硬體是如何做出來之前，洛伊拖我到一邊告訴我：「桑尼，萊莉老師被送進醫院去了。」

昆庭、洛伊、雪曼、奧德爾、比利和我六個人走進威爾市史蒂文斯醫院的病房裡，看到翟克坐在萊莉老師的病床旁邊，她靠坐在斜傾起來的病床上，臉色蒼白，手臂上打著點滴。「嗨，你們都來啦！」她輕輕對我們說，「洛伊，你剛從展覽會回來是不是？比賽結果怎麼樣？」

我給她看那獎牌。「你贏啦！」她說：「我一直都認為你會贏的。」她努力對我們每個人笑一笑。「我真驕傲能當你們的老師。」

「老師——」我突然感覺到好愛她。

「可以讓我看看這面獎牌嗎？」她問。

「那是您的獎牌。」感激與哀傷使我哽咽。「沒有您我們不會贏的。」我把獎牌別在她的枕頭上。

她轉過她美麗的臉孔看那獎牌。「我只不過幫你找到那本書而已。」

「您賜給我們的不止那些……」壓不住的心酸一再衝上喉嚨使我難以成句，更有一股不解的憤懣湧上心頭。我無法了解上帝為什麼使好人生病？蘭尼爾牧師和小理查牧師一再講的上帝恩典又在哪裡？難道把一個只想終身當個好老師的年輕女人打倒就是所謂的恩典嗎？

她閉上眼睛休息了。我看看翟克，他搖搖頭帶我們走出病房，「她睡著了，醫生給了她很重的鎮靜劑。」

「她會不會死？」我用幾乎聽不見的聲音問，因為我實在很怕再提起死。

他不直接回答。「等醫生幫她把體力恢復一點之後，她會再回去上課的。你們的獎牌給她很大的助力。這是真的。」

翟克把雙手插進褲袋裡，嘆口氣，再看看周圍的群山。「我並不是什麼宗教的信徒，也不信什麼格言和箴言，那是教堂裡面的事，但是我相信我們每個人的命運都已經注定了。你的、我的、萊莉的都一樣。生自己的氣或者生上帝的氣都無補於事，命中注定的你只好接受！」

「你是這樣子的人嗎？翟克。」我不客氣的逼他。「你接受命運嗎？你喝酒就是因為接受命運嗎？」

他面對我的挑戰，顯得十分理直氣壯。他說：「我有時候喝酒是為了不必去想。有時候喝酒是貪圖舒服的感覺。貪圖舒服並沒有什麼不對，你知道嗎？你應該也去試試，不要總是壓抑自己。」

「我知道你熱愛生命，桑尼，你從裡到外都顯示出來了。」他又向四周看看。「是周圍的這些古老群山把你壓死了，等你哪一天脫離這裡，到了外面不同的世界，你等著瞧吧！」

我咀嚼他講的話，想想我前面的路，我只是在想，可是不知不覺說了出來，「我好害怕未來，翟克。」

翟克猶疑的靠近我。他在西維吉尼亞夠久了，我們這種強作硬漢的可怕性格多少也影響了他。不過，他笑一笑，伸手搭著我的肩頭，用力緊摟著我說：「老弟，我們都害怕未來的。」我心中充滿感激之情，緊緊靠著他。想起很久以前許多個星期六的晚上，父親抱我上樓梯時的溫馨。

第26章 發射成功

我花了不少時間，終於把從我的噴嘴被竊後開始，煤林鎮所發生的事情，一片片像拼圖般拼湊成圖。我的火箭社員給我他們所知的版本，凱登先生告訴我他的部分。其餘的都是從母親那兒聽來的。據說事發之後不到一小時，籬笆通訊網的電報就已將我遭遇困難的警訊傳遍全鎮。凱登先生立刻趕往機器工廠。可是杜邦納先生已經率領了一批人比他先到，把住大門不准凱登先生進去。雖然父親說過解決問題最好的方法就是等待，可是母親不容許他等，逼著他開車送她去機器工廠。父親看到杜邦納先生擋住門口，就跳出別克汽車和他鼻子碰鼻子吵架。洛伊說那兩個大男人終於可以大幹一場，他相信不會有人勸架的。

母親說她是準備讓他們兩人比個高下的，但是凱登先生插身進來說：「等一等，你們聽著，你們找不到比我更堅強的工會份子了。我知道我們還沒有談成合約，可是我們非得幫那孩子不可呀！他在那裡不止是為他自己，也是為了咱們整個煤林鎮！」

正當其時，邦迪尼先生駕了吉普車來了，他叫大家讓開。奧德爾告訴我，邦迪尼先生咧開大嘴，笑著走去拍拍杜邦納先生的肩膀說：「約翰，我們去談談，怎麼樣？」

母親說：「你爸爸好生氣。邦迪尼先生不理他，讓他單獨站在那裡，搭著約翰的肩膀兩個就那麼走開了。你爸氣得咳嗽起來，愈咳就愈氣。」

洛伊把大多是從他哥哥在工會裡聽來的話告訴我。據說杜邦納先生告訴邦迪尼先生，他們沒什麼好談的。只要成立一個工會與公司管理人員的聯合工作小組，負責法定被裁工人的名單，那麼沒有被裁的人立刻回去工作。

洛伊不耐煩的說，「你父親終於停止咳嗽了。他拉了邦迪尼先生的手臂，大聲喊叫：『馬丁，不要答應！』杜邦納先生高興得一直笑，他知道他已經贏了。」

「邦迪尼先生把你父親拖到另一邊低聲商量。」洛伊把現場的情形告訴我，「你父親拚命的搖頭，邦迪尼先生則拚命的點頭。」

「是這樣子的。」母親嘆口氣說：「我們在俄亥俄州的老闆跟通用汽車公司談成了一筆大生意。他們需要煤，並且要很快。其實工會再多要一些好處，公司也一定會答應的。結果把你爸爸夾在中間當壞人。」

奧德爾說：「於是杜邦納先生大叫：『荷默現在要簽字了！』在場的人都聽得見。」

母親說：「喔，你爸爸氣壞了。『約翰，你別想得美。』他也大叫：『我什麼都不簽。』」

「杜邦納先生已經準備好協議書了。」比利告訴我：「他拿出一份協議書走上前，遞到你父親鼻子下面。」

母親搖搖頭說：「約翰告訴你爸爸：『我常常不同意你，可是老天爺曉得我信任你。公司簽的字不算數，他們常常不照協議去做。但是如果你簽了字，公司要搞花樣的話，你會拚著辭職也不准他們亂來。你簽吧，不然就算吹了。』」

「邦迪尼先生領頭在上面簽了字，」洛伊說：「然後他要你父親也簽。」

「可以說煤林鎮全鎮的人都在機器工廠前面圍成一圈在看。有些女人還帶來摺椅，坐著像看電視連續劇一樣。」

「『愛西，如果我簽字，那就是我的承諾，我必須留下來實踐。』」母親一直在搖頭嘆氣，看著外面的玫瑰花園。「他就是那麼說的，我看看四周的人，看看你們幾個火箭小子，看看那些惱人的老山。好吧，我不那樣做又能怎麼樣呢？我必須要為你做嘛！對不對？所以我說：『簽了吧，荷默。』」

「我很抱歉，媽。」我說。從某方面來講真的是很抱歉。

她看看我，露出不太相信我的樣子。「你爸爸問我會不會跟他留下來，我說如果我留下來，他也不配！然後，你知道他怎麼說嗎？」

「他說他承認他不配。」她給自己又倒了一杯咖啡。「但是，一個女人怎麼能夠離開一個承認配不上她的男人呢？」

洛伊聳聳肩說：「這就是全部經過了，你的父親簽了字，接著凱登先生跑進機器工廠忙起來了。後來又有兩位技工進去幫忙。我們幾個男孩也進去掃地清潔。又有人進來催快一點，奧德爾給你做了個新箱子。最後我飆車到威爾市，及時趕上長途汽車公司的班車。接到你再打電話來報告得獎之後，我發誓整個鎮都歡呼起來，整個山谷上下都聽見歡呼聲。」

我聽了每個人將其所知敘述之後，我都同樣講出一句真心話：「但願當時我也在場。」如今我回憶當年的事，覺得那是煤林鎮歷史上最光輝的一刻。縱然我父親輸給了工會，我母親被迫多留居山區中一段時期，但是如翟克所說的，那就是命。如果你想努力抗拒它，你所能做的大概只是讓它改個道而已，終於你還是走向上帝為你安排好的命運。

畢業典禮來臨了。大溪高中在大禮堂為一九六〇年班的畢業生舉行典禮，男生穿綠袍，女生穿白袍，神氣的穿過走道上台領取畢業證書。桃樂絲是全班第一名，她代表畢業生致告別詞。昆庭由於體育成績只得B，總平均成績被拉下來了，和比利同得第二名。雪曼和奧德爾都在前十名之內，洛伊和我是這群朋友之中最後的兩名。

桃樂絲在台上致詞，每次從演講稿抬起頭來的時候，我都覺得她對著我看，使我十分不自在。她說：「我深信我們每個人都關心班上每一位同學的將來。我們曾經有緣在一起，在大溪高中共度三年美妙的時光。我永遠不會忘記……你。」搞得我在她整個演說中都非常局促不安。

校長頒發給我畢業證書的時候，要我暫時站在他的身旁。他表揚我說：「你為學校帶來極高的榮譽，你是個很好的炸彈製造家。」

他把我的全國科學展覽會獎牌放在錦標展示櫃裡，和閃閃發亮的足球獎標擺在一起，旁邊伴隨著一張得獎證明書，上面的記載是：

業餘火箭技術的研究
小荷默．希坎姆
大溪高級中學

瓦爾鎮　西維吉尼亞
一九六〇年　金銀牌

我們同學各人拿了畢業文憑回到座位，彼此相視，滿懷欣悅，也充滿離愁。桃樂絲很快就離開學校回家去了，我來不及和她說再見。那天晚上的舞會我邀請蜜兒芭參加。桃樂絲並沒有來。自此一直到二十五年之後，我才再見到她。

畢業之後，大溪飛彈署全體集合到我的房間來。如果這個世界比較完美一點，那麼也許一切都可以如昆庭所願：藉由在展覽會得勝而使大家都得到獎學金。不幸這並未發生。奧德爾、比利和洛伊接受空軍的徵募，將來可以申請退伍軍人補助金去念大學。雪曼說他的父母籌了一筆錢供他念一年西維吉尼亞技術學院，以後他會自行設法。我決定接受「愛西．希坎姆獎學金」，正在考慮選擇哪一間大學，很可能去念維吉尼亞理工學院。昆庭也還沒有得到獎學金，不過他說既然西維吉尼亞州麥道威爾郡的山野小子能在全國科學展中奪標，他深信沒有錢也能找出上大學的途徑。他決定先上西維吉尼亞州亨丁頓市的馬歇爾學院。雖然還不知道學費從哪兒來，不過到那兒之後自然會想出辦法來的，我深信他必定能做到。

剩下來的工作就是如何處理我自展覽會帶回來的六枚火箭了。雪曼建議我們六個人每人拿一枚當紀念。昆庭不同意。「我有一個好辦法。」他說：「我們去買個大氣球，裡面充滿氦氣，把火箭掛在氣球上，等到它們升到十六公里高再發射火箭，那就可以射進太空了。我計算過了，絕對辦得到。」

奧德爾卻別有見解。「我們辦一整天的慶祝活動。」他提議說：「從早晨發射到晚上。先出告示，再請巴西爾做文宣，咱們弄個大型活動。」

「那也是作為感謝大家支持的好方法。」洛伊附和他說。

雪曼和比利也都贊成這種活動。

昆庭重重往床上一坐，「你們這些傢伙真是的，我們可以做得到的。」他憤憤的說：「我們可以到得了太空的。」

「噢，昆庭，我們能夠把那個東西弄得飛起來已經是奇蹟了。」洛伊笑著說：「我們就這麼辦。」

這是最後一次了。我們在大店和郵局張貼告示，巴西爾在他的小報裡，於全雞和鮮奶的廣告之間，插進一篇為我們造勢的文章：

這將是寫進麥道威爾郡歷史的寶貴時刻。一九六〇年六月四日，剛從全國科學展覽會奪得錦標歸的大溪飛彈署，將於煤林角基地舉行一整天的慶祝活動。本專欄的每位讀者都被誠懇邀請。於此我先行奉告：本記者與本地名流均將全數出席。世界上沒有比親眼目睹銀亮細長的大溪飛彈署精心研製火箭堂皇射入藍空更令人興奮了。當火箭小子在黑色煤屑閃爍的發射場上努力不懈時，火箭點火升空了，衝出暗綠群山為背景的空中，發出隆隆巨響，拖曳著長條的白色尾雲，扶搖直上，劃破長空！朋友們，這大概就是我們的最後一次機會了。再也看不到這偉大的景象，這神奇的景象，這榮耀的景象……。

六月的第一個星期六，最後一次的發射火箭日，我很早起床。如常去到窗前，看看外面的山和礦場前的馬路，原以為會如常看到礦工沿小徑走進堆棧，或是從堆棧走出步下小徑。父親也該站在堆棧門口聽取他們的口頭報告，和給他們一些鼓勵與指示。但是那天早晨的小徑是空的。縱使有新訂單，礦場還未到每週七天的工作量吧！但是總有點安靜得出奇。我聽到外面有熟悉的開門和關門聲，這麼晚父親才單獨走上小徑到礦場。他還是低著頭急急的走，像是全世界一刻不容緩等待他進入辦公室。

有一輛汽車自威爾市的方向開來，經過我家的門前之後就向右轉向鎮中心去了。後面跟著來了一部，接著又來一部。我在廚房弄早餐吃的時候。只聽到門外汽車絡繹不絕，我開始想到這些車子是開往我們的發射場，但是看看掛鐘還那麼早，離發射火箭還有兩小時，不太可能。我回到房間換上夏季發射服：短袖襯衣和牛仔褲。離開房間之前我看看四周，竟然有揮別這個房間的感覺。我看看書架，上面堆著我的教科書和一疊疊的演算紙。有我自學微積分的習題、設計火箭的草算、設計噴嘴的草圖等等。我的小衣櫃上面放著一些飛機模型和一些舊的火箭零件。房間周圍凌亂擺著一些破裂的、折彎的、燻黑的各種箭筒和鼻錐。那種惜別的感覺難以釋懷，我孤獨的靜坐，房間裡靜悄悄的，屋子外面卻是車聲滾滾。

洛伊在屋後很禮貌的敲敲門，進廚房來等我，母親坐在她的壁畫前面。她終於完成了這件傑作，主題是一個女人站在海邊的小屋旁眺望著海洋。「別把自己炸掉了。」她看我一眼，一副不必再多做解釋的樣子。

「是的，媽。」

就在我們把火箭搬上車子的時候，昆庭也來到了。海雀三十一號太長了，我們抱著它坐在後座，還要把車窗搖下來才行。比利和雪曼在橋邊等我們，他們兩個擠進前座。到了青蛙坡，奧德爾擠到後座跟我和昆庭一起。我們小心不把尾翼壓壞。

離煤林角還有一公里多就看到路旁停滿了車子。泰格站在那裡指揮，他招呼我們在他身旁停下來，告訴我們說：「我打賭煤林鎮有史以來從沒有進來這麼多車子，我叫他們在路邊停成單行，只能從這裡走過去。」

居然有這麼多的車子和觀眾，著實叫我們驚奇。後面還有很多車子陸續開到哩！洛伊在行李廂裡帶了一加侖飲水和兩箱汽水，準備招待觀眾，看來真要供不應求了。

有人注意到我們的火箭伸出車窗外面，知道是我們在裡面，大聲幫我們加油起來。

「火箭小子，加油！」「小子們，要得！」「A—OK發射成功！」

「他們好像是全郡各地來的，你看是不是？」比利在猜。

快到中午的時候我們才把第一枚火箭準備就緒。發射之前首先要升旗，還是三年前奧德爾的母親給我們做的那一面，邊緣已經破碎了，還是可以用。昆庭帶了經緯儀到電話線的另一端去了之後，我向泰格做個手勢表示準備發射。立刻「噓——噓」一聲傳遍煤林角要求大家安靜。在開始倒數之前，我自觀察室的窄門望出去，看到萊莉老師坐在婦女會的桌子旁，「六大人」老師中的兩位陪伴著她，翟克也在附近與透納校長站在一起。

海雀二十六號使用的噴嘴還是簡單的錐坑，它從發射台衝上天空之後，就偏向發射場的下方。隨著歡呼聲繼續上升，最高達到九百公尺。我們確認得到一致的結果之後，就向觀眾宣布，獲得一陣恰當的「哦——啊——」的反應。

海雀二十七號的直徑是三公分，長度為一百零六公分，設計目標高度為三千公尺，點火之後，火箭在一陣白煙中冒起，接著發出幾下「噗、噗」的頓挫聲，不一會兒自行調順了，尾邊噴出火花夾在白煙裡，火箭就用力往上衝了。我猜想這枚火箭的鋅光散是最後才裝填進去的，大概沒能完全乾透的緣故。觀眾愈來愈多。他們不會注意到這種小瑕疵。一直熱情拍手歡呼，它墜落在發射場下方，碰擊地面發生「噹！」一聲。二千七百公尺高。在沒有足夠的時間讓推進劑乾透的情況下，這小火箭能有此表現已經很不錯了。

接著，我們架設海雀二十八號。這火箭的設計是要達到四千五百公尺高。海雀二十八號一開始讓我小小的驚慌了一下，它先向觀眾聚集的上空斜飛，然後才垂直向上直沖雲霄，最後又斜向飛出火箭山頂，噴出濃煙繼續上升。「它會落到山後面去了。」比利看出那趨勢說。果然被他說對了。

海雀二十九號和三十號的尺寸略有不同，目標高度卻都一樣為六千公尺。二十九號的直徑是五公分，三十號多出零點六公分，粗一些而短一些。二十九號是一百八十公分長，是目前最長的一枚了，看來十分漂亮，我很捨不得把它發射出去，墜落下來碰撞壞了是十分可惜的。它起飛時發出的巨響也是煤林角從沒有經驗過的。火箭尾端噴出的濃煙像個大煙圈也非常好看。結果觀測出來的高度幾乎達到六公里半。海雀三十號也以相似的壯觀升空，它的拋物線軌跡向上延伸到七公里才轉折向下。我看到昆庭整個放鬆，高興得活蹦亂跳。

海雀三十一號是我們最後的也是最大的一枚。它有將近兩百公分長，直徑有五點七公分，是我們的壓軸好戲，我們十分小心幾個人合力舉起，套上導射桿再緩緩滑下。這枚火箭的噴嘴是馮布朗親手碰過的。設計高度達到八公里。這麼大的一枚火箭，我擔心它會超過鋅光散的臨界尺寸。我希望它不至於爆炸，但有此可能。我半跪在地上，在火箭的底部安裝引信。

「桑尼，」洛伊叫我，「你看是誰來了！」

我抬起頭來問：「誰？」

「看那邊！」他說。

我向洛伊指的方向望過去。泰格正在人群中分開一條通道。父親穿著工作服擠到人群前面，母親也跟在他身邊。洛伊跑去引導父親和母親進入棄土場內。我聽到洛伊說：「希坎姆先生，請過來幫我們忙。」

「你們不需要我幫忙。」父親說：「我只是來看看。」

我們那些夥伴紛紛抗議。「先生，您已經幫我們很多忙了。」「沒有您的幫助我們哪能做得到。」

我站起來，拍拍褲子上的煤屑，跑過去對母親說：「媽，您也來了！」

「是你爸爸叫我來的。」母親指指父親說。

「爸爸，沒人點燃引信，火箭是不會升空的，您來點吧！」

父親走進觀察室，母親也跟著進來。我檢查過所有的線路之後，把控制盤上的鍵組指給父親看。「爸爸，您來，這枚火箭是您的了。」

我確確實實看到父親的臉上充滿興奮之情。他以一隻腳半跪在控制盤前，洛伊在門口叫道：「您準備好了就叫一聲。」

我倒數到零之後，父親按下發射鍵。海雀三十一號立刻引燃，巨大的氣流把發射台的水泥沖下幾塊來。群眾受到震懾都下意識向後退。有些甚至開始逃跑。海雀三十一號把狹谷中的空氣撕裂，震波一陣陣向四方擴散，女人驚叫，男人以手掩耳，火箭小子一一衝出觀察室外。比利急忙操作經緯儀，奧德爾使用望遠鏡追蹤，雷鳴聲繼續不停。海雀三十一號像是一面努力爬升，一面用聲波捶打我們。在場的所有男女老幼都張大眼睛喘著氣。歡呼聲似乎哽在窄喉喊不出來。

大店那邊有幾個沒能來發射場的老年人聽到雷鳴聲，不知道發生了什麼事情，走到路中央以手遮太陽搜尋，只看到一股迤邐上升的火花及濃煙，有如上帝自群山中伸出手指。在青蛙坡那邊，小理查牧師跑去教堂的鐘塔鳴鐘慶賀，俱樂部的屋頂上，幾個俄亥俄來的初級工程師，攜帶女友用翟克的望遠鏡觀看，見到山上的雄壯景色都舉起啤酒尖叫。

洛伊盯著手錶在計時。「三十八、三十九、四十、……」

「還看得見。」比利繼續操作經緯儀對準火箭，火箭的尾雲逐漸變成淡黃色的細線。「快要看不見了。」

「四十三、四十四……」

「看不見了！」終於連淡黃線也消失了。

四十四秒的時候火箭消失蹤影。我立刻換算，若以火箭是垂直上升來計算，海雀三十一號超出視線之外時上升達九公里半高。我忽然覺得身邊有人走動，原來父親不知不覺跟著大家走出觀察室，拿著那頂舊帽子對著已消失無蹤的火箭緩緩揮舞，口中喃喃的說：「太美了，太美了！」

當海雀三十一號劃過陽光普照的天空，大家熱烈慶賀火箭的榮耀時，我只是注視著父親，耐心的盼望他會伸手搭在我的肩上，至少告訴我，我幹得很不錯。

「在那裡！」又是比利先叫：「就在那邊！」

人們湧進棄土場中，許多人跟著我的夥伴去追逐我們最後一枚的偉大火箭。我靜靜的站在父親身旁，母親向我們走來，突然父親被一陣猛烈的咳嗽襲擊，他彎下身體，像有重物壓住一般。他張大嘴用力吸氣，眼睛看著我，露出奇怪的表情，混合著喜悅、痛苦和恐懼。我扶起了父親，用手搭著他的肩膀，我說：「您發射了我們最後一枚最偉大的火箭，謝謝您，爸爸。發射成功！」

母親看著我，慈祥的對我微笑。

後記

我們火箭小子的每一個人後來都上大學了。這種事在「前旅伴號時期」的西維吉尼亞是不可能發生的。洛伊成為銀行家，奧德爾從事保險業和農業，昆庭、雪曼和我都當了工程師。雪曼不幸於二十六歲時心臟病突發而逝世。

我的哥哥成為成功的中學足球教練。他是無數青年的導師，協助他們自少年過度到成人之間的艱困，雖然他和我在成長時期有許多的齟齬。

桃樂絲是假名，但書中以她為名的女孩子卻是真有其人，描寫的事也大致不假。她後來成為一位謙謙君子的賢淑內助，以及兩個優秀女兒的驕傲母親。在高中畢業二十五週年同班同學的重聚中，我重逢了成熟的桃樂絲。那天晚上我們共舞了一曲「本來就是一場戲」，我發覺我仍然愛著她。這是很自然的，因為有些事情是永遠不變的。我們至今仍然是朋友，有時候會通通電話。

萊莉老師如我們禱告祈求的，她的病在那時候進入舒緩期，可是過了幾年病又復發。她依然繼續教書，有時候甚至需要由學生抱她上樓梯進教室。萊莉老師於一九六九年逝世，走的時候還不足三十二歲。

甘迺迪總統在任期中有兩件偉大的行動，我都給予等量的支持：一件是登陸月球，另一件是為全世界的自由而戰。因此我延緩了實現太空工作的夢想，志願參與越戰。然而一些無法解釋的妙事仍然跟隨著我，有一個早晨，我從越南戰場的一個碉堡中爬出來，發現附近有一枚啞彈淺淺埋在地上，那是蘇聯製的一二二公分火箭，我撿回去拆開研究，發覺那噴嘴的設計很粗劣。

我從來沒有機會見到馮布朗，他為他熱愛的第二個祖國成功送人上月球之後，於一九七七年因結腸癌而去世。越戰和別的工作延宕了我，但沒能阻止我。在大溪飛彈署發射最後一枚火箭的二十一年之後，也就是一九八一年，我終於實現少年時期的夢想，參加了國家航太總署，成為太空工程師，在馮布朗的老總部，阿拉巴馬州亨次維市的馬歇爾太空飛行中心服務。此後在多年工作中，我有緣與馮布朗博士的團隊成員共事，並負責太空人的訓練工作，與太空人研討在外太空軌道上操作的科學實驗。我時常去卡納維爾角參與太空梭和新的火箭發射。我去過蘇聯，曾與發射旅伴號的工作人員隔桌交談，也曾經與來自日本、加拿大、歐洲以及世界各地對探索太空具同好者有共事的經驗。在國家航太總署的工作生涯，正是我少年時期夢寐以求的願望的實現。

我父親繼續在礦場工作並和黑肺戰鬥。後來我繼承了他的書，發現裡面有些詩集，這使我略為驚奇，有些詩集中夾有煤塵，顯然他把書帶進礦坑裡念。從前每位熟稔我父親的人都以為他在礦坑裡，無時無刻不為礦坑安全擔心，不是到礦面看排氣的狀況，就是各處留意坑頂的支撐。現在我才知道他也會藏身在礦尾廢土的老木樁上，利用安全盔上的照明燈朗讀詩集。我不知道他最愛的是哪一些詩，因為每一篇都被煤塵染黑，但是有一篇被他畫了圈圈：

你曾否呆坐在軌道旁
注視著空虛在身邊徬徨

喘息的火車頭，吐出
　一長串的濃煙
帶著呻吟和哀傷的虛無
　蹣跚在你的身邊

我曾有過這樣的經驗
　夢想與空虛像是一物的兩面
夢想依戀的絕代佳人、財富
　終生追求的浮名令譽
在歸途的列車中與我作伴
　仍舊是茫然的空虛

——安吉羅・戴彭奇亞諾

父親在六十五歲限齡退休之後，仍然留下來再擔任五年的公司顧問。他獨居在俱樂部裡，母親在蜜桃灘找到她壁畫中的樂園。父親一直到黑肺太嚴重，老部屬不准他進礦坑之後，才離開煤林鎮，到蜜桃灘和母親在一起。

一九八九年，我完成了一件艱辛的任務之後，去加勒比海度長假休息，行前我給父母親打電話。先是母親和我講話，她說父親的黑肺惡化了，並且情緒低落，因為煤林礦場終於關閉了，抽氣風扇不再運轉，抽水唧筒停止工作，礦坑積水，已不可能再開挖了。父親跟我說話，聲音雖然微弱，卻仍然充滿信心，也不要求我做什麼。誠然，在我能力範圍之內，也沒有什麼他要的東西給得出來。最後母親又拿過電話跟我說，無論如何我還是按照計畫去渡假，不必擔心，一切都不會有問題的。於是我把所有可能聯絡的方法和電話號碼告訴母親，就照計畫去渡假了。就在渡假期間，父親走了，等到我回家時，母親已經將他火化，把骨灰散在她深愛的大海裡。我立刻飛去蜜桃灘看望母親，仍然是我熟知的母親，鎮靜如常。她一直小心的沒讓父親對我造成我不便，甚至是他的逝世也一樣。

父親離世的那刻我毫無感應，這點並沒有令我特別難過。在我離開煤林鎮以後，將近三十年的時間，我們始終無法拉近距離，每次我回去煤林鎮，以及後來去蜜桃灘，我們只是互相問候，談談天氣，或者談些路上的見聞，就不再多涉及其他的話題。他似乎要那樣做，我只好隨著他，反正我回去也只是為了去看看母親，將我自己帶到母親跟前，讓母子重溫行之多年的母親對兒子的審視、批評和讚許。

我去父親臨終前所住的醫院，有一種慾望想知道父親臨終時的一些細節。可是知道了又怎麼樣呢？我並不太清楚自己的意圖，也不清楚父親想不想讓我知道。一位富有同情心的男護士了解我沒有什麼特別的目的，就跟我詳談父親的情形。死亡的原因是早就預料到的，父親是因窒息而死的。煤灰和石灰把他的肺全部堵塞了，以致最後他一點空氣都吸不進去。

那男護士說我父親是個小老頭子。他不是，一直到黑肺對他發動最後攻擊之前，他都不是。

短短的幾星期之內他縮小了。可以說他的身體整個集中向肺部收縮。最後他痛苦掙扎，那位男護士和另外一個人合力把他按在危急病房的輪床上，讓醫師為他做些徒勞無用的急救。父親用力抓胸脯和頸子，像是要把喉嚨和胸膛撕開一樣，男護士說父親到最後，眼睛還是張開的，我可以想像他鐵青的眼睛冒出火焰來。那男護士說父親死前都是神智清醒的，最後他搖搖手，像是拒絕別人的救援。我希望他離開時是意識完整的，以為只不過又一次回到他鍾愛的礦坑中，感受周圍黑暗的溫馨。我也希望他最後伸出手來，是為了要捉住一位領班的手，讓他牽著他從黑暗走到光明。我更希望他終於認清自己，伸出慈愛的手，接受別人給他的溫情。

可是，我知道，那不是他的為人。

母親的家靠近她所愛的大西洋沿岸那褐色的沙灘，我幫忙她確實安頓下來。她和父親不久前把從煤林鎮帶出來的雜物統統整理一遍，將一些認為哥哥或者我可能要保留的東西分別裝在盒子裡，我把屬於我的部分搬回我家之後就堆在一旁。日子逐月逐年過去，我的生活與工作如常，像是沒發生任何事一樣，但是隨時光消逝，我發覺我愈來愈懷念父親，我深自煩惱：為什麼他的去世竟沒有使我感到悲痛？為什麼我會有一種奇怪的感受，覺得他和我多年來的衝突和不快因此得以解決，他的去世反而是一種解脫和妥協呢？

我感覺有必要重拾已經遭遺忘的過去。開始把母親給我帶回來的盒子打開，每個盒子都有母親手寫的標識，只有一個上面僅寫著「桑尼」，我認得是父親潦草的筆跡。打開那個盒子，有一包用多層軟紙裹好的小包，裡面是我久未見到的獎牌和正褪色的緞帶。還有一件極珍貴的機械加工品：一個手藝高超的戴拉華噴嘴。

一九九七年十一月，就在我自國家太空總署退休之前，我的太空人摯友高偉博士，為我攜帶一枚科學展的獎牌和一個父親為我保留的海雀噴嘴，搭乘太空梭哥倫比亞號前往太空。那是一次成功的發射，我親自目睹這艘偉大的太空梭在卡納維爾角的發射台上點火升空。我心中充滿喜悅和驕傲，大溪飛彈署終於進入太空。

如今，有時我午夜夢迴，隱約聽到父親在樓梯上落的腳步聲，有時又會聽到午夜礦工上下班時的低語聲和長靴聲。在半睡半醒的狀態中，堆棧的小機具間裡鐵鎚敲打鋼鐵的叮噹聲和電弧銲接時發出的吱吱聲，更是清晰可聞。但是，那都是我的幻覺。事實上，煤林鎮一切舊日景色已不復存在。礦工的宿舍許多已經成為廢墟，俱樂部已頹圮荒蕪，屋頂上已不可能攀登上去觀看望遠鏡。我們稱為煤林角的偉大棄土場已被剷平，少年的嘈鬧聲不再可聞，偶爾可見到小鹿在那裡啃食樹葉和野草。深藏地下的閃亮黑煤已被徹底遺棄、坑道氾濫、遺留在坑內的設備淹沒在黑水之中。當年成百上千的工人勤勞工作，甚至以身相殉的場所，只剩下幾個風化不堪的名牌傾倒在野林雜草中，完全無法聯想昔日的盛況，煤林鎮的工業交響曲永遠寂止。尚能聽到的僅是風聲和遠處山谷中傳來的回音。

然而我相信，在那裡居住過的人的內心中，煤林鎮永遠活著，礦工依舊在古老的小徑上前往堆棧，人們依舊在大店趕進趕出，星期日做完禮拜之後，大家依舊聚集在教堂門前。籬笆依舊忙碌的傳遞消息和聽聞，山林中和山坳裡依舊聽見孩子們的快樂喧譁。學校的走廊上依舊充斥著少年興奮的歡鬧，在寒冷的星期五晚上，足球場上依舊迴盪著高呼的加油聲和戰歌聲。即使到今天，無情的企業主和過度熱心的政客，都不能把煤林鎮徹底摧毀，因為那是我們的故鄉，我們生長的地方。只要我們繼續珍惜那段回憶，就永遠不會消失。在那裡，我們的火箭曾經大無畏的升入天空，它不是用物理定律來推動，而是由可敬的全體居民一致的律動所推動的，是由一位受敬愛的老師和一群懷著夢想的孩子來推動的。

譯後記

今年五月間天下遠見出版公司邀我翻譯一本美國暢銷小說《十月的天空》，因為內容涉及製作火箭的科學與工程用語，天下遠見出版公司遂邀我這個學科技的人來翻譯。過去我翻譯過不少科技文獻，也寫過一些新知介紹，但翻譯小說還未曾做過，何況這是一本四百多頁厚的小說，我的心情緊張可想而知。經過幾番試譯與討論之後，決定展開翻譯全書的工作，並以三個月為期，將全書譯完。

工作一開始，我的孩子告訴我，依據本書改編的電影剛於兩個月前上演，於是我立刻找到一家電影院欣賞這部影片。接著我以一個星期的時間，將全書閱讀一遍，腦中便對整個故事有了大概的印象。儘管電影的內容比小說簡單得多，不過有那麼一個影像存在，總比憑空想像要好得多。

此時我想到先賢嚴復先生說的「信」、「達」、「雅」三項翻譯要件，逐漸體會出其中的意義。「信」表示譯文必須忠於原文，譯者應該確實了解作者的每一句話，不能用不求甚解的態度隨意寫。「達」表示譯者要將原文的含意，所謂「字裡行間」的意思或者「話中有話」都能表達出來。顯然「信」與「達」之間略有矛盾，可能造成譯文與原文之間的誤差。如果譯者能與作者達到「心靈溝通」，那麼此誤差便能減至最小程度。至於「雅」就要看譯者的文學素養了，當然英文中的倒裝句、被動語氣，以及使用一連串的形容詞等，都要盡量改成中文的習慣用法。這是我個人對於嚴復所提三要件的體會，覺得非常適切。

我譯書的方法是先逐句譯，不作修辭上的琢磨，但盡量將英文寫法轉變為中文寫法，以這種方式譯了一百多頁之後，再回頭來重新寫作一遍，我稱之為「中譯中」。有時我發覺譯文的意思不清楚，或者甚至前後矛盾，才再對照原文仔細推敲。最後再校對和仔細唸一遍，把不對勁之處再作改正。

這次譯書使我領悟到讀中文小說和讀外文小說有不同感受的原因。我覺得外文小說往往含蓄得多，作者經常不把話說白，而留給讀者去體會。這種差異在電影中也常看到。中國電影喜歡把事情說個明白，外國電影則往往讓觀眾去思考。在譯書過程中，時常遇到一些含蓄的幽默，我自己體會出來覺得非常有趣，但我擔心讀者讀不出其中的精髓，偶爾也會將它點明。不知道這樣做對不對，希望不致影響原著的雋永風格。

我也發現讀小說和譯小說的一項最大的差異是，讀小說不必探究也不必逐字逐句推敲；譯小說則必須將每字每句的意思弄清楚，而且由於語言的隔閡，遇到詞意不清楚時，更要設法模擬當時的情景、體會作者的心境，才能把整句整段的意思完整表達出來。

因此我發覺自己往往活在作者的生活環境裡，愛他所愛的東西，厭惡他所厭惡的東西；他高興時我也高興，他悲傷時我會眼眶含淚。湊巧他的年紀和我差不多，他成長期間遇到的困難，我也遭受過。他出生礦工家庭，交往的朋友多是礦工的孩子；我高中是在新營的台糖員工子女學校讀書，同學多是台糖員工的小孩。他居住在群山環繞的煤礦小鎮，那裡年輕人的出路不是當兵就是下礦坑，僅少數幸運者藉由美式足球獎學金進入大學；在我高中時代，台灣的經濟還很落後，台糖員工的待遇只夠家庭溫飽，我們那一屆畢業同學，一半以上進入軍校和免費的師範學院，僅少數家庭經濟狀況較佳的同學進入大學。諸如種種類似的背景，使我對作者的經歷有似曾相識之感，所以自信已將原著貼切表達出來。

感謝天下遠見出版公司給我這個磨練的機會，感謝主編林榮崧先生大膽啟用我這個新手，選擇了這本好書讓我涉足譯林，感謝編輯李千毅小姐給我的意見和鼓勵，也感謝我的妻子李恕穎女士讓我心無旁騖，日夜趕工、全力以赴，並感謝好友李雅明教授把我推薦給天下遠見出版公司。

——一九九九年九月三十日於洛杉磯

科學文化 177A

十月的天空

一位 NASA 科學家的逐夢少年歲月

ROCKET BOYS

原著 — 希坎姆（Homer H. Hickam, Jr.）
譯者 — 陳可崗
科學文化叢書策劃群 — 林和、牟中原、李國偉、周成功

總編輯 — 吳佩穎
編輯顧問 — 林榮崧
主編 — 林文珠
責任編輯 — 李千毅；林文珠
封面設計 — 張議文
版型設計 — 黃淑雅

出版者 — 遠見天下文化出版股份有限公司
創辦人 — 高希均、王力行
遠見・天下文化 事業群榮譽董事長 — 高希均
遠見・天下文化 事業群董事長 — 王力行
天下文化社長 — 王力行
天下文化總經理 — 鄧瑋羚
國際事務開發部兼版權中心總監 — 潘欣
法律顧問 — 理律法律事務所陳長文律師
著作權顧問 — 魏啟翔律師
社址 — 台北市 104 松江路 93 巷 1 號 2 樓

讀者服務專線 — 02-2662-0012 ｜ 傳真 — 02-2662-0007, 02-2662-0009
電子郵件信箱 — cwpc@cwgv.com.tw
直接郵撥帳號 — 1326703-6 號 遠見天下文化出版股份有限公司

排版廠 — 立全電腦印前排版有限公司
製版廠 — 東豪印刷事業有限公司
印刷廠 — 祥峰印刷事業有限公司
裝訂廠 — 中原造像股份有限公司
登記證 — 局版台業字第 2517 號
總經銷 — 大和書報圖書股份有限公司 電話／02-8990-2588
出版日期 — 1999 年 10 月 15 日第一版第 1 次印行
2024 年 8 月 22 日第五版第 2 次印行

國家圖書館出版品預行編目 (CIP) 資料

十月的天空：一位 NASA 科學家的逐夢少年歲月 / 希坎姆 (Homer H. Hickam) 著；陳可崗譯 . -- 第四版 . -- 臺北市：遠見天下文化, 2017.05
面；　公分 . -- (科學文化 ; 177)
譯自 : Rocket Boys
ISBN 978-986-479-226-9(平裝)

1. 希坎姆 (Hickam, Homer H., 1943-) 2. 航空工程 3. 傳記 4. 美國

785.28　　106007496

定價 — NT500 元
書號 — BCS177A
4713510944288
天下文化官網 — bookzone.cwgv.com.tw

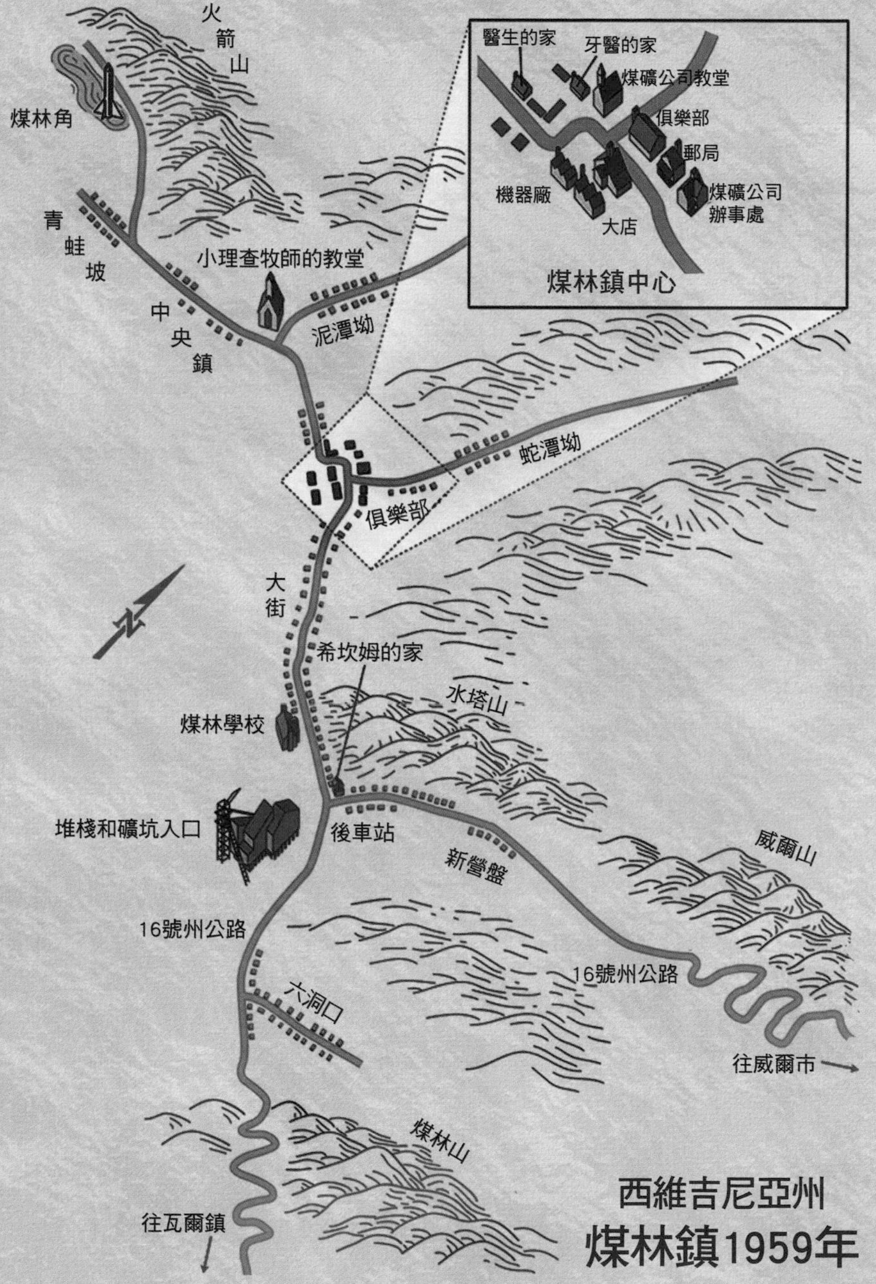

火箭山
煤林角
青蛙坡
中央鎮
小理查牧師的教堂
泥潭坳
醫生的家
牙醫的家
煤礦公司教堂
俱樂部
郵局
機器廠
煤礦公司
辦事處
大店
煤林鎮中心
蛇潭坳
俱樂部
大街
希坎姆的家
水塔山
煤林學校
堆棧和礦坑入口
後車站
新營盤
威爾山
16號州公路
16號州公路
六洞口
往威爾市
煤林山
往瓦爾鎮
西維吉尼亞州
煤林鎮1959年
（未依比例繪製）

（左）這是我，桑尼・希坎姆，五歲時候的樣子。

（右）小時候到姑媽家探望爺爺。1943年，爺爺在煤林鎮礦場工作，
不幸被煤車撞倒，碾斷了雙腿，從此坐在椅子上度過餘生。
照片前排，自左而右，依序是我的祖母、哥哥吉姆、
姑媽的女兒、我（坐在爺爺大腿上）。後面站著的是姑媽。

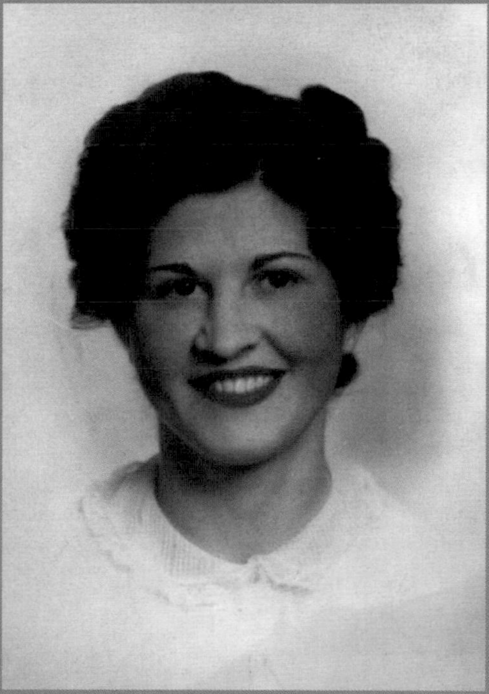

父親荷默、母親愛西，攝於1957年，我念大溪高中一年級時。

Coalwood

煤林鎮的堆棧和礦坑入口。
從我臥房的窗口，就可看見聳立在礦坑豎井上面的黑色鋼塔。

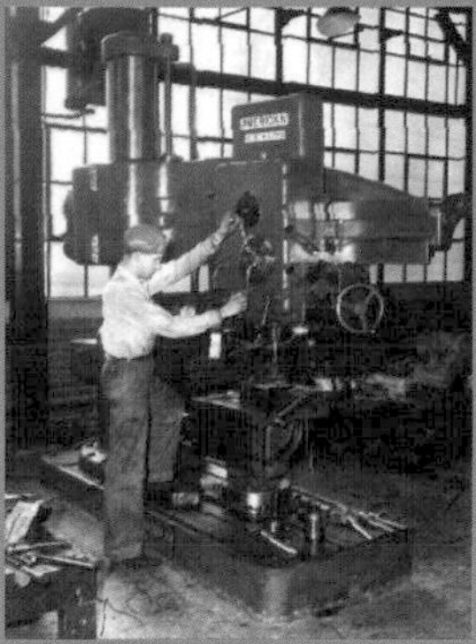

協助我們製造火箭的煤林鎮機械工之一。

煤林鎮的大機器廠。
白考夫斯基先生的小機具間，坐落在照片右下角的磚房裡，離我家只有約一百公尺遠。

這是我的煤林鎮老家（攝於2000年），位於16號州公路的轉角上。
左邊的馬路稱為大街，通往煤林鎮的中央，以及俱樂部、教堂、和煤林角。

煤林鎮的每戶住家，都有一片籬笆圍著的方塊院子。我母親的院子裡，是自己做成的玫瑰花圃，她時常施肥、澆水，細心修剪每一株玫瑰。

父親在一幅煤林鎮礦坑地圖前留影。

2

父親在礦坑裡視察。坑道很矮，父親只能跪著。

礦場的辦公室，我父親正站在右邊門口。
大溪飛彈署創立初期的海鴉4號火箭，
曾經誤擊這間辦公室，在磚牆上留下一大片缺口。

礦坑裡稱為「客車」的掛車，
是一種矮殼的鋼皮車。
父親說服我當礦工時，曾帶我坐過。

小理查牧師主持的小小木造教堂。
小理查牧師的幽默感，在我的成長路上，惠我良多。

煤礦公司的教堂，
這裡是鎮上白人聚會的場所。

煤礦公司教堂的唱詩班，團員包括煤林學校的「六大人」
（小學部一年級到六年級那六位老師的尊稱），
曾經幫我們這群火箭小子，爭取試射火箭的空間。
母親一度是唱詩班的團員，坐於第一排最右邊。

大溪飛彈署的成員，
由左而右：雪曼、 奧德爾、我，
三人在我家舉行會議。
你有沒有注意到，我們沒穿鞋子？
母親很怕我們把鞋底的火箭燃料渣渣
帶進屋裡，嵌入地板的縫裡。

1959年冬季，大溪飛彈署的成員準備發射海雀18號火箭。
由左至右，依次是：我、昆庭、洛伊、奧德爾。雪曼和比利這回沒參與。
這是母親幫我們拍的照片，曾刊登在《麥郡旗幟報》。

BCMA

大溪高中1960年畢業紀念冊上的大頭照：

1

2

3

4

5

6

7

1 我
2 昆庭
3 奧德爾
4 洛伊
5 雪曼
6 比利
7 我哥哥吉姆

you a book,
courage to learn what's inside it.

小花貓「阿菊」，她陪伴我走過青澀的火箭小子歲月，她是我談心的密友。

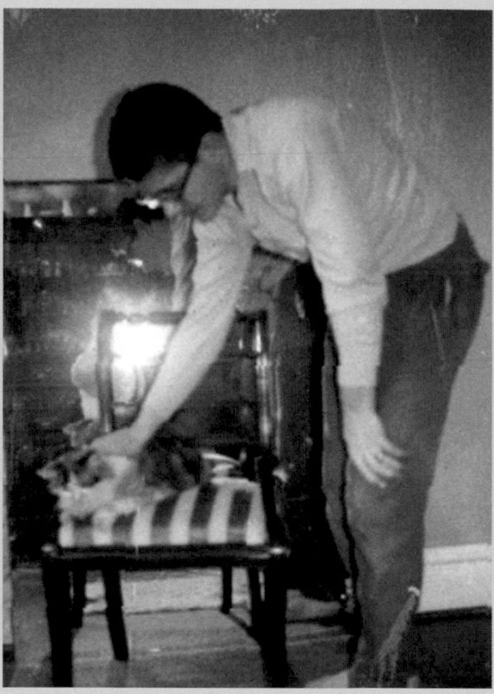

All I've done is give
You have to have the

最讓人懷念的萊莉老師。
她有強烈的信念，
認為求學是學生的神聖使命。
當我因研發火箭的成就而自傲，
她總是適時的訓誡我；
當我因試射失敗而沮喪，
她總是不吝惜為我打氣。

1958年聖誕節早晨，我所收到的禮物：
馮布朗博士的簽名照和他親筆寫的短函，
短函的結尾是：
「只要你下的功夫夠深，要做什麼都必能成功。」

National Science Fair

A STUDY OF AMATEUR ROCKETRY TECHNIQUES

Homer H. Hickam, Jr.
Big Creek High School
War, West Virginia

Gold and Silver
Medal Award
1960

Sponsored by: Pocahontas Industrial Council for Education
Bluefield State College

The National Science Fair is a Science Clubs of America – Science Service activity conducted in cooperation with leading newspapers, educational, industrial and civic organizations

TAKES FIRST PLACE—A Study of Rocketry Techniques won a first place in the 1960 McDowell County Science Fair for Homer (Sonny) Hickam, Big Creek High School Senior. Homer's physics teacher is Miss Frieda Riley and his parents are Mr. and Mrs. Homer Hickam of Coalwood. (Daily News Photo by The Woodys' Studio)

1960年，我代表西維吉尼亞州
煤林鎮的大溪高級中學，
以「業餘火箭技術的研究」
參加全國科學展覽會，
奪得金銀牌。